比较

COMPARATIVE STUDIES

总第131辑

2024年第2辑

吴敬琏 主编

中信出版集团 | 北京

比较
COMPARATIVE STUDIES

主管　中信集团

主办　中信出版集团股份有限公司

出版　中信出版集团股份有限公司

主编　吴敬琏

副主编　肖梦　吴素萍

编辑部主任　孟凡玲

编辑　马媛媛　王艺璇

封面设计　李晓军／美编　杨爱华

发行总监　周广宇

独家代理：财新传媒有限公司

电话：(8610) 85905000　传真：(8610) 85905288

广告热线：(8610) 85905088 85905099　传真：(8610) 85905101

电邮：ad@caixin.com

邮发代号：16-1509

订阅及客服热线：400-696-0110　传真：(8610) 85905190

订阅电邮：circ@caixin.com　客服电邮：service@caixin.com

地址：北京市朝阳区工体北路 8 号院三里屯 SOHO 6 号楼 5 层（邮编：100027）

目 录
Contents

第131辑

1　经济衰退时期的财政政策

布拉德福德·德龙　劳伦斯·萨默斯

Fiscal Policy in a Depressed Economy

by J. Bradford DeLong and Lawrence H. Summers

特稿　　　　　　　　　　Feature

38　自由的概念与新古典经济学对亚当·斯密的误读

巴里·温加斯特

Liberty and the Neoclassical Fallacy: Adam Smith's Views

by Barry R. Weingast

前沿　　　　　　　　　　Guide

66　对经济设计中的社会关系的进一步思考　　　马克·弗勒拜伊

More About Social Relation in Economic Design　　by Marc Fleurbaey

I

比较之窗 — Comparative Studies

74　美国的经济特区：从殖民地特许状到对外贸易区再到经济特区

　　　　　　　　　　　　　　　　　　　　　　　　汤姆·贝尔

Special Economic Zones in the United States: From Colonial Charters, to Foreign-Trade Zones, Toward USSEZs　　　　　by Tom W. Bell

法和经济学 — Law and Economics

116　银行同业约束　　　　　　　　　　　　　　　凯瑟琳·贾奇

Interbank Discipline　　　　　　　　　　　　by Kathryn Judge

改革论坛 — Reform Forum

172　消费也是另一种投资：兼论消费与投资的相互促进与良性循环

　　　　　　　　　　　　　　　　　　　　　　　　　　盛松成

Consumption Is Another Kind of Investment: The Interaction and Virtuous Circle Between Consumption and Investment

　　　　　　　　　　　　　　　　　　　　by Songcheng Sheng

192　乡村治理中的集体土地发展权：两级产权差的分析框架

　　　　　　　　　　　　　　　　　　　　　　　田莉　严雅琦

A Path to Rural Revitalization: An Analytical Framework of Two-tier Property Rights Gap of Collective Land Development Rights in China

　　　　　　　　　　　　　　　　　　　by Li Tian and Yaqi Yan

新书架 — New Books

218　敏思、深思、睿思：《陈清泰文集》评述　　　　　　王忠明

Reviews on *The Collection of Essays of Qingtai Chen*

　　　　　　　　　　　　　　　　　　　　by Zhongming Wang

经济衰退时期的财政政策

布拉德福德·德龙　劳伦斯·萨默斯

本文探讨了在长期深受高失业率折磨且产出低于潜在水平时一个经济体的财政政策，美国如今就是这样的情形。我们认为，尽管由约翰·泰勒（John Taylor，2000）阐释的传统观点，即应当摒弃相机抉择的财政政策，在正常时期是正确的，但是在一场金融危机爆发之后，经济处于利率零下限的衰退时期，这种政策可以发挥重要作用。

财政政策作为稳定经济的一种工具，在经济衰退时期发挥的作用不同于经济处于正常时期，我们的分析就此问题得出了以下五个结论：

---

* J. Bradford DeLong，伯克利加州大学经济学教授，主要研究领域为经济史、宏观经济学、经济增长和金融学；Lawrence H. Summers，哈佛大学经济学教授，主要研究领域为税收理论、金融市场定价、劳动力市场失灵和长期增长等。原文"Fiscal Policy in a Depressed Economy"发表于 Brookings Papers on Economic Activity（2012年春季号），第233—273页。

** 作者感谢伯克利加州大学 Coleman Fung 风险管理中心和伯克利加州大学新生研讨会项目提供的资金支持，感谢 Simon Galle 和 Charles Smith 提供了出色的研究助理工作，感谢以下各位的有益评论和探讨：Alan Auerbach、Robert Barsky、Gregory Clark、Raj Chetty、Gabriel Chodorow-Reich、Giancarlo Corsetti、Jan Eberly、Barry Eichengreen、Martin Feldstein、Justin Fox、Paul Krugman、James K. Galbraith、Yurii Gorodnichenko、Bob Hall、Jan Hatzius、Bart Hobijn、Greg Ip、Daniel Lee、Miles Kimball、Brock Mendel、John Mondragon、Peter Orszag、Adam Posen、Jonathan Portes、Valerie Ramey、Jesse Rothstein、Matthew Shapiro、Mark Thoma、Robert Waldmann、Johannes Wieland、Jim Wilcox、Michael Woodford 以及其他人，特别是 Laurence Ball 和 Christina Romer，还有各位编辑。

（1）短期内不存在供给约束，并且名义利率无法降至零以下，这意味着凯恩斯乘数的数值可能显著大于正常时期相对较小的数值。由于名义利率为零，乘数效应有可能进一步扩大，因为经济扩张会提高对通胀的预期，从而降低实际利率。

（2）在政府借款的当前实际利率和预期的未来实际利率下，即使"迟滞效应"（hysteresis）相当温和，即周期性的产出短缺对经济未来潜在产出的影响不大，也会显著影响我们对扩张性财政政策如何影响未来债务负担的估计。尽管相关数据还远不能确定无疑地证明这一结论，但是大量零星证据表明，即使财政支出政策本身并不直接产生效果，但是额外的政府支出可以缓解旷日持久的产出损失，从而提高未来的潜在产出水平。①

（3）即使从减轻政府未来的债务融资负担的角度看，紧缩性政策的效果也可能适得其反。在经济深陷低迷时采取紧缩政策会破坏长期的财政平衡，而刺激政策则可以使之改善。②

（4）认为在利率零下限时采取扩张性财政政策可以提高未来潜在产出的现值，但无法实现资金自给，也不符合成本收益原则，这些论点若成立，至少要满足下述三个条件中的一个：一是货币政策即使在利率零下限时也足以抵消财政政策的需求效应，从而使财政政策的乘数接近于零；二是无论经济衰退的规模有多大，持续时间有多长，都不会改变未来潜在产出的水平；三是利率处于或超出历史最高水平，至少是美国经历过的最高水平。

（5）只有当政府为了借债必须支付比社会贴现率高出很多的溢价时，经济才不可能从利率零下限时的扩张性财政政策中获益。

本文的结构如下。第1节介绍了一个高度程式化的例子，以此说明我们关于财政政策可以实现资金自给的基本观点。然后，本文提出了一个分析框架，用于评估扩张性财政政策实际上产生扩张效果的可能性，并确定对评估财政政策变化的影响最重要的参数。

接下来的两节探讨与这一分析框架的核心参数相关的证据，即财政乘数和迟滞效应的大小。这两个参数都必须大于零，我们的核心观点才能成立，但是

---

① 当然，如果政府购买能直接产生效果，从而增加了经济中的公共资本或者私人人力资本存量，那么情况就更是如此，并且以零利率借债融资的政府购买的长期收益会进一步增加。
② 早在多年前，Blanchard and Summer（1987）就提出了这一观点。正如 Erceg and Linde（2010）最近所讲的那样，由此就会出现一种"财政免费午餐"。

两者都存在相当大的不确定性。其他关键参数的不确定性较小，对未来潜在产出预期增长率的估计高度集中在一个很小的范围内，金融市场对政府长期借款实际利率的估计是公开的信息。

第2节论证了财政乘数取决于具体情况，尤其是货币政策的反应函数。这一节的结论是，在类似目前的利率零下限、产出缺口较大、周期性失业率较高的情形下，与一般的估计相比，财政政策的效果很可能更为显著。这一结论显著提高了经济衰退时期扩张性财政政策的收益，但重要的是，无论政策相关乘数（policy relevant multiplier）是否高于对财政乘数的标准估计值，这一结论都是成立的。

第3节考察了有关迟滞效应大小的现有证据。金融危机和需求引致的衰退似乎会影响潜在产出，即使在恢复正常状况之后也是如此。因此，缓解这些不利影响的措施会带来长期收益，这似乎是一个合理的观点。我们从经济预测指标的变化和大量有关衰退影响的零星证据中找到了佐证。

最后，第4节讨论了与利率和货币政策有关的问题。在这一节中，我们认为有关中央银行行为的现有证据表明，在经济出现严重衰退时，扩张性财政政策不太可能导致货币政策做出与之相反的反应。本节最后讨论了这一分析对美国和全世界的政策含义。附录使用了第1节的框架，考察在何种条件下扩张性财政政策会使财政赤字恶化，但是仍能提高未来产出的现值从而通过成本收益检验，我们称之为"额外产出的成本收益检验"。

1. 资金自给的财政政策

假设在一个经济体中，产出远低于潜在水平，周期性失业率高企，短期需求不存在供给侧约束，传统货币政策受到利率零下限的约束，而中央银行没有能力或者缺乏意愿，但是不管怎样都无法通过量化宽松或者其他措施为经济提供额外的刺激。我们将在第4节进一步讨论这一假设条件。[3] 由此，一个简单的计算就可以揭示本文的主旨，即在这种情况下，如果政府借款的实际利率处于历史正常水平，财政政策的乘数效应为规模适度的正值，并且存在少许的迟滞效应，这些条件同时具备就足以使扩张性财政政策实现资金自给。

---

[3] 多数对美联储反应函数的估计表明，如果有可能将短期无风险名义利率降至零以下，那么近年来早就采取这一政策了。这说明我们的分析不是无关紧要的。参见 Rudebusch（2009）和 Taylor（2010）。

举例来说,假设在这个需求不振的经济中,财政乘数为1.5,政府长期债务的实际年利率为1%;GDP每增加1美元,会使税收收入减去政府支出之后的净财政盈余增加0.33美元,并且如果当前GDP每低于潜在产出1美元,未来的潜在GDP就会永久性地减少0.01美元,也就是说,迟滞效应对未来潜在产出的"拖累"只有1%。进一步假设,政府有能力暂时增加支出,然后再减少支出,这不会影响政府为其借款支付的风险溢价。

根据上述假设,政府支出每增加1美元,就会使当前GDP增加1.50美元,使政府债务增加0.50美元。新增债务每年实际还本付息额为0.005美元。如果在我们关注的未来时期,实际产出的平均水平与潜在产出相等,那么,当前GDP增加1.50美元将使未来潜在产出增加0.015美元,这反过来又使未来的税收收入增加0.005美元。因此,这种财政扩张是能够实现资金自给的。在这种情况下,担心财政刺激将对政府长期预算产生不利影响是没有必要的,因为这种不利影响并不存在。

如果考虑以下因素,上述核心观点更有可能成立:

（1）经济在不断增长,因此,实现财政平衡需要的是债务与GDP之比保持稳定,而不是实际债务保持稳定;

（2）财政扩张将导致未来价格水平上升,从而进一步降低债务存量和新发行债务的实际利率;

（3）额外的政府支出有可能通过增加生产性的公共基础设施资本存量和私人人力资本存量而提高未来的生产率,并提高未来的产出。④

这一核心观点只不过是一个算术问题。它只取决于是否存在一个不接近于零的财政乘数μ,是否存在某种很有可能影响未来潜在产出的迟滞效应,政府借款成本是否较低且保持不变,以及是否有可能暂时性地增加政府购买。如果这四个假设成立,那么就必然可以得出上述结论。

本节提出了一个简化的分析框架,用于考察在何种条件下财政扩张是资金自给的;本文附录则讨论了在何种条件下,财政扩张即使无法实现资金自给,仍能通过额外产出的成本收益检验。对于任何采用这种简化的基本模型,我们的结论都是适用的。

---

④ 值得强调的是,在当前国债实际利率接近于零的情况下,即使额外支出对当前GDP没有影响,每个政府投资项目由于承诺能够实现一定的正实际收益率,所以都将提高未来实际GDP的现值。本节后面将估计国债实际利率。

政府购买暂时增加 ΔG，可以通过短期财政乘数刺激总需求。更形式化地，当期政府支出增加 ΔG 个年度潜在 GDP 的百分点（percentage point of potential GDP years），其作用将被放大至 μ 倍，μ 即该经济体的短期政策乘数，这会使当期 Y_n 的产出缺口减少 ΔY_n，该数值也是以年度潜在 GPD 的百分点衡量的。此处的下角标 n 表示当期：

$$\Delta Y_n = \mu \Delta G \tag{1}$$

我们将在第2节讨论正常时期的 μ 值，并且提出了一个至关重要的观点，即当前的 μ 很有可能高于正常时期的水平。

如果要为政府购买的增加提供资金，就需要增发一定数额的国债 ΔD，这也是以年度潜在 GDP 的百分点来衡量的。假定 μ 值如上所述，并假设基准的边际税率为 τ，则所需增加的国债为：

$$\Delta D = (1 - \mu\tau) \Delta G \tag{2}$$

这要少于不考虑乘数时的数额，因为当期更高的产出会带来更多的税收，从而立即收回财政扩张的部分成本。

如果经济的长期增长率为 g，而政府借款的实际利率为 r[⑤]，那么为了使政府债务与GDP之比长期保持稳定，新增债务 ΔD 每年给政府带来的融资负担如下式所示，这也表示为年度潜在 GDP 的百分点：

$$(r - g) \Delta D = (r - g)(1 - \mu\tau) \Delta G \tag{3}$$

为使政府债务与GDP之比保持稳定，政府必须增加基本预算盈余，增加的幅度为债务增长率与GDP增长率之差乘以债务的增量。这就是（3）式左侧的含义，而债务增量就是 $(1 - \mu\tau) \Delta G$。

在经济衰退时，很多工人长期处于失业状态。结果，很多人发现自己的技能、自己用来在劳动力市场上寻找合适空缺职位的社会网络以及他们的士气都日渐式微。同时，经济在衰退时期的投资也很少，资本存量即使有所增加也较为缓慢，企业家的探索精神萎靡不振，这些状况确实不可能在短期内恢复正常。这些因素很可能影响未来的潜在产出。

假设在未来各期，生产由供给决定，并且实际总需求与潜在产出之间不存在缺口。那么，在一个典型的未来时期，潜在产出和实际产出 Y_f 减少的数量等于迟滞参数 η 乘以当前经济的衰退程度，其中下标 f 代表"未来时期"：

---

⑤ 在本文正文中，r 既指社会贴现率，也指政府借款利率，附录则考察了需要区分两者的情形。

$$\Delta Y_f = \eta \Delta Y_n = \eta\mu\Delta G \tag{4}$$

η 的单位是年份的倒数，也就是说，η 代表的是当期产出缺口每增加 1 个百分点，会导致未来潜在产出的流量每年减少几个百分点。我们将在第 3 节讨论 η 的决定机制。

因此，为抑制这种迟滞效应而实施的财政扩张可以创造一种财政红利：它会提高未来的税收收入，数量如（5）式所示：

$$\tau\Delta Y_f = \tau\eta\mu\Delta G \tag{5}$$

（3）式和（5）式合在一起，意味着如果

$$(r-g)(1-\mu\tau) - \eta\mu\tau \leq 0 \tag{6}$$

那么在边际上，暂时的扩张性财政政策能够实现资金自给。暂时的财政扩张通过缩短当前衰退的持续时间并减轻衰退的程度，可以提高未来的潜在产出，从而增加未来的净税收，这可以在未来创造更多的公共财政资源，而不仅仅是在未来各期平摊由财政扩张导致的政府债务增加。这种由未来财政扩张而获得的收益不需要付出任何成本。这是本文最重要的结论。

将（6）式稍加变形就可以发现，只要 r 满足以下条件，就可以实现这种由当期财政扩张 ΔG 带来的未来净财政红利：

$$r \leq g + \eta\mu\tau/(1-\mu\tau) \tag{7}$$

只要存在短期财政乘数 μ、迟滞效应 η、边际税率 τ、政府借款的实际利率 r，以及一个如（7）式所示且包含了趋势增长率 g 的债务摊销不等式成立，那么现在的财政扩张就能改善政府日后的预算平衡。⑥ 在这种情况下，认为政府现在不敢增加自己的债务，因而经济在衰退时缺乏财力来实施扩张性财政政策，这种观点就没有什么说服力。⑦ 认为政府在这种情况下需要通过削减支出以证明其长期财政战略是可信的，这种说法在逻辑上并不成立，因为削减支出不仅不会改善长期财政状况，反而会使之恶化。

如果我们假定边际税率 τ 和长期 GDP 的预期增长率 g 是大家公认的数值，那么其他参数的取值范围是多少才能使（7）式成立？对于边际税率 τ，我们假设其基准值为 0.333。对于实际潜在 GDP 的长期增长率 g，我们采用美国国

---

⑥ Denes、Eggertsson and Gilbukh（2012）从另一个角度论证了紧缩政策使政府预算平衡恶化。
⑦ 这一点并非我们的创见，参见 Lerner（1943）。Wray（2002）认为，米尔顿·弗里德曼在二战后提出的通过反周期的赤字融资和 100% 的银行准备金率来提供货币供给，从而实现经济稳定的政策建议，其思想在本质上如出一辙。

会预算办公室目前的估计值，即每年2.5%。这样，财政乘数μ和迟滞系数η就成了可变参数，其中迟滞系数η代表的是经济下滑对长期产生的不利影响。我们假定在一个利率零下限的严重衰退的经济中，μ的合理范围为0~2.5，η的合理范围为0~0.2。表1总结了这一分析框架中的参数及其基准值。

表1 基准情形下的参数值

参数	解释	设定数值
μ	当期政府支出乘数	0~2.5
r	政府借款的实际利率和社会贴现率（每年）	0.025~?
g	潜在GDP的趋势增长率（每年）	0.025
τ	边际税率	0.333
ξ	抑制效应：增加额外的税收导致的潜在产出减少	0.25~0.5
η	迟滞效应：暂时性衰退导致的潜在产出减少的比例	0~0.2

在校准η时，最好将它视为一个"类永久效应"（permanent equivalent）的概念。短期凯恩斯主义政策的效果在五年之内就会消失，而永久效应则会永远持续。因此，在一个持续增长的经济中，永久效应可以按照$1/(r-g)$的倍数被资本化，如果取合理的借贷利率和社会贴现率r以及合理的增长率g，这可能是一个非常大的数值。然而，一次深度和持久的衰退对未来潜在产出产生不利影响的很多看似合理的传导渠道，都不是永久性的，而是会持续一段时间，比如它们会持续一代人的时间，但是不会有五六十年那么久。

因此，在考察η的数值时，我们以类永久效应的度量方法来表示一次衰退对潜在产出的持续影响的大小：也就是说，我们对下述事实做了校正，即这些影响是长期的，但是并非真正永久性的，因此不应按系数$1/(r-g)$而应按系数$[1-(1-r+g)^T]/(r-g)$进行资本化，其中T表示持续时间的长度，而非真正的永久效应。

表2报告了在η和μ取各种数值时国债利率的临界值，在利率低于这一数值时，扩张性财政政策能够实现资金自给。例如，当乘数μ为1.5而迟滞参数η为0.10时，（7）式右侧的第二项为每年10%。这意味着如果国债实际利率r与GDP实际增长率g之间的差值每年小于10个百分点，那么当期的财政扩张会改善而不是恶化政府的长期预算平衡。假定$g=2.5\%$，这意味着国债的实际年利率为17.5%或更低。

表2　财政扩张实现资金自给的国债实际利率的临界值

滞后系数 η	在乘数 μ 取不同数值时国债实际利率的临界值（百分比/年）[a]				
	$\mu = 0$	$\mu = 0.5$	$\mu = 1.0$	$\mu = 1.5$	$\mu = 2.5$
0	2.50	2.50	2.50	2.50	2.50
0.025	2.50	2.99	3.73	4.95	14.29
0.050	2.50	3.49	4.96	7.40	26.07
0.100	2.50	4.48	7.43	12.30	49.64
0.200	2.50	6.45	12.35	22.10	96.97

注：a. 利率的临界值是满足（7）式的最高利率。其他参数设定同表1。
资料来源：作者计算。

在 μ 为1.0且 η 为0.1的情况下，（7）式右侧的第二项约为每年5%。在这种情况下，如果 r 和 g 之间的差值小于5个百分点，那么当期的财政扩张就会改善而不是恶化政府的长期预算平衡。这意味着国债的实际年利率为7.5%或更低。

在 μ 为0.5且 η 为0.05的情况下，（7）式右边的第二项约为每年1%。在这种情况下，如果 r 和 g 之间的差值小于1个百分点，那么当期的财政扩张就会改善而不是恶化政府的长期预算平衡。这意味着国债的实际年利率为3.5%或更低。

国债利率将保持在表2所示的相关数值以下，从而使扩张性财政政策能够实现资金自给，这种说法在多大程度上是可信的？自1997年1月以来的通胀保值国债（Treasury inflation protected securities，TIPS）利率提供了一个以市场为基础的衡量国债实际利率的直接指标。至于更早的时期，名义利率减去通胀率提供了一个可以替代的指标。在图1中，除10年期TIPS利益率，还使用了两个替代指标，即10年期国债名义收益率减去密歇根大学调查的预期通胀率，以及10年期国债名义收益率减去上年的核心通胀率。在有TIPS利率数据的时期，这两个指标与TIPS利率并未呈现明显或持续的背离。基于预期衡量的通胀具有更高的平均值和更大的波动性，但是自20世纪80年代初期沃尔克反通胀以来，它一直与当期的通胀率相近或者低于后者。

为了使利率 r 的临界值处于国债实际利率的历史水平以上，乘数 μ 必须处于较低的水平，而迟滞参数 η 则几乎可以忽略不计。在国债实际年利率为5%的情况下，只要 $\eta > 0.005$，$\mu = 2.5$ 就可以使扩张性财政政策实现资金自给。

如果 $\eta > 0.025$，而 $\mu = 1.5$；或者 $\eta > 0.050$，而 $\mu = 1.0$；又或者 $\eta > 0.125$，而 $\mu = 0.5$，都可以取得相同的效果。因此，美国扩张性财政政策是否会产生重大的财政负担，似乎取决于 μ 是否显著小于 1.0，或者 η 是否显著小于 0.05。

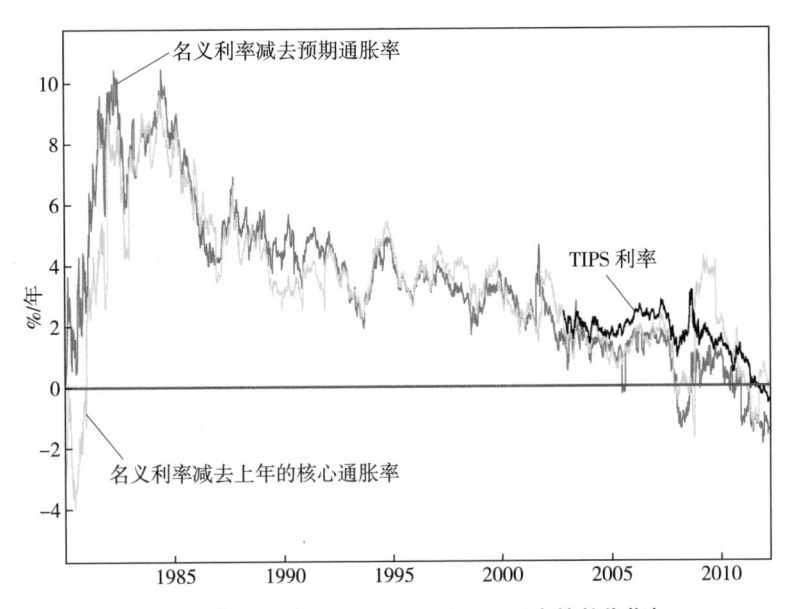

图1　1980—2012 年 10 年期国债实际利率的替代指标

注：预期通胀率由未来 12 个月预期价格变化百分比的中位数来衡量，数据来自汤姆森－路透社和密歇根大学的消费者调查。

资料来源：美联储数据库，圣路易斯联邦储备银行；密歇根大学；美国劳工统计局。

此外，当期利率和预期的未来利率远低于二战以后的水平，而且现在的长期国债利率表明，人们预期利率将在未来一代人的时间保持在超低水平。截至 2012 年 6 月 1 日，10 年期和 30 年期国债的名义利率分别为每年 1.47% 和 2.53%；10 年期和 30 年期 TIPS 利率分别为每年 -0.59% 和 0.36%，并且很多市场观察人士都认为，由于感知的流动性缺乏，当前的 TIPS 利率被人为抬高了。如果不存在预期的期限溢价，也就是说如果利率期限结构的预期理论成立，那么金融市场目前估计的短期名义国债利率的平均值在未来 10 年将低于每年 1.47%，在未来 30 年将低于每年 2.53%。这些都是超低水平的利率。如果每年的预期通胀率为 2.0% 并且实际 GDP 的预期年增长率为 2.5%，现在借入占 GDP 1% 的债务，并在未来 30 年摊销国债的名义价值，只会使一代人的债务与 GDP 之比提高 0.55 个百分点。假定效用函数为对数形式且纯粹的时间偏好率为零，只要能以 30 年期国债进行融资，则以当前价格计算的收益成本比率仅为 0.55 的公共支出就值得立即实施。

而且，如果不存在任何使未来的预期短期利率与当前 30 年期国债利率出现差异的期限溢价，期限结构的预期理论是不可能成立的。如果说上一代人对金融市场细致入微的研究给了我们什么启示的话，那就是很多与消费总量的边际效用并非明确相关的风险还是被定价了，而且实际上被定了高价。通过与期限结构的预期假说相关的规模可观的期限溢价，长期债券的价值将被通胀侵蚀的风险在过去已经被定价了。很难说这种历史上呈现的相关性在未来会失效。这意味着目前政府支出所处的情形更为有利，因为市场预计至少在一代人的时间内利率不会恢复到二战后的正常水平。

这时，自然会产生一个疑问，如果说除了 20 世纪 80 年代初期，国债利率通常足够低，足以让政府借款、支出，并且最终还不会使其净债务负担增加，那么它为什么不总是采取这种措施呢？主要原因是，在正常时期它无法做到这一点。正如我们将在第 2 节中讨论的，乘数 μ 即使为 1 也可能是不同寻常的。只有当短期利率达到零下限并且周期性失业率很高时，才有可能出现这种情形。否则，在正常时期，μ 可能远小于 1。如果利率远高于零下限，产出缺口较小，或者高失业率不是周期性的而是结构性的，那么无论是供给侧的瓶颈还是货币政策的抵消作用，都会使财政扩张不太可能对实际 GDP 产生任何显著的推动作用。在这种情况下，扩张性财政政策就无法发挥稳定经济的作用。

请注意，表 2 的计算并不取决于经济是否接近动态低效的边缘或处于动态低效的范围。表 2 中最重要的利率是 r，此处的关键在于 r 是政府借款的实际利率，而不是私人资本的边际产出、实际的社会贴现率或者公共资本的收益率。[8]

财政扩张可以实现资金自给，这一结论至少部分地解释了国债对投资者的吸引力（Krishnamurthy and Vissing-Jorgensen，2012）。如果政府债务作为一种

---

[8] 政府为何能以低于社会贴现率的价格举债？这可能是因为政府债务是一种独特的抵押资产，使它在某种意义上成为一种"类货币"（money-like，Krishnamurthy and Vissing-Jorgensen，2012）。在这种情况下，政府借款利率与社会贴现率之间的差异反映了通过提供额外的政府债务，为经济提供的实际服务。由于投资者犯错，政府可以异常便宜地借款，如果考虑这一点，福利经济学就会变得更复杂。

安全的储蓄工具足够有吸引力，并且扩张性财政政策由于抑制迟滞效应至少能带来些许的收益，那么额外的政府支出就不会使纳税人承受净融资负担。因此，政府可以通过借款和支出来刺激经济，利用更繁荣的经济带来的额外税收来偿还部分债务，对债务进行再融资，从而推迟债务清偿的期限。随着债务期限的延长，债务与GDP之比会一直下降。如果国债缺乏吸引力，就不可能实现这一点，因为这将使政府的借款利率与贴现率之间的差距日益扩大。

如果参数值处于某些合理的范围之内，扩张性财政政策是资金自给的，这意味着在更大的参数值范围内，扩张性财政政策可以通过合理的成本收益检验。如前文所述，这类政策的收益来自当期更高的需求促进了产出和收入的增加，以及未来潜在产出的增加，因为它们会使衰退时间缩短、程度减轻，未来增长受到的不利影响也会较小。其成本在于，为偿还因财政扩张而产生的债务，税收的增加将拖累未来的产出。如果财政扩张是资金自给的，则没有成本，只有收益。如果财政扩张接近于资金自给，那么为了偿还债务而导致的税收增加额就会很小，成本也会很小。附录将详细讨论衡量这种额外产出的成本收益的计算方法。

2. 乘数大小

瓦莱丽·雷米（Valerie Ramey，2011）考察了对财政乘数的估计，并将它们分为四类，即结构模型估计、外部总量冲击估计（主要依靠与战争有关的军事支出的增加）、结构向量自回归模型估计（VARs）以及"地方乘数"估计。[9] 她得出的结论是（第680—681页）：

> 在政府暂时性增加支出并且依靠赤字融资的情况下，乘数合理的估计值范围可能在0.8～1.5之间……如果是在经济严重衰退时增加政府支出，估计值可能会达到这一范围的上限。然而，我们应该明白，这些估计值有很大的不确定性。明智之人可以认为乘数是0.5或2.0……

---

[9] 参见 Ramey and Shapiro（1998）、Blanchard and Perotti（2002）、Gordon and Krenn（2010）、Suárez Serrato and Wingender（2010）、Clemens and Miran（2010）、Barro and Redlick（2011）、Nakamura and Steinsson（2011）、Chodorow-Reich et al.（2011）、Romer（2011）、Mendel（2012）以及 Ramey（2012），还有很多其他学者也做过类似的研究。Moretti（2010）估算了地方乘数，这明显是一个与供给侧有关的经济地理概念，而非需求侧的宏观经济概念。我们不清楚经济地理意义上的地方乘数与宏观经济意义上的地方乘数之间是何关系。

克里斯蒂娜·罗默（Christina Romer, 2011）也考察了乘数的估计值。她归纳的证据表明，政府购买乘数的集中趋势估计值略高于1.5。她着重提出了一个强有力的假说，即根据计量经济学估计的乘数很可能低于货币金融状况恒定不变时的数值，正如我们将在下文中论证的，后者就是当前政策乘数的下限。正如她所言，与中村惠美和乔恩·斯坦松（Emi Nakamura and Jón Steinsson, 2011）的研究一致的是："就像我们现在面临的这种情形，即货币政策受到利率零下限的约束，政府支出增加的总体影响可能要比截面回归所显示的大得多。"

国际货币基金组织（IMF, 2009）发现，在二战以后的几十年中，政府购买乘数所处的范围与克里斯蒂娜·罗默对该乘数的集中趋势估计值类似。艾伦·奥尔巴赫和尤里·戈罗德尼琴科（Alan Auerbach and Yuriy Gorodnichenko, 2012）试图将正常时期的乘数与经济受制于总需求疲软时的乘数区分开来。他们估计，正常时期的乘数约为0.5，而在经济陷入萧条时，乘数约为2.5。[⑩] 国际货币基金组织（2010）的结论是，利率零下限时的乘数是正常时期的两倍多。

概而言之，目前乘数的估值范围从雷米所讲的"明智之人"主张的最低估计值0.5，至奥尔巴赫和戈罗德尼琴科的估计值2.5，后者适用于GDP低于潜在水平的情形，因而名义支出的增加极有可能主要体现为实际GDP的增加。在当今美国，不仅GDP低于潜在水平，而且零下限制约了利率的进一步下降，大量摩擦干扰了信贷市场的运行。在估计上述乘数时涉及的时期和国家，这些特征很少出现。

我们可以利用雷米的分类方法，重新思考将这些文献估计的乘数应用于经济衰退时可能存在的一些问题。首先，结构模型估算结果的好坏取决于对结构模型的识别。其次，基于军费开支变化的估算结果会低估财政政策在目前这种情形下的作用，因为军费开支的增加与税收的增加有关，而李嘉图等价并不能完全成立；也可能是因为在紧急军事动员时，生产由民用迅速转向军用而不必考虑效率问题，或者此时资源已得到充分利用，这都会造成供给侧约束，从而

[⑩] 参见Parker（2011）所讲的非线性的重要性，以及很难搞清楚在经济萧条时乘数到底有多大，后者正是本文关注的问题。然而，Hall（2013）提醒说，奥尔巴赫和戈罗德尼琴科的发现"与目前认为利率零下限时的乘数要高得多的观点关系不大……因为他们的……样本肯定只包括各国利率接近零下限的少数几年，只有日本是个例外"。

减缓产出增长。再次，在我们看来，利用时间序列方法识别外生财政冲击是有问题的，而时间序列方法的基本假定是它识别的冲击与几个滞后变量组成的信息集合成正交关系，我们通常难以在叙事或当下的记录中识别历史事件，因为事件发生前，预期已经改变了。

最有希望的是中村惠美和斯坦松（2011）以及越来越多的其他学者对"地方乘数"的估计。他们研究了不同地区政府支出的差异，并估计货币金融状况不变的情形下乘数的大小。这些文献估计的乘数似乎都在1.5左右，尽管都不是特别准确。⑪

比较这些文献估计的乘数与按照第1节的分析框架得出的简约式乘数（reduced-form multiplier），主要问题在于正常时期的货币政策反应函数与经济衰退时期相比，是否以及在多大程度上有所不同。事实上，在过去的80年中，经济学家对相机抉择的财政政策的看法发生了显著变化，至少美国经济学家是这样，我们怀疑这在很大程度上反映了货币政策反应函数本身的性质发生了变化，从而也反映了作为其分析基础的货币金融状况发生了变化。随着对这一函数可能的斜率大小的看法发生变化，如下文图2至图4中的MP曲线所示，人们对衰退时期财政扩张的有效性的看法也有所变化。

从凯恩斯的《通论》时代至20世纪60年代，人们默认的假设是，随着财政政策的变化，利率将保持不变，因为中央银行和财政当局将通力合作来拉动总需求，也就是说，财政扩张将伴随货币政策的宽松，这不会产生挤出效应，而是会产生挤入效应。随着20世纪70年代宏观经济思潮的改变和通胀的经历，美国人自然而然地认为美联储在管理总需求。因此，财政政策的变化就像私人投资需求的变化一样，会被货币政策抵消，因为美联储追求的是在通胀与

---

⑪ 如何解释这些地方乘数的估计值，都存在一些疑虑。由于存在跨地区的需求溢出效应，这往往会使此类估计值偏低，正如Christiano、Eichenbaum and Rebelo（2011）以及Eggertsson and Krugman（2011）所说的那样，较高的预期通胀率是一种可能的传导途径。此外，考虑一下通过对所有地区征税来永久性地增加一个地区的政府购买。在一个存在完全的李嘉图等价的分析框架下，这种永久性的支出增长对需求和产出不会产生任何影响。然而，一项有关地方乘数的研究显示，无论从短期还是从长期看，这都会产生相当可观的乘数效应。这是一个经济地理学意义上的参数，其数值等于1减去地区需求中用于本地生产的商品所占的比例，然后再取对数。正如Mendel（2012）指出的那样，有关地方乘数的研究不仅假定货币金融状况保持不变，还假定未来的财政状况保持不变，即预期未来以广泛税源为基础的税收也保持不变。预期的未来税收负担增加会导致当前支出减少，这是否认扩张性财政政策有效性的原因之一，就此而言，有关研究会高估地方乘数。

投资之间取得适当的平衡。然而，至少在经济摆脱利率零下限或者周期性失业大幅减少之前，如今的经济再次处于如下情形：实际利率的变动会放大而非抵消财政刺激的效果。

考虑一个经济体的中央银行在其目标函数中同时包含了通胀和产出，而这个经济体所处的情形恰如克里斯蒂娜·罗默（2000）在新希克斯主义框架下建立的模型所描述的那样。在这一经济体中，产出 Y 和向企业收取的实际利率 r^f 由储蓄投资曲线 IS 和货币政策反应函数 MP 共同决定。假设实际总需求是财政刺激政策 ΔG、货币金融状况不变时的乘数 μ 以及 r^f 的函数。那么，在其他条件不变的情况下，与基准情形相比，当期政府购买相较基准情形增加 ΔG，会使当期产出相对于由 IS 曲线决定的基准情形提高：

$$\Delta Y = -\alpha\,(\Delta r^f) + \mu \Delta G \tag{8}$$

然而，如果货币当局根据货币政策反应函数 MP，以提高 r^f 或者允许 r^f 提高来应对这种扩张性财政政策：

$$\Delta r^f = (1/\gamma)\,\Delta Y \tag{9}$$

那么，财政扩张与由此导致的产出和基准情形之差的关系可以简化为：

$$\Delta Y = \gamma/(\gamma+\alpha)\,\mu\Delta G \tag{10}$$

因此，在货币政策反应函数由特定的 γ 值来刻画的时期，估计的乘数并非货币金融状况不变时的乘数 μ，而是如下式所示：

$$\mu' = \gamma/(\gamma+\alpha)\,\mu \tag{11}$$

如果像20世纪70年代末期至21世纪第一个十年中期的美联储一样，中央银行专注于实现价格稳定的使命，那么努力完成这一使命的中央银行将为其反应函数选择什么样的 γ 值呢？中央银行会考虑，从长期看 Y 处于何种水平最有利于完成这一使命。这一产出水平不会因财政政策的立场而有多大变化。这意味着中央银行将选择一个非常接近于零的 γ 值，MP 曲线将接近于垂直状态。无论财政政策或其他因素对 IS 曲线产生何种影响，都只会对利率产生影响，但对产出水平的影响微乎其微。因此，在正常时期，简约式的政策乘数 μ' 的数值可能很小。图2展示了正常时期财政扩张被货币政策抵消的情形。

当经济处于利率零下限时，情况就不同了，因为这时货币政策无能为力而财政扩张 ΔG 会对经济产生更明显的刺激作用，这种更好的经济结果是以前无法实现的。在利率零下限情形下，中央银行设定短期的无风险名义利率 i，并使之为零。对于意在拉动产出的财政政策，中央银行不会以提高短期名义利率的方

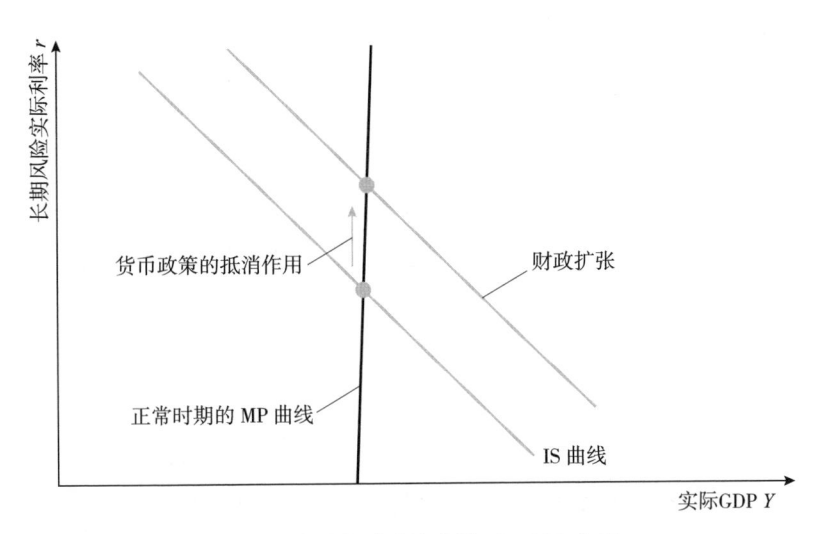

图 2　正常时期财政扩张的 IS – MP 分析

注：在正常时期，当经济处于或接近充分就业、短期名义利率远离零下限时，任何通过财政扩张来增加实际 GDP 的尝试，实际上都会被实际利率的上升完全抵消。

资料来源：作者根据文中描述的模型绘制。

式来消除财政政策的影响，因为这种产出水平是以前无法实现的更优结果。

如果企业的长期利率 r^l 相对于短期无风险名义利率 i 的溢价保持不变，那么在利率零下限时，货币政策反应函数将使实际利率保持不变，图 2 中的 MP 曲线将变成水平的，（8）式中参数 α 的取值将为零。如图 3 所示，简约式政策乘数将等于货币金融状况不变时的乘数，即 $\mu' = \mu$。

然而，在现实中，i 和 r^l 并非完全契合，它们之间的关系可用下式表示：

$$r^l = i - \pi + \sigma \quad (12)$$

用语言来表述就是，这一实际利率等于短期无风险利率减去通胀率，再加上利差 σ，这一利差由期限、风险和违约等因素决定。通胀率会随着产出的增加而增加，因为更多的需求既会增加生产者提高价格的可能性，也会提高生产者涨价的幅度。[12] 相反，利差 σ 很可能是产出的减函数，即经济越繁荣，违约就越

---

[12] Christiano et al.（2011）、Eggertsson and Krugman（2012）以及其他一些研究者指出，在实际利率零下限时扩大总需求会带来预期价格上涨的压力，这种影响是相当大的。早些时候，有人从相反的方向提出了同样的观点，即担心通缩有可能引发灾难性后果，参见 Fisher（1933）。

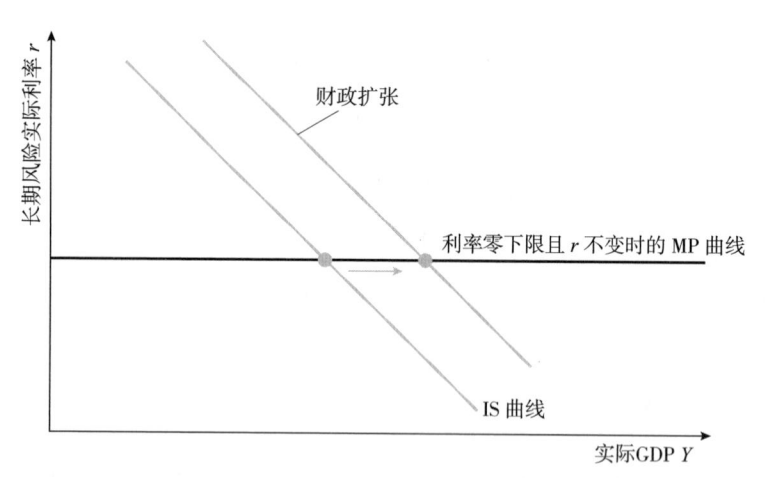

图3 在利率零下限且实际利率保持不变时的财政扩张

注：在短期利率零下限的衰退经济中，短期无风险利率与长期风险利率之间的利差保持不变，这意味着MP曲线是水平的。因此，实际长期利率不会上升从而削弱财政扩张对实际GDP的影响，但是也不会下降从而扩大这种影响。

资料来源：作者根据文中描述的模型绘制。

少，承担风险的价格就越低，因为经济中的风险更小。⑬

因此，不同于GDP的增加会导致 r^f 上升时的MP曲线，也不同于水平的MP曲线，在经济衰退并处于利率零下限时，利率与经济状况之间的关系可能如下式所示：

$$\Delta r^f = -\delta \Delta Y \quad (13)$$

在这种情况下估计的乘数，以及根据第1节和第2节的分析框架得出的简约式乘数，既不是正常时期数值相对较小的简约式乘数 μ'，也不是货币金融状况保持不变时的乘数 μ，而是

$$\mu^* = \mu / (1 - \alpha\delta) \quad (14)$$

而利率零下限时的政策乘数与正常时期的乘数之比为 $\mu^*/\mu' = [1 + (\alpha/\gamma)] / (1 - \alpha\delta)$。

---

⑬ 期限溢价的影响则不那么明确。一个可能的传导渠道是，在经济衰退时，短期无风险名义利率处于零下限，如果货币当局愿意承诺在相当长的时期内保持这一水平，那么按照上述分析框架得出的简约式政策乘数甚至可能更大，因为通胀是有惯性的，即财政扩张在短期内导致的通胀上升会提高对通胀的预期，从而也会降低对未来时期实际利率的预期。在Hall（2012）的研究中，如果代表产品市场均衡条件的IS曲线的斜率 α 为 -0.6，而利率零下限的预期持续三年，那么简约式政策乘数有可能比货币金融状况保持不变时的乘数大一倍。

图 4 展示了正常时期可能出现的数值较小的乘数与利率零下限时数值较大的乘数之间的差异。在正常时期，MP 曲线向上倾斜且陡峭，这导致借由财政扩张而增加的产出几乎全部被 r^l 的上升抵消，而在经济衰退且利率零下限时的 MP 曲线则向下倾斜，因此，经济越强劲，企业借贷资本的实际成本越低。

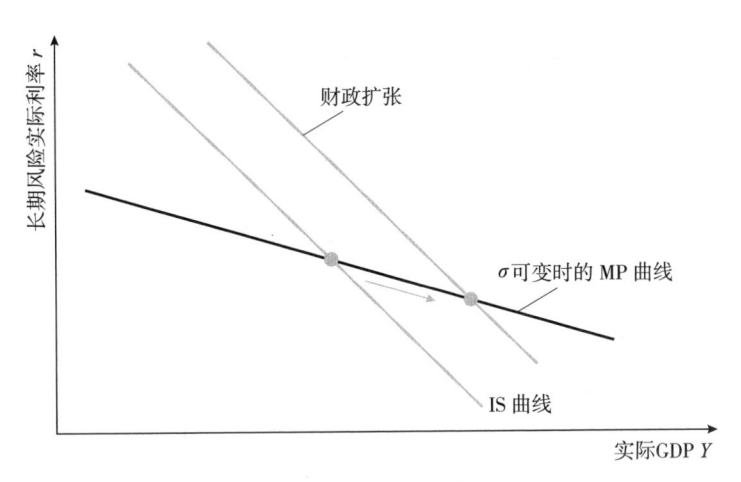

图 4　名义利率零下限且实际利率下降时的财政扩张

注：如果短期无风险利率与长期风险利率之间的利差 σ 并非恒定不变，而是会随着产出增加而缩小，因为经济越接近充分就业，投资者面临的风险就越小，那么在短期利率零下限的情况下，MP 曲线就不是水平的，而是向下倾斜的，此时财政扩张促进实际 GDP 增长的作用就会更加显著。

资料来源：作者根据文中描述的模型绘制。

在财政扩张的同时，企业的实际利率不是提高而是降低了，观察人士经常提到这种情形，但是它很少被模型化，这被称为"注资"（pump priming）。这一术语在 20 世纪 30 年代新政期间因雅各布·瓦伊纳（Jacob Viner）和劳克林·柯里（Lauchlin Currie）而流行一时（Jones，1978）。这种观点认为，一旦政府最初的购买行为使企业运行恢复正常，私人支出就会涌入市场并刺激需求。

请注意，在利率零下限时存在异常宽松的货币反应函数，这就产生了一种可能性，即在某些情况下，即使没有任何迟滞效应，政府购买的增加也可能是资金自给的。如果边际税率 τ 为 1/3，经济衰退时的凯恩斯主义政策乘数 μ^* 为 1.5，这意味着国债的增加量 ΔD 仅为扩张性财政政策 ΔY 的一半。如果 μ^* 等于 3，则意味着财政政策可以通过需求渠道实现资金自给，而无须诉诸供给侧的迟滞效应。早在 1977 年，曾在肯尼迪和约翰逊政府担任经济顾问委员会主席的沃尔特·海勒（Walter Heller）在国会联合经济委员会作证时就提出了这样的观点，他认为货币宽松导致的实际利率下降提高了政策乘数，足以使1964年的肯尼迪－约翰逊减税几乎实现资金自给。布鲁斯·巴特莱特（Bruce Bartlett，2003，第5页）引用了海勒的证词：

> 1965年的减税到底是怎么一回事很难说清楚，但是如果我们单独看这件事，它似乎确实产生了巨大的刺激作用，对经济产生了倍增的效果。1965年年中，在越南战争升级使我们遭受沉重打击之前，政府预算盈余达到了30亿美元，上述政策是我们实现这一点的主要因素。当时的减税金额为120亿美元，按今天的价格计算，大约为330亿或340亿美元。而在一年之内，联邦国库的收入就已经超过了减税之前的水平……增加的税收是否足以弥补减税的损失？我认为有确凿的证据证明确实如此……

从肯尼迪政府执政初期至1964年底，代表10年期国债实际年利率的一个指标，即用名义利率减去下一年的通胀率，大约为3%，此后迅速降至1.5%左右。美国国会预算办公室更为谨慎，它的结论是，减税导致的两年期债务增长的"25%~75%"已被减税带来的产出和税收增长抵消（Bartlett，2005年，第5页）。

正常时期的财政政策乘数应当被假定为数值很小，这可以成为一个更一般化的论点。在相对宽松的条件下，人们预期，力图实现自身目标的中央银行将采取措施以抵消相机抉择型财政政策的变化，从而导致乘数的估计值接近于零。考虑一个政府可以选择由不同政策集合决定的各种经济结果，并且决定使用货币政策以实现最优结果。如果财政政策偏离了基准情形，这将改变货币政策与经济结果之间的关系。但是，除非财政政策的改变使政府有机会实现不在上述政策集合中的更优结果，或者失去了实现政策集合中最优经济结果的机会，否则政府将改变其货币政策，以便仍能实现相同的经济结果。因此，该政府将使货币政策发挥完全的抵消作用。

需要注意的是，要使这一点成立，货币政策（m）的选择和财政政策（g）的选择本身不能成为政府看重的目标之一。中央银行如果像1979年前的美联储那样重视利率的平滑路径，或者像沃尔克时期的美联储那样注重资产负债表的规模，就无法致力于令货币政策发挥完全的抵消作用。货币政策和财政政策只有凭借对经济结果的影响才能成为中央银行的目标，这样才能发挥完全抵消的作用。

由于上述原因，至少对我们来说，在考虑有关乘数的经验证据时，很难不得出如下结论：在如今美国这样的产能过剩且利率零下限的经济中，第 1 节中乘数为 1.0 的基准情形很有可能低估甚至严重低估了政策乘数的数值。

3. 迟滞效应

正如埃德蒙·菲尔普斯（Edmund Phelps, 1972）率先指出的那样，我们有理由相信，衰退即使在结束后也会造成损害，而阿瑟·奥肯（Arthur Okun）所谓的"高压经济"，即经济运行一直维持在潜在产出水平，会带来持久的益处。量化这种"迟滞效应"并不容易，部分原因在于导致经济衰退的因素在衰退结束以后仍有可能继续产生影响，很难将它们与迟滞效应区分开来。在本节中，我们考察了一些证据，以便合理地估计本文的简化分析框架中参数 η 的大小，即在一年的时间，如果 GDP 低于潜在产出 1 个百分点，会对此后潜在产出的路径产生何种影响。

如果衰退未使未来的经济活动蒙上阴影，这确实令人感到惊讶。人们提出了一系列机制，包括：劳动力长期处于失业状态，难以开启自己职业生涯的年轻工人遭受的疤痕效应；由于社会保障支出在有限的公共财政资源中占有优先地位，导致政府减少了对物质资本和人力资本的投资；对研发和物质资本的投资减少、商业模式探索和信息溢出效应减少，以及管理层的态度发生变化。

金·克拉克和萨默斯（Kim Clark and Summers, 1982）提供了有关迟滞效应自下而上的证据，他们发现个人的劳动力供给决策具有显著的持续性，并且以往的工作经验是当前就业状况的关键决定因素。他们的结论是，劳动力供给决策的这种持续性意味着，适用于中期的"自然失业率"或者非加速通胀失业率（NAIRU）假说是错误的。斯蒂文·戴维斯和蒂尔·冯·瓦赫特（Steven Davis and Till von Wachter, 2011）发现，与失业率低时相比，失业率高时失去工作的工人会有额外的损失，数量相当于其以后职业生涯中 1.5 年收入的现值，即永久性收入减少 7.5%。在平均失业时间通常为 17 周的情况下，与这种就业损失有关的总需求冲击相当于一年收入的三分之一。这表明，在平均失业时间迅速恢复至正常水平的情况下，仅考虑劳动侧的因素，参数 η 就达到了 0.225（0.075÷0.333）。[14]

除了劳动供给侧的这些影响，在过去几年中，公共投资和私人投资都出现了严重短缺。相比 2008 年初的峰值，美国政府除国防以外的资本形成占潜在 GDP 的

---

[14] 做这种校准是有风险的。选择效应很可能会扰乱估计结果。没有什么理由认为，过去低失业率时期和高失业率时期之间的裁员后收入损失差异，能够反映某种比以往更严重的冲击造成的影响，比如美国经济目前正在经历的这种冲击。

比例已经下降了0.4个百分点，而且仍在降低。与危机之前的水平相比，私人总投资占潜在GDP的比例也下降了3.5个百分点，而且已持续低迷了4年之久。

在校准投资侧对当前经济衰退产生的影响时，一个自然的方法就是，实际GDP与潜在GDP的累计产出缺口达到20%，会导致资本存量下降，其数量为年度潜在GDP的14%（3.5个百分点×4年）。如果资本边际产出率为每年10%，这意味着潜在产出减少1.3%，投资侧对 η 的贡献为0.13；如果资本边际产出率为每年5%，则意味着潜在产出减少0.65%，投资侧对 η 的贡献为0.065。

在标准的索洛增长模型中，由金融危机和经济衰退造成的私人投资短缺最终会得到弥补，因为经济会重新恢复稳定状态下的资本产出比。因为沮丧而退出劳动力市场的长期失业者将在几十年内达到他们的退休年龄。因此，更为合理的做法是，将漫长且严重的衰退对潜在产出的长期影响视为真正的永久性影响。收敛到稳态资本产出比的时间（$1/e$）约为33年。退出劳动力市场的劳动者距离退休的平均时间可能更短一些。因此，衡量经济衰退对未来潜在产出产生持续影响的类永久性影响指标也会更小一些。即便如此，关于经济下滑对潜在产出产生持续影响的自下而上的证据表明，η 值处于或高于第1节考虑范围的上限。

布兰查德和萨默斯（Blanchard and Summers，1986）提供了有关欧洲迟滞效应的自上而下的证据。针对20世纪70年代至80年代中期西欧失业率的上升，他们认为，短期周期与长期趋势之间的滞后联系是关键所在，经济衰退导致的失业率上升"直接影响'自然'失业率"，而经济则围绕着"自然"失业率振荡。还有人认为，西欧失业率居高不下的主要原因是劳动力市场僵化，比如最低工资高、解雇成本高等。然而，劳伦斯·鲍尔（Laurence Ball，1997）认为，劳动力市场僵化与20世纪80年代西欧由周期性失业向结构性失业转变之间的联系被过分夸大了。据他估计，"通胀下降更显著和反通胀时间更长的国家，非加速通胀失业率上升的幅度也更大。测算出来的劳动力市场的不完善与非加速通胀失业率之间几乎没有直接关系"[15]，但是失业保险制度的慷慨程

---

[15] Ball（1997，第168页）。此外，请参见Stockhammer and Sturn（2012），他们也得出结论认为，劳动力方面迟滞效应的大小很可能与劳动力市场制度只有微弱的联系，但是与持续的高失业率以及积极的稳定政策未能迅速填补由经济下滑造成的产出缺口密切相关。根据他们的研究结果，迟滞效应"与货币政策有显著的相关关系……与贸易条件的变化可能也同样如此，但是衰退时期的劳动力市场制度产生的影响即使有，也很微弱。那些在经济疲软的衰退期更积极地降低实际利率的国家，其非加速通胀失业率的上升要小得多……"。

度与经济衰退深度之间的相互影响可能是个例外。

鲍尔（1997）将20世纪八九十年代非加速通胀失业率变化的跨国差异归因于一些国家的稳定化政策实施不力，使得周期性失业转为了结构性失业，这一结论令人警醒。他发现，与反通胀措施短暂但严厉的国家相比，比如在4年左右的时间极力抗击通胀，那些反通胀政策持久但温和的国家实际上会使所有就业的周期性减少转变为永久性下降。因此，如果 η 为 0.25，一个相当于年度潜在产出4%的负向冲击，会导致潜在产出下降1个百分点。

国际货币基金组织（2009）的报告得出了与鲍尔（1997）类似的结果，该报告考察了金融危机产生的需求冲击对7年期增长趋势的影响。这项研究分析了过去两代人经历的88次金融危机的后果，发现受金融危机的影响GDP短期内每下降1%，此后的趋势值就会比危机之前的平均趋势值下降1个百分点。如果因需求不足而导致产出下降的所谓"短期"为3年，那么由此产生的结果与 η 取值 0.33 相一致。[16]

第二类自上而下的证据是由专业的经济预测人员提供的。作为一个群体，他们似乎并不会坚定地认为，当前的经济衰退对美国潜在产出增长路径的影响很小或者完全没有影响。相反，他们最近对未来十年预测值的修订暗示迟滞效应可能相当可观。举一个明显的例子，2007年1月至2009年1月，随着经济陷入由金融危机导致的深度衰退，美国国会预算办公室将其对2017年底潜在GDP的预测值下调了4.2%（见图5）。2009年底衰退结束时，美国国会预算办公室受到了鼓舞，于是在2010年1月修订的预测中将其对2017年底潜在GDP的预测值上调了0.4%。然后，在接下来直至2012年1月的两年中，美国国会预算办公室几乎与私人预测机构步调一致，将其对2017年底潜在GDP的预测值又下调了3%。因此，截至2012年初，美国国会预算办公室已将其对未来5年潜在GDP的预测值累计下调了6.8个百分点。如果将这一降幅简单地解释为20个百分点的年度产出缺口到目前为止产生的影响，那么它将对应于 0.34 的 η 值。即使这一下调是基于如下信念：经济迄今为止出现的相对于潜在产出的累计缺口仅为此次事件最终将导致的缺口的一半，这也意味着 η 值为 0.17。

---

[16] Romer（1989）也持相同的观点，认为需求冲击对产出的影响持续时间很长。

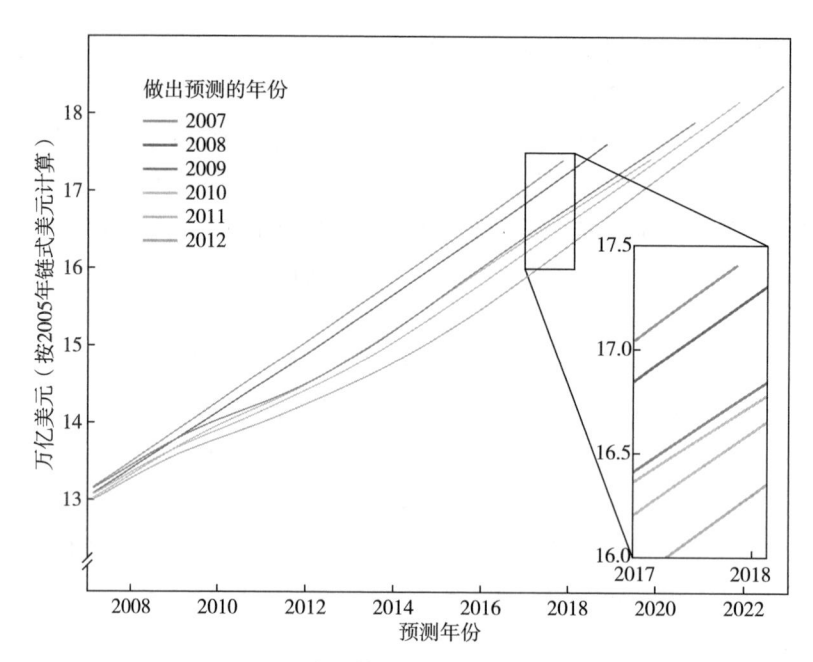

图5　美国国会预算办公室对潜在GDP的预测

资料来源：美国国会预算办公室。

这些修订可能并不意味着相信迟滞效应的存在，而只是认识到以前对潜在产出的预测值过高了。然而，信息筛选的一个基本要点否定了这种解释。当观察一个有噪声的序列并且这一序列包含一个永久成分时，如果一个观测值低于当前对永久成分的估计值，理性的预测者就会调低对该永久成分的估计值。然而，如果产出低于之前预期的水平是由于通胀率也低于之前预期的水平，则不应调低潜在产出的预测值。从理论上讲，对潜在产出的预测不应仅考虑数量因素，而应同时考虑数量和价格因素。通常情况下，导致调低潜在产出的坏消息并不是产出低于预期，而是产出和通胀都高于共同变动趋势的预期值。显然，现在这样的消息尚未出现。

布兰查德和萨默斯（1986）认为，严重的迟滞效应是欧洲独有的现象。他们的模型暗示，起初暂时性的周期性失业对劳动力供给造成的永久性损害似乎在很大程度上没有影响到美国。[17] 对于迟滞效应，他们强调的是"内部人–

---

[17] Blanchard and Summers（1986）还提出了另一种观点，关注长期失业者如何退出劳动力市场。参见Granovetter（1973），特别是Layard、Nickell and Jackman（2005）的研究。

外部人"工资谈判理论,即失去工作的工人在工会选举中不再拥有投票权,因此工会领导人在谈判中不再考虑他们的利益,而是将重点放在为那些仍在职的工人争取更高的工资和更优越的工作条件上。由于美国工会的力量和雇主在谈判时承担的法律义务都要比欧洲弱得多,源自劳动力市场正式制度的内部人-外部人机制似乎可以让美国高枕无忧。

然而,过去两年半劳动力市场的形势表明,美国可能无法做到完全不受布兰查德和萨默斯(1986)所说的那些因素的影响。相反,由于在当前经济复苏阶段,实际GDP的增速并没有超过危机前潜在产出的趋势增长率,以至于产出缺口仍然巨大,美国目前可能正在经历由周期性失业向结构性失业的转变。

这里需要注意的是,在过去两年半中,美国测算的失业率变化与成年就业-人口比率的变化出现了分化。从2009年末失业率达到峰值至2012年4月,平民就业(civilian employment)-人口比率仅下降了0.1个百分点,成年平民劳动参与率则大幅下降了1.4个百分点,失业率降幅更大,从10.0%降至8.1%,下降了1.9个百分点(见图6)。

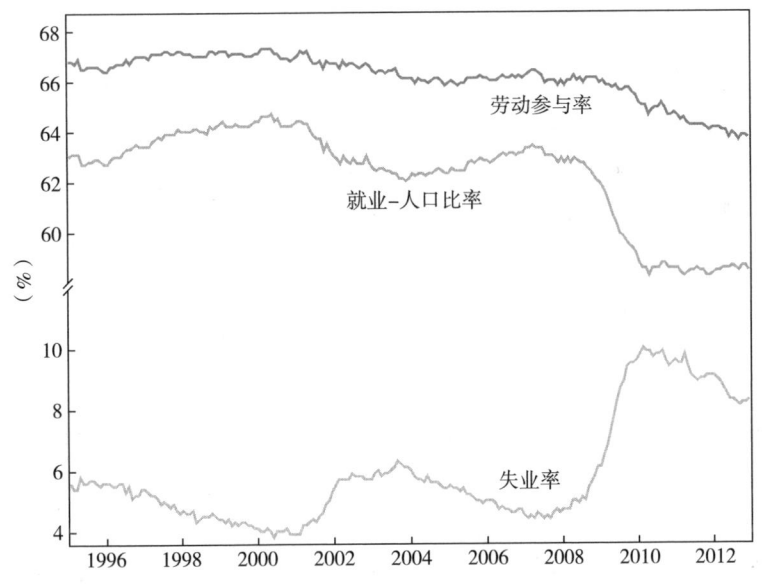

图6 1995—2012年的劳动参与率、就业-人口比率和失业率

资料来源:当期人口调查。

失业率与就业-人口比率之间的这种背离在美国是史无前例的。在1970年、1975年和1982年失业率达到峰值之后的几年里,劳动参与率强劲复苏,而在1992年和2003年失业率达到峰值之后，劳动参与率实际上变化不大，最终的复苏也非常缓慢。只有在2009年失业率达到峰值之后，平民劳动参与率出现了持续下降，而且下降幅度确实足以抵消失业率下降的影响，使得就业－人口比率与衰退结束时达到的低点相比，几乎没有变化（见图7）。

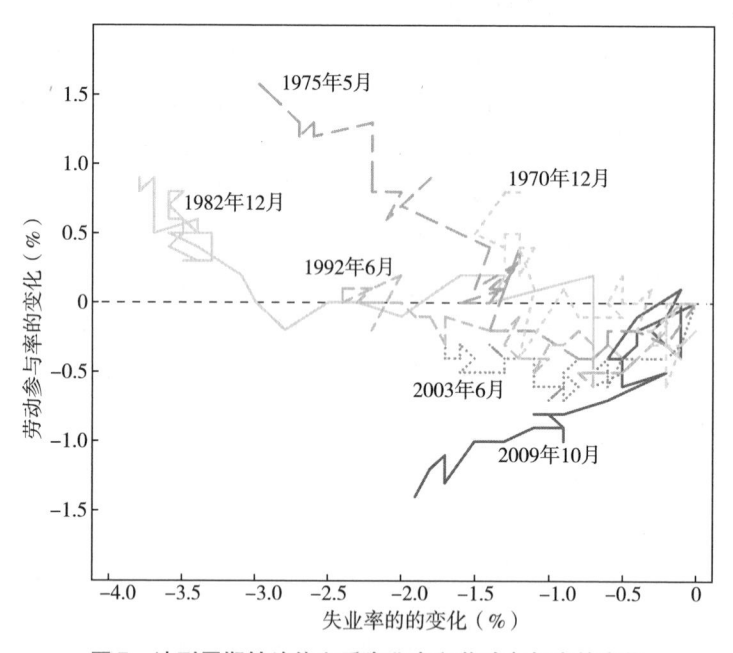

图7 达到周期性峰值之后失业率和劳动参与率的变化

注：每条线描绘的是在某次衰退中这两个指标的月度环比变化，从失业率达到峰值的月份开始，如图中标注所示。

资料来源：作者根据当期人口调查数据计算得出。

自20世纪90年代后期以来，婴儿潮一代的很多成员退休，导致在失业率既定的情况下就业－人口比率降低。但是，这一跨代趋势变化缓慢，相当于劳动参与率每年下降0.05个百分点。因此，自2008年经济衰退结束以来劳动参与率下降的总体幅度过大，不能仅归因于上述现象。[18] 此外，金融危机还产生了一些反向的压力，这些压力倾向于提高劳动参与率，我们可以预期，很多中年美国人的财富因危机而减少，无论这种财富是住房还是金融资产，或者两者

---

[18] 参见Daly、Hobijn and Valetta (2011)。不过，也有可能存在某种交互效应，也许如今年龄较大的劳动力更有可能因为遭受失业经历而提前退休。

皆有，于是他们会推迟退休。确实有迹象表明，自 2007 年以来，对于那些已经超过退休年龄者而言，财富效应会提高他们的就业率。

考虑一个反事实情形，即失业率与实际趋势一致，但是劳动参与率从 2009 年 10 月至 2012 年 4 月保持原来的水平，而不是像实际情况那样在这 30 个月中下降 1.4 个百分点。与这种反事实的情形相比，今天美国的劳动力供给减少了 2.2%。假定潜在产出的变化比例与劳动力相同，劳动力供给的这一降幅意味着潜在产出也会减少 2.2%。相反，假定潜在产出的生产函数使用的劳动占比为 0.65，则潜在产出将减少 1.4%。

从 2008 年初至 2011 年底，实际 GDP 与美国国会预算办公室提供的潜在 GDP 的累计缺口已经达到了 20.5%。假定潜在产出变化与劳动力变化的比例为 1∶1，则用 2.2% 除以 20.5%，由此得出的 η 为 0.107；假定上述比例为 0.65，则 η 为 0.07。而且，这种计算方法假定非加速通胀失业率在过去 5 年中保持不变。然而，克里斯蒂娜·罗默（2012）指出，自 2007 年以来，美国国会预算办公室、联邦公开市场委员会和专业预测者调查对该指标的估计值分别提高了 0.8、0.7 和 1.2 个百分点。[19] 非加速通胀失业率维持在 2007 年这一反事实假设，将会使实现充分就业时的潜在劳动力比目前的实际情形多 3.0%，这意味着 η 值也会相应增大。

因此，2008—2009 年危机之后的美国经济似乎并没有重复以往异常迅速的反弹，而按照布兰查德和萨默斯（1986）的分析，这正是美国与僵化的西欧经济之间明显的区别。相反，它似乎更接近国际货币基金组织（2009）发现的那种典型的后金融危机模式。在国际货币基金组织的样本中，危机发生 7 年之后，实际 GDP 平均比危机之前的趋势要低大约 10%。[20] 资本存量和就业都显著低于危机前的趋势，全要素生产率也比以前的趋势低。国际货币基金组织（2009，第 4—5 页）特别指出：

> 平均而言，不会从短期产出下降的趋势水平恢复到正常的趋势，"产出

---

[19] 美国国会预算办公室的估计数据见其各期的《预算与经济展望》；联邦公开市场委员会的估计数据见其各期的《经济预测摘要》；专业预测人员调查的估计数据参见费城联邦储备银行（2011）。
[20] 国际货币基金组织就此大声疾呼。它写到，这一分析结果具有"令人警醒的意义"，并且赞扬"以财政和货币强力刺激的形式……宏观经济政策做出有力的回应"。

路径趋向于显著且持久地降低……一般不会反弹至危机之前的趋势"。

相对于7年期的趋势而言,在短期内没有造成产出大幅下降的危机也不会出现严重缺口,"短期产出的变化也能很好地预测中期结果"。

在复苏过程中确实能够接近危机之前趋势增长路径的经济体,往往是那些在危机之后立即采取大规模宏观经济刺激措施的经济体:"尽管危机以后的产出变化难以预测,但是有证据表明,在危机之后迅速采取逆周期财政和货币刺激措施的经济体,与其7年期的增长趋势相比,产出损失往往较小"。

关于迟滞效应存在的历史证据比人们原本希望找到的要少一些,因为如果试图从以前少数几次历史事件中归纳出一般规律,这种情形是不可避免的。因此,任何结论都必然是不稳健和尝试性的。一次深度的周期性衰退对未来潜在产出的影响有多大,这个问题只有几个历史案例可以参考,即美国和西欧在大萧条中的经历、西欧在20世纪70年代末和80年代的长期衰退(欧洲与美国以及欧洲国家之间的比较)以及日本从20世纪90年代开始的"失去的数十年"。此外,美国在大萧条之后借助二战总动员实现了大繁荣,因此,即使大萧条确实留下了阴影,也被这场战争抹去了。

失业率和劳动参与率偏离之前共同变动的历史模式,也有可能被证明是一种周期波动中暂时出现的异常现象。也许在未来几年,经济会迅速反弹至2008年之前的潜在产出增长路径。但是,我们对其余案例的解读,比如自20世纪70年代末期以来西欧的经验和日本在20世纪90年代及之后的经验,让我们完全有理由推测程度如表2所示的迟滞效应更有可能成为现实,而不是相反。在这种情况下,进一步研究这一领域的问题迫在眉睫。

4. 结论

除了20世纪80年代初期沃尔克抗击通胀的几年,历史上美国的国债实际利率一直在一个相对较窄的范围内波动。在一个处于利率零下限的衰退经济体中,如果利率处于这一历史范围内,即使短期政府购买乘数 μ 数值不大,迟滞效应 η 也较小,经过简单的计算就可以得出结论,即扩张性财政政策不会增加未来的财政负担。此外,如附录所示,即使扩张性财政政策在这种情况下无法实现资金自给,它仍有可能通过合理的额外产出的成本收益检验,至少只要在政府的实际借款成本与实际社会贴现率之间不存在显著的差异就可以。

第2节和第3节指出，在经济衰退时，短期简约式财政政策乘数 μ 的数值可能足够大，并且可能存在迟滞效应 η。而且，目前并没有迹象表明美国政府的实际借款成本与实际社会贴现率之间存在显著差异。

必须强调的是，我们并不是为不可持续的财政政策辩护，也不是呼吁推迟旨在使不可持续的财政政策变得可持续的立法法案。如果承诺的支出和承诺的收入计划不一致，就必须进行调整。我们的分析并没有质疑已达成共识的调整宜早不宜迟的观点。事实上，越早调整，政府借款成本与社会贴现率之间出现缺口的可能性就越小。即使在经济衰退时，这种缺口也会使扩张性财政政策变成一个不明智的选择。在对长期财政平衡有信心的情况下，扩张性财政政策更有可能资金自给。

意在得出某些政策含义的任何尝试，都面临三个关键问题：

（1）这种观点是否过于夸大了？大多数国家的政府在大多数时候都能承担更多的债务，并且依靠经济增长带来的好处来偿还债务，这有可能吗？

（2）我们模型中设想的那种暂时性财政刺激措施在现实世界中是否可行，或者在现实中或者在人们的观念中，这种政策至少会变成准永久性的措施，从而是否会不可避免地扩大偿债的成本却不会带来更多的产出？

（3）无论财政刺激措施有什么优点，难道不应该将货币政策作为一种更优越的可选工具吗？

我们将依次简要讨论这些问题。

关于第一个问题，在大多数情况下，更多的扩张性政策确实是不可取的。我们已经强调过自己的观点：如果不是在利率零下限制约了利率下降且衰退极为严重的时期，正确的假设是财政乘数可能很小。即使这些政策效果不会被货币政策抵消，需求扩张也会受到供给的约束。[21] 在政策乘数较小的正常时期，财政政策应当被视为一种分配政策而非稳定政策。由此推论，即使在经济衰退

---

[21] 值得关注的是，Gordon and Krenn（2010）发现，如果样本范围截至1941年上半年需求仍然受限时，也就是在珍珠港事件导致二战动员之前的利率零下限时，乘数为1.88，但是如果样本范围截至1941年底，即供给约束开始出现时，乘数仅为0.88。这一特征在现代模型中并不存在。正如Hall（2013）评论的那样："在我所知道的任何现代模型中，产出和就业在充分就业时受到限制这一简单的观点都没有得到体现。比如在全球中央银行广为流行的动态随机一般均衡模型（DSGE）中，一般均衡模型建模的最前沿研究就是体现价格和工资黏性，这使得无论是否实现了充分就业，供给都具有相当大的弹性。"

时期，扩张性财政政策也不应无限制地使用。

关于第二个问题，我们分析的前提是，扩张性财政政策是及时和暂时的。因此，我们的结论只适用于及时和暂时的财政刺激政策。如果由于政治摩擦，刺激政策实际上并不是暂时的，或者如果刺激政策的实施明显滞后，那么成本和收益的计算就会发生变化。暂时性刺激措施是否与长期财政整顿的信念不一致？短期的财政扩张可能会削弱长期财政整顿的可信度。在一个政治能量有限且存在大量行政障碍的世界里，为实现一个目标所做的努力会损害另一个目标，这也是有可能的。

我们为美国近来的经历而感到鼓舞，它表明及时和暂时的大规模刺激政策是有可能实施的。与约翰·泰勒（2011）的观点不同，塞拉托和温根德（Serrato and Wingender, 2010）以及其他一些人认为，2009年的《经济复苏法案》中颁布的财政刺激措施有很大一部分迅速转化为支出增加，没有被由此触发的州和地方财政政策的变化抵消。美国也有分阶段削减长期赤字的经验，比如1983年两党就格林斯潘委员会的社会保障建议达成一致意见。美国最近的经验还表明，财政刺激措施是可以逆转的。确实，无论2009年的《经济复苏法案》提供了何种刺激措施，现在都已经被逆转了。

但是，即使人们同意刺激政策可以是及时和暂时的，在保持这些特性的同时，刺激的规模可以有多大，这个问题仍有待研究。[22]正如卡洛·科塔雷利（Carlo Cottarelli）提出的警告，有些国家承诺将在短期内削减赤字作为实现长期可持续性的第一步，它们可能会发现：

> 增长放缓超出了预期……它们倾向于通过进一步的紧缩来维持其短期计划，即使这会对经济增长造成更大的伤害……我的底线是，除非你不得不这样做，否则你就不应该这样做……如果经济增长因财政紧缩而下降得足够多的话……即使赤字下降了，利率实际上也可能上升。

关于第三个问题，我们的分析假定，在利率零下限时，财政政策虽然改变了但货币政策不会改变。然而，中央银行确实有回旋余地，因为它们能够直接使用比正常时期更广泛的金融工具，也能够预先对一些政策做出承诺。从逻辑上讲，扩张性财政政策可能会导致中央银行减少对这些工具的使用，从而引起

---

[22] 关于在利率零下限时财政扩张会产生非线性影响，参见 Erceg and Linde (2010)。

紧缩性的货币政策反应。因此，也许正如曼昆和魏因齐尔（Mankiw and Weinzierl，2011）断言的那样，支持经济衰退时实施财政扩张的论据，甚至是更有力的支持扩张性货币政策的论据。

另一方面，在美国，美联储试图鼓励短期财政扩张。非常规货币措施的效力以及中央银行为采取这些措施而扩大资产负债表的意愿似乎是有限的。而扩张性财政政策很可能支持并要求提高经济复苏以后货币仍旧维持扩张这一政策承诺的可信度，或者提高债务货币化的程度，使扩张性货币政策的反应规模更大。

在我们看来，将财政政策纳入政策工具组合是合理的，尤其是在财政政策能够实现资金自给的情况下，原因有以下几点。第一，考虑到模型和参数的不确定性，实现政策工具的多样化是恰当的，布雷纳德（Brainard，1967）很早以前就指出过这一点。第二，各国中央银行认为，在利率零下限时如果大规模实施非常规货币政策，会带来巨大的成本或风险，因此它们在实施这些政策时会犹豫不决。第三，扩张性货币政策带来的成本并没有体现在标准模型中，这些成本包括投资构成的扭曲、对金融部门健康状况的影响以及对收入分配的影响。第四，历史经验表明，低利率环境往往会引发资产市场泡沫，而今天的经济学家和政策制定者甚至比五年前更担心这一点。综合考虑这些因素，货币政策不可能承担所有的责任。因此，在经济衰退时有充分的理由采取扩张性财政政策。

附录 额外产出的成本收益检验

如果正文中的（7）式不成立，政府借款利率超过或将会超过临界值，那么在确定扩张性财政政策是否可取时，就需要进行成本收益计算。权衡扩张性财政政策的当前收益与未来成本是合适的。在进行这种成本收益计算时，自然需要考虑的一个数量是未来产出变化的现值，即当期暂时性财政扩张对现在和未来GDP影响的现值总和。[23]

---

[23] 当然，将产出现值的变化作为一种福利衡量标准可能会受到质疑。然而，在目前这种情况下，我们猜测当前失业者闲暇的社会价值较低，而社会对未来额外获得的产出评价较高，比如避免了创新支出的削减或者避免了那些长期失业后选择退休或申请残疾保障的人退出劳动力队伍。参见 Krueger and Mueller（2011）、Gordon（1973）、Granovetter（1973）和 Gordon（2011）。

可以将这些影响称为 ΔV。然后，根据第 1 节的分析框架，其中 ΔY_n 是暂时性财政扩张 ΔG 对当期产出的影响，ΔY_f 是对一个代表性未来时期的潜在产出的影响，

$$\Delta V = \Delta Y_n + \Delta Y_f / (r - g) \text{㉔} \tag{A.1}$$

其中，r 在这种情况下是实际的社会贴现率，此处我们令 r 等于实际的政府借款利率。

假定 r 的合适的长期衡量指标正在或将会迅速标准化为一个大于税基增长率 g 的数值。因此，该经济体是动态有效率的。若非如此，就无法进行成本收益计算，以确定实施扩张性财政政策是否值得。

财政扩张的好处是在短期内可通过乘数效应提高 GDP。从长期看，它的好处是通过避免迟滞效应，提高未来的潜在产出。获得这些好处需要付出一定的成本，即为了增加税收以偿还更高的债务负担需要提高税率，这将从供给侧拖累未来的潜在产出。

（A.1）式假设财政扩张的长期效果，无论是通过避免滞后效应还是通过债务摊销，都是真正永久性的，并随经济增长而扩大。因此，ΔV 的计算方法是将 ΔY_f 以 $r - g$ 作为贴现率进行贴现。如果影响是长期的，但不是真正永久性的，则与（A.1）式类似的公式中恰当的贴现率会更高，而论证的基本逻辑仍是相同的，即存在短期收益以及短期成本和长期成本，而长期成本会随着借款成本与税基增长率之间差距的增加而减少，且数量相对较小。

当期暂时性财政扩张 ΔG 对当期产出的影响 ΔY_n 如文中（1）式所示。对未来一个代表性时期的潜在产出的全面影响 ΔY_f 则更加复杂。它有两个组成部分：首先是由于经济下滑对未来潜在产出的影响减弱而带来的正面影响 $\eta \Delta Y_P = \eta \mu \Delta G$；其次是为了给财政扩张提供资金需要增加的债务，而摊销这些债务将拖累未来的 GDP。第二项的供给侧成本取决于两个因素：（1）必须摊还的额外债务 ΔD，乘以（2）每摊还 1 美元所需增加的未来税收对潜在产出的抑制作用。我们用参数 ξ 来刻画第二个因素，该参数表示每额外增加 1 美元税收导致的未来潜在产出的减少量。然而，这些成本本身会被另一种供给侧效应部分抵消，即通过避免或减少迟滞效应，当期 GDP 的提高使得之前的政府成本可

㉔ 在这个（A.1）式以及整个附录中，我们省略了"短期的长度"这一参数，以使公式更为简洁。

以分摊到更大的税收基础上，因此可以降低税率，从而进一步提高未来的潜在产出。

如果在具有代表性的未来时期增加1美元的净税收会产生抑制效应，使未来时期的GDP减少ξ，那么对未来时期实际GDP的影响为：

$$\Delta Y_f = \{\eta\mu - \xi[(r-g)(1-\mu\tau) - \tau\eta\mu]\}\Delta G \quad (A.2)$$

我们假设ξ在正常情况下的数值为0.25，在极端情况下的数值为0.5。

将（A.2）式贴现为现值并与（1）式相加，就得出了当期暂时性扩张财政政策对实际GDP现值的净影响：

$$\Delta V = \left\{\mu + \frac{\eta\mu}{r-g} + \frac{\xi}{r-g}[\eta\mu\tau - (r-g)(1-\mu\tau)]\right\}\Delta G \quad (A.3)$$

（A.3）式右侧括号内的第一项μ代表乘数效应；第二项$\eta\mu/(r-g)$代表滞后效应，即较小规模的经济衰退造成的长期影响较小；第三项是额外债务的净负担对未来潜在产出的影响，它等于（6）式左侧对政府现金流的净影响乘以ξ，ξ反映了较低税率给产出带来的供给侧收益，并通过除以$r-g$转化为现值。第三项由两个分项组成，即$\xi\tau\eta\mu/(r-g)$和$-\xi(1-\mu\tau)$。第一个分项与布兰查德和萨默斯（1987）研究的内容有关，即财政扩张ΔG通过抑制潜在产出的迟滞效应，使得降低税率以增加潜在产出成为可能。第二个分项是摊销额外债务造成的负担，这些额外的债务源自为财政扩张提供资金。即使第三项为负而财政政策无法实现资金自给，只要前两项的数值足以抵消第三项，财政扩张仍能通过额外产出的成本收益检验。

我们可以从（A.3）式中得出五条重要的结论：

（1）财政扩张的长期影响与短期影响一样大。

（2）在一个没有陷入衰退的经济中，财政政策很可能无法通过（A.3）式的成本收益检验，因为乘数μ有可能接近于零。

（3）即使不存在迟滞效应，财政政策也有可能通过成本收益检验。

（4）在经济萧条时期，如果未能通过成本收益检验，似乎需要抑制系数ξ处于较高的水平。

（5）如果利率显著超过社会贴现率，财政政策将无法通过成本收益检验。

看一下（A.3）式就能发现，只有第一项μ是一个短期因素。即使不考虑对现金流的影响，长期收益也相当于短期收益乘以$\eta/(r-g)$。以表2的中间情形为例，$\eta=0.05$，$\mu=1.0$，在实际年利率r为5.77%这一临界值时，长期收益与短期收益之比为1.7。因此，在进行政策分析时，不应认为追求扩张性财政政策会使政治经济重点偏离其长期目标。

与所有关于现值的计算一样，在利率并不比经济增速高很多的情况下，大部分现值取决于未来的长度。如果我们规定预测的范围仅限于未来25年，因为一代人以后的世界很可能与今天的世界大不相同，而我们可能对未来的世界一无所知，那么长期收益与短期收益之比就会下降到1.14。但是，等到那个时候，不仅目前的扩张性政策因抑制迟滞效应而获得的长期收益会消失殆尽，政府的财政负担也会发生重要的改变。

我们的第二个结论是，在经济未陷入衰退时，简约式政策乘数可能很小，因此财政政策很可能无法通过成本收益检验。在（A.3）式中，正项都与 μ 呈线性关系，因此会随着 μ 的下降而变小，但是负项 $\xi(1-\mu\tau)$ 与 μ 不呈线性关系，因此不会变小。（A.3）式中的乘数 μ 采用的是简约式乘数，考虑了货币政策的抵消作用。它并没有假定实际利率或名义利率保持不变，甚至也没有假定货币基础或者货币存量保持不变。这个乘数已经考虑了货币政策对宏观经济信息通常会做出的反应。

在正常时期，这一考虑了货币抵消作用的乘数很小。在实现长期物价稳定的目标保持不变的情况下，中央银行几乎无一例外地会对实际总需求的走势拥有鲜明的立场。中央银行不希望实际需求由于任何其他政府机构的政策而偏离它自认为合适的路径。因此，中央银行会试图抵消扩张性财政政策对总需求的影响。立法机构和行政部门采取相机抉择的财政政策，而中央银行会在其内部影响这些决策者，它们也可以用这种方式抵消扩张性财政政策的影响。

在经济衰退时期，情况就不同了。在利率零下限时，如果中央银行不将非常规货币政策扩张至它认为合理的范围以外，它可能无法以一己之力来管理总需求。即使中央银行认为自己有这种能力，它也可能缺乏意愿，而且很可能还缺乏正式的法律授权，以采取这些更适合归为准财政政策的非常规政策措施。

如果在经济衰退的情况下，中央银行既有权力也有意愿盯住实际总需求，并且抵消财政扩张的任何影响，那么（A.3）式中的政策乘数 μ 就会非常小，以至于扩张性财政政策无法通过成本收益检验。但是，如果中央银行没有能力或者意愿这样做，我们的论点也适用。在正常时期，相机抉择的扩张性财政政策无法通过（A.3）式的成本收益检验，但并不意味着在衰退时期也无法通过这一检验。

我们的第三个结论是，即使没有迟滞效应，相机抉择的扩张性财政政策也完全可以通过成本收益检验。在没有迟滞效应的情况下，即当 $\eta = 0$ 时，(A.3) 式变为：

$$\Delta V = [\mu - \xi (1 - \mu\tau)] \Delta G \quad (A.4)$$

当下面的不等式成立时，上式为正：

$$\mu > \xi/(1 + \xi\tau) \quad (A.5)$$

在边际税率 τ 为 1/3 时，如果乘数 μ 为 0.5，额外产出的成本收益检验在任何 ξ 小于 0.6 的情况下都成立：

（1）如果 μ 值为 1.5，则任何小于 3 的 ξ 值都能通过成本收益检验：ξ 值为 3 意味着经济位于拉弗曲线非常靠右的位置，此时增加 1 美元税收会使潜在产出减少 3 美元。

（2）如果 μ 值为 1，则任何小于 1.5 的 ξ 值都能通过成本收益检验。

（3）即使 μ 值为 0.5，也需要 ξ 值小于 0.6，这似乎不太可能：其他北大西洋国家的 τ 值要高得多，但没有明显的迹象表明税收会对潜在产出产生如此严重的影响。

我们的第四个结论是，通过令 η 值为正加入迟滞效应，将使 (A.3) 式中有关成本收益检验的算术运算更具说服力。此时 (A.5) 式变为：

$$\mu > \frac{\xi}{[1 + \xi\tau + \eta(1 + \xi\tau)/(r - g)]} \quad (A.6)$$

即使乘数效应和迟滞效应非常温和，要使暂时性的扩张性财政政策无法通过成本收益检验，要求也是非常严格的。在 τ 为 1/3、g 为每年 2.5%、μ 为 0.5、η 为 0.05 以及 r 为每年 6% 的情况下，只有当 ξ 大于 10 时，暂时性的扩张性财政政策才无法通过成本收益检验。

这就引出了第五个也是最后一个结论：如 (A.6) 式所示，通常只需要一个较小的 μ 值，就可以使扩张性财政政策通过成本收益检验，因为 μ 的临界值会因为分母中代表迟滞效应的一项而减小，而且 $r - g$ 的存在会使迟滞效应这一项变大。任何一组参数只要使 $\eta/(r - g)$ 的数值无法忽略，都会使 μ 的临界值处于很小的水平。因此，除非 $r - g$ 相对较大，否则就有可能通过成本收益检验。此时的 r 不是实际的社会贴现率，而是国债实际利率。由此可见，如果国债实际利率（这决定了债务负担）与社会贴现率（决定未来收益与成本被资本化时的倍数）之间存在较大的差距，那么衰退时期相机抉择的财政政策最有可能无法通过成本收益检验。如果实际社会贴现率 r 与政府实际借款成本 $r+\rho$ 之间存在的差距为 ρ，则（A.3）式中的成本收益计算就会变成

$$\Delta V = \left[\mu + \frac{\eta\mu}{r-g} + \frac{\xi\eta\mu\tau}{r-g} - \frac{(r+\rho-g)(1-\mu\tau)}{r-g}\right]\Delta G \quad (A.7)$$

上式右侧最后一项中的成本被放大了 $(r+\rho-g)/(r-g)$ 倍，而前三项中的收益与（A.3）式相同。如果一个政府必须以现在的希腊或西班牙的条件进行借贷，或者担心即使微不足道的额外借款也会引起市场反应，进而迫使它以这样的条件借款，那么它就会发现扩张性财政政策的计算结果确实令人不快。但是，今天的美国并不存在上述这种差距。资产价值也没有任何明显的迹象表明，今天的市场有可能已经对未来会出现这种情形进行了定价。

（南开大学经济研究所　郭金兴　译）

参考文献

Auerbach, Alan, and Yurii Gorodnichenko. Forthcoming. "Fiscal Multipliers in Recession and Expansion." In *Fiscal Policy after the Financial Crisis*, edited by Alberto Alesina and Francesco Giavazzi. University of Chicago Press.

Ball, Laurence. 1997. "Disinflation and the NAIRU." In *Reducing Inflation: Moti-vation and Strategy*, edited by Christina Romer and David Romer. University of Chicago Press.

Barro, Robert J., and Charles Redlick. 2011. "Macroeconomic Effects from Government Purchases and Taxes." *Quarterly Journal of Economics* 126, no. 1: 51–102.

Bartlett, Bruce. 2003. "Supply-Side Economics: 'Voodoo Economics' or Lasting Contribution?" San Diego, Calif.: Laffer Associates Investment Research (November 11). web2.uconn.edu/cunningham/econ309/lafferpdf.pdf.

Blanchard, Olivier, and Roberto Perotti. 2002. "An Empirical Characterization of the Dynamic Effects of Changes in Government Spending and Taxes on Output." *Quarterly Journal of Economics* 117, no. 4: 1329–68.

Blanchard, Olivier, and Lawrence Summers. 1986. "Hysteresis and the European Unemployment Problem." *NBER Macroeconomics Annual* 1: 15–90.

Blanchard, Olivier, and Lawrence Summers. 1987. "Fiscal Increasing Returns, Hysteresis, and Real Wages." *European Economic Review* 31, no. 3: 543–60.

Brainard, William. 1967. "Uncertainty and the Effectiveness of Policy." *American Economic Review* 57, no. 2: 411–25.

Chodorow-Reich, Gabriel, Laura Feiveson, Zachary Liscow, and William Gui Woolston. Forthcoming. "Does State Fiscal Relief during Recessions Increase Employment? Evidence from the American Recovery and Reinvestment Act." *American Economic Journal: Economic Policy*.

Christiano, Lawrence, Martin Eichenbaum, and Sergio Rebelo. 2011. "When Is the Government Spending Multiplier Large?" *Journal of Political Economy* 119, no. 1: 78–121.

Clark, Kim, and Lawrence Summers. 1982. "Labor Force Participation: Timing and Persistence." *Review *of Economic Studies* 49: 825–44.

Clemens, Jeffrey, and Stephen Miran. 2010. "The Effects of State Budget Cuts on Employment and Income." Harvard University.

Cottarelli, Carlo. 2012. "Fiscal Adjustment: Too Much of a Good Thing?" *Vox* (February 8). www.voxeu.org/index.php?q=node/7604.

Daly, Mary, Bart Hobijn, and Rob Valletta. 2011. "The Recent Evolution of the Natural Rate of Unemployment." Federal Reserve Bank of San Francisco. www.frbsf.org/economics/economists/bhobijn/wp11-05bkJanuary2011.pdf.

Davis, Steven, and Till von Wachter. 2011. "Recessions and the Cost of Job Loss." *BPEA*, no. 2: 1–72.

Denes, Matthew, Gauti B. Eggertsson, and Sophia Gilbukh. 2012. "Deficits, Public Debt Dynamics, and Tax and Spending Multipliers." Federal Reserve Bank of New York.

Eggertsson, Gauti B., and Paul Krugman. 2012. "Debt, Deleveraging, and the Liquidity Trap: A Fisher-Minsky-Koo Approach." Federal Reserve Bank of New York. www.frbsf.org/economics/conferences/1102/eggertsson.pdf.

Erceg, Christopher, and Jesper Linde. 2010. "Is There a Fiscal Free Lunch in a Liquidity Trap?" Washington: Board of Governors of the Federal Reserve System. www.federalreserve.gov/pubs/ifdp/2010/1003/ifdp1003.pdf.

Federal Reserve Bank of Philadelphia. 2011. "Survey of Professional Forecasters, Third Quarter 2011." Philadelphia (August).

Fisher, Irving. 1933. "The Debt-Deflation Theory of Great Depressions." *Econometrica* 1, no. 4: 337–57.

Gordon, Robert J. 1973. "The Welfare Cost of Higher Unemployment." *BPEA*, no. 1: 133–95.

Gordon, Robert J. 2011. "Controversies about Work, Leisure, and Welfare in Europe and the United States." In *Perspectives on the Performance of the Continental Econo-mies*, edited by Edmund Phelps and Hans-Werner Sinn. MIT Press.

Gordon, Robert J., and Robert Krenn. 2010. "The End of the Great Depression 1939–41." Northwestern University. faculty-web.at.northwestern.edu/economics/gordon/Journal_submission_combined_111120.pdf.

Granovetter, Mark. 1973. "The Strength of Weak Ties." *American Journal of Sociology* 78, no. 6: 1360–80.

Hall, Robert E. 2012. "Quantifying the Forces Leading to the Collapse of GDP after the Financial Crisis." Stanford University.

Hall, Robert E. Forthcoming. "Comment on 'Fiscal Multipliers in Recession and Expansion'." In *Fiscal Policy after the Financial Crisis*, edited by Alberto Alesina and Francesco Giavazzi. University of Chicago Press.

Henderson, David W., and Warwick McKibbin. 1993. "A Comparison of Some Basic Monetary Policy Regimes for Open Economies: Implications of Different Degrees of Instrument Adjustment and Wage Persistence." *Carnegie-Rochester Conference Series on Public Policy* 39: 221–318.

International Monetary Fund. 2009. "What's the Damage? Medium-Term Dynamics after Financial Crises." Chapter 4 of *World Economic Outlook 2009*. Washington.

International Monetary Fund. 2010 "Will It Hurt? Macroeconomic Effects of Fiscal Consolidation." Chapter 3 of *World Economic Outlook 2010*. Washington.

Jones, Byrd L. 1978. "Lauchlin Currie, Pump Priming, and New Deal Fiscal Policy, 1934–1936." *History of Political Economy* 10, no. 4: 509–24.

Krishnamurthy, Arvind, and Annette Vissing-Jorgensen. 2012. "The Aggregate Demand for Treasury Debt." Northwestern University.

Krueger, Alan B., and Andreas Mueller. 2011. "Job Search, Emotional Well-Being, and Job Finding in a Period of Mass Unemployment." *BPEA*, no. 1: 1–57.

Layard, Richard, Stephen Nickell, and Richard Jackman. 2005. *Unemployment: Macroeconomic Performance and the Labour Market*. Oxford University Press.

Lerner, Abba. 1943. "Functional Finance and the Federal Debt." *Social Research* 10, no. 1: 38–52.

Mankiw, N. Gregory, and Matthew Weinzierl. 2011. "An Exploration of Optimal Stabilization Policy." *BPEA*, no. 1: 209–72.

Mendel, Brock. 2012. "The Local Multiplier." Harvard University.

Moretti, Enrico. 2010. "Local Multipliers." *American Economic Review* 100, no. 2: 1–7.

Nakamura, Emi, and Jón Steinsson. 2011. "Fiscal Stimulus in a Monetary Union: Evidence from U.S. Regions." Working Paper no. 17391. Cambridge, Mass.: National Bureau of Economic Research.

Parker, Jonathan. 2011. "Measuring the Effects of Fiscal Policy in Recessions." *Journal of Economic Literature* 49, no. 3: 703–18.

Phelps, Edmund S. 1972. *Inflation Policy and Unemployment Theory*. New York: W. W. Norton.

Ramey, Valerie. 2011. "Can Government Purchases Stimulate the Economy?" *Journal of Economic Literature* 49, no. 3: 673–85.

Ramey, Valerie. 2012. "Government Spending and Private Activity." Working Paper no. 17787. Cambridge, Mass.: National Bureau of Economic Research.

Ramey, Valerie, and Matthew Shapiro. 1998. "Costly Capital Reallocation and the Effects of Government Spending." *Carnegie-Rochester Conference Series* 48, no. 1: 145–94.

Romer, Christina. 2011. "What Do We Know about the Effects of Fiscal Policy? Separating Evidence from Ideology." Speech at Hamilton College, November 7.

Romer, Christina. 2012. "Fiscal Policy in the Crisis: Lessons and Implications." University of California, Berkeley.

Romer, David. 1989. "Comment" [on Steven N. Durlauf, "Output Persistence, Economic Structure, and the Choice of Stabilization Policy"]. *BPEA*, no. 2: 117–25.

Romer, David. 2000. "Keynesian Macroeconomics without the LM Curve." *Journal of Economic Perspectives* 14, no. 2: 149–69.

Rudebusch, Glenn D. 2009. "The Fed's Monetary Policy Response to the Current Crisis." *FRBSF Economic Letter* no. 2009-17. Federal Reserve Bank of San Francisco.

Stockhammer, Engelbert, and Simon Sturn. 2012. "The Impact of Monetary Policy on Unemployment Hysteresis." *Applied Economics* 44, no. 21: 2743–56.

Suárez Serrato, Juan Carlos, and Philippe Wingender. 2010. "Estimating Local Fiscal Multipliers." University of California, Berkeley.

Taylor, John. 2000. "Reassessing Discretionary Fiscal Policy." *Journal of Economic Perspectives* 14, no. 3: 21–36.

Taylor, John. 2010. "The Taylor Rule Does Not Say Minus Six Percent." johnbtaylors blog. blogspot.com/2010/09/taylor-rule-does-not-say-minus-six.html.

Taylor, John. 2011. "An Empirical Analysis of the Revival of Fiscal Activism in the 2000s." *Journal of Economic Literature* 49, no. 3: 686–702.

Wray, L. Randall. 2002. "A Monetary and Fiscal Framework for Economic Stability: A Friedmanian Approach to Restoring Growth." University of Missouri at Kansas City.

特稿

Feature

自由的概念与新古典经济学对亚当·斯密的误读

巴里·温加斯特

> 新古典经济学理论根本不是给发展政策提供分析和建议的恰当工具，它关心的是市场如何运行，而非市场如何发展起来的。
>
> ——道格拉斯·诺思（Douglass C. North，1993/2016，第81页）

1. 引言

如今，很少有正统经济学家采用或主张采用"自由"（liberty）的概念，而这个概念在当代经济学讨论中的缺失是有问题的。由于未能将自由的概念置于更中心的位置，我们会在很大程度上难以理解市场经济如何出现和维持，尤其是涉及经济发展、民主化的作用、立宪、国家之间的暴力，以及更普遍的针对发展中国家的政策分析等议题的时候。

阿西莫格鲁与罗宾逊的近期著作《狭窄的走廊》（*The Narrow Corridor*，2019）把自由作为分析的核心。事实上，这也是他们开启全书主要论点的序言所用的第一个词汇。两位作者发现自由处于发展的中心位置，以自由为特征的各个国家步入了发展路径的"狭窄走廊"。发展走廊之所以狭窄，是因为他们

---

* Barry R. Weingast，斯坦福大学政治学讲席教授。作者感谢如下人士的意见和评论：Chris Berry、Pete Boettke、Giampy Garzarelli、Steve Haber、Dan Klein、Glory Liu、Deirdre McCloskey、Roger Noll、Josh Ober、Philip Petrov、Paul Sagar、Avshalom Schwartz、Craig Smith、Vernon Smith，以及Stephane Wolton 等。

认为大多数国家长期处于"暴虐的利维坦"(专制政权)状态,或者由于利维坦尚未出现而陷入冲突和混乱的状态(Acemoglu and Robinson,2019,第64页)。各国可能在若干利维坦状态或缺乏利维坦状态之间循环,但通常不会跨越边界,进入以增长、自由与有限政府为特征的狭窄走廊。阿西莫格鲁与罗宾逊的著作在全球受到数百万读者关注,影响巨大,他们对自由的关注也广受赞赏。

这两位作者喜欢采用比喻的说法,包括"双面利维坦"(意指受限或专横)、"红桃皇后效应""吉尔伽美什问题""欧洲剪刀"以及书名中的"狭窄的走廊"等。此类修辞手法很受欢迎,因为相比抽象的"定理3",普通读者显然更容易记住红桃皇后之类的说法,但我本人有时会思考在相应场合采用某个特定比喻的逻辑到底是什么。阿西莫格鲁与罗宾逊在总结时还呼吁建立一种"让政府和社会都必须强大"的公民社会:

> 本书的主要观点是,要让自由得以出现并盛行,政府和社会都必须变得强大。我们需要强大的政府来控制暴力、执行法律,并提供对民众生活至关重要的公共服务,让人们可以确定和追求自己的选择。我们同时需要强大的能动员起来的社会来控制和约束强大的政府……如果没有社会的警惕,宪法和保证将只不过是废纸一张。(Acemoglu and Robinson,2019,第 xv—xvi 页)

本文算是对阿西莫格鲁与罗宾逊著作的一篇另类评论。与他们并行,我也在研究自由对经济和政治演化发展的作用。我相信通过深入考查自由的概念,可以对新古典发展经济学的局限乃至更一般的发展问题获得更好的理解。

我将对"自由"概念做如下三类区分:亚当·斯密的自由概念,新古典经济学的自由观,以及所谓的"古典自由主义"观。① 新古典主义和古典自由主义都假定存在我认为的构成自由之基础的四个条件,却通常未专门提及。②

---

① 麦克洛斯基(McCloskey)喜欢把这种传统经济学分析方法称作"萨缪尔森式",以20世纪后半叶的经济学大家保罗·萨缪尔森来命名。显然,这种推测没有反映古典经济学与新古典经济学之间的其他许多区别,例如边际革命,考虑个人的效用最大化(见McCloskey,无发表日期;Smith and Wilson,2019,第49—50页);初始的企业理论把企业当作黑箱来处理,以机械方式把投入变成产出;还有,古典经济学家是一般均衡理论的先驱。
② 布坎南在更广泛的新古典经济学框架下也指出了这点:"经济学家很少思考他采用的模型的假设前提,而直接从个人的评估、选择和行动开始分析"(Buchanan,第45页),另见Coase(1991/2016,第66页)以及North(1993,第81页)。

其中包括：稳定的财产权利、有力的合同执行机制、防止政府掠夺，以及让社会免受国内外掠夺者袭扰的安全环境。这些条件意味着发展过程的一大飞跃，大多数发展中国家并不能保证实现。

本文第3节将指出，亚当·斯密曾试图诠释这些基础，而不是以假设敷衍了事。自由在何时何地兴起，为什么只限于现代早期的几个欧洲国家？③ 在第4节中，我将从斯密的研究中总结出一些启示，并解释为什么说新古典经济学没能领会斯密对此问题的认识。

这对发展中国家的一个主要启示是，传统的新古典经济学对发展问题的理解建立在魔法般的基础上。他们假设上述基本条件已经满足，于是对自由的起源乃至社会维系特定立宪体制的机制毫无解释。从这个视角出发，宪法必然把上述基本条件都包含在其中，并且政府内外的各种政治人物和组织都有激励遵守宪法。我将把这种忽略自由问题的思考方法称作"新古典谬误"（neoclassical fallacy，另可参阅 Weingast，2016）。

当然，当代有许多发展经济学家已经超越新古典主义的局限，借助了新的思想（如国家能力、习俗和文化的作用、政治经济互动关系）和方法（如博弈论、实验研究）的启迪。此类思想和方法对20世纪60—80年代的新古典主义学者来说是不曾有的。这方面的主要成果包括阿西莫格鲁和罗宾逊（2019）、班纳吉和迪弗洛（Banerjee and Duflo，2012）、贝斯利和佩尔松（Besley and Persson，2009，2014）、伊斯特利（Easterly，2001）、古里耶夫和帕派约安努（Guriev and Papaioannou，2022），以及威迪克（Wydick，2007）等。然而，即便这些文献的作者通常也没有提出自由的议题。

创建支持自由的必要条件在很大程度上依靠制定宪法，许多国家的宪法包含独立司法的内容，这在斯密发表《国富论》的时代是极为罕见的。④ 由于大多数新制定的宪法会在不到一代人的时间里遭遇失败（Cox、North and Weingast，2019；Elkins、Ginsburg and Melton，2009，第122—146页），能够延续数代人

---

③ 赫希曼（Hirschman，1977，第81页）解释说，斯密同时代的朋友、最早的《政治经济学原理》的作者之一詹姆斯·斯图亚特爵士（Sir James Steuart）在18世纪中期指出，目前对灾难性的专制统治尚无清晰的解决办法。斯密《国富论》的出版极大地改变了这一局面。

④ 到1800年，全球仅有四个政治实体建立了保证自由（至少对白人男性而言）的制度，即法国、英国、荷兰和美国。它们都将自由观念纳入宪法。参见 North et al.（2009），第4章，尤其是第5章。

的宪法必然有些特殊性质。这些特殊性质可能导致自由在每个社会中运行的基础出现系统性差异。⑤

鉴于这种基础（一个国家的宪法的必然组成部分）的性质影响各个社会如何体现和实施自由，以上假设的意义就不是中性或者次要的。如果市场需要作为自由之基础的这四个条件，那么对市场发展和稳定的完整解释就必须包含这些条件如何得以成立的解释。正如本文开篇引用的诺思的提示，没有什么魔杖能够让我们宣称："要有市场"或者"要有发展"，于是市场就突然从天而降。斯密研究了自由的基础，他的观察视角对今天的发展中国家尤其重要，因为大部分发展中国家充其量仍在为创建和维持自由的四个基础条件而挣扎。⑥1600年左右，西欧的发展中国家也曾受类似问题的困扰。如果首先假设四个条件都成立，然后再考察政府对市场的干预，则无法解释自由或发展的起源。换句话说，弄清楚发展的政治经济学要求对自由产生的基础有深入理解，所以这几个条件是发展的政治经济作用过程的核心组成部分。罗纳德·科斯在1991年针对东欧局势指出："有人建议前社会主义国家转向市场经济，他们的领导人也希望如此，但如果没有合适的制度，就无法建立像样的市场经济。假如我们对西方国家的经济运行有更多了解，也就能更好地向他们提供建议。"（Coase，诺贝尔经济学奖获奖演讲，1991/2016，第66页）。

2. 亚当·斯密与新古典经济学对自由的不同理解

自由的概念让当今的许多经济学家备感困惑⑦，这部分是由新古典谬误的一个特点所致。至少自弗兰克·奈特（Frank Knight，1935）以来，关注经济学说史的经济学家就已采用当前的学科框架去解读历史上的学者们的思想，其

---

⑤ 把共和主义作为非支配性特征的近期规范性研究成果反映了自由与宪法之间关系的另一个方面（参见Sagar，2022，第85页，引用了Berry，2019）。在萨加尔（Sagar，2022）看来，确保不受支配的手段在不同时期和不同地点各不相同。

⑥ 弗农·史密斯等人也认为，亚当·斯密的古典经济学能更好地解释大量实验中得出的结果（Vernon Smith and Bart Wilson，2019）。麦克洛斯基则是新古典经济学的长期批评者（例如McCloskey，1997，2010）。

⑦ 关于思想观念的一般作用，参见McCloskey（2010）。关于自由概念的重要性，参见McCloskey（2018）。

中也包括对亚当·斯密的解读。⑧ 因此，奈特式的方法妨碍了研究经济学说史的学者认识到亚当·斯密曾探讨和解释过但在如今的新古典经济学中无对应部分的成果。

新古典谬误的另一特点是，它编造出首先有市场，然后才有政府干预的说法。这一观点并不成立，因为市场经济要求有自由的基础，而提供该基础的几乎都是世界各国的政府（Coase，2016，第66页、第72—74页）。我们需要突破新古典经济学所说的市场先于政府的教条。与这种主张不同，阿西莫格鲁与罗宾逊指出最初存在两种类型的政府：一种暴虐地行使权力、控制市场，不能实现法治（专制利维坦）；另一种经常陷入暴力冲突和动荡，同样不能实现法治（缺位利维坦）。后来在少数国家形成了自由的基础，直至此时现代市场经济才开始出现。哈耶克《自由秩序原理》一书精彩的第二篇（尤其是第11—13章），正是延续了这一思路去考查自由与法治理念在17世纪的英国及独立战争时期的美国（1776—1790年）如何兴起和实施。

斯密很清楚地方政府的运行逻辑，特别是能够坚持对政府权力的限制："成文和正式的法律是对政府的极大改进，直至最近一段时期我们才看到这种现象。政府能够制定出规范来约束自身、子孙后代乃至不情愿接受的人，这其实是巨大权威的表现"（LJA iv. 35:213ea）。⑨

如本文引言所述，我认为新古典经济学假设自由的四个基础条件在现代市场经济中已经具备并可以依赖。如果没有这些条件，自由进入的竞争性市场经济将难以为继（Berry，2019；Sagar，2022，第2章）。此外，由于不同发达经济体有体现公共决策的不同方式（例如，采用明确分权制度或者部委制度），各个社会如何在宪法中体现自由的基础也各不相同。

---

⑧ 奈特认为（Knight，1935，第3页）："假设在经济学这样的领域，对'古人'的主要兴趣是希望从他们的错误中吸取教训，那么这里要讨论的主题将是'古典'体系与'正确'观点之间的对比。"扬格指出（Young，2020），施蒂格勒认同奈特的观点，即应该用当代经济学理论作为标准去评判早期的经济学者。奈特主义的经济学说史研究方法导致经济学家无法理解斯密关于自由的思想。这一逻辑还意味着，由于斯密的杰作《道德情操论》（1759）与如今的经济学理论不匹配，新古典经济学家完全没有能力理解这一经典作品。

⑨ 的确在许多方面，这正是在现代条件下接受和建立自由的基础，正是以这种自我约束的方式，政府能够可靠地提升普通民众的安全。但它必然要求强大和集中的行政管理，而后者只见于经济高度发达的社会，只在特殊地点和时期才能出现。相反，在更为早期和更不发达的人类社会之中，法律通常是作为压迫的工具（Sagar，2022）。

与更早的洛克一样，亚当·斯密认为消除专制权力或许是各个社会建设足以支持自由和"商业社会"（斯密谈论市场经济时的术语）的现代国家时要解决的中心问题。事实上，这些古典政治经济学家把该问题称作"政府掠夺""专制权力滥用""权力突袭"（孟德斯鸠）等等。⑩ 我在《政治制度的经济作用》（Economic Role of Political Institutions）一文中提出，任何强大到足以确保合同执行、保护财产权利并维持稳定宏观政策的政府，也都有能力剥夺民众的财富（Weingast，1995）。因此，发展面临的一个核心问题在于：为什么世界上大多数国家并不具备自由的基础条件，仅有约25个国家或者说六分之一到八分之一的国家做到了这一点？新古典经济学对此类难题没有提供任何答案。

继伯里（Berry，2019）之后，萨加尔（2022，第2章）强调了斯密自由观中的另一个关键点：自由包括不受支配。他很快还指出，与佩蒂特不同（Pettit，2013），斯密没有把不受支配与共和主义理论联系起来。

斯密在《国富论》（下用"WN"）第三篇围绕封建主义的讨论给出了一个答案，他是在中世纪的封建制度背景下思考这个问题的，当时的领主"总是在互相开战，有时也针对国王"。在暴力冲突随时可能爆发的环境下，斯密认为任何要想储蓄、致富并取得成功的人都会变成被掠夺的突出目标。某个领主下属的农民或封臣如果通过储蓄而致富，很可能被领主没收资产而失去一切，所以这些农民或封臣就没有辛勤工作并积攒储蓄的激励。借用斯密的原话："对于无法拥有财产的人来说，除了尽可能地好吃懒做，将别无所求"（WN III.ii.9/287）。请注意，把四个基本条件作为内生（而非外生）因素，乃是斯密主义经济学与今天的新古典经济学的一个关键区别。事实上，斯密认为宪法必须具有自我执行力，这意味着政府内部的官员和政府之外的群体都有足够的激励去遵守各种宪法规则（有关论述见Weingast，2018）。

在当今民主化的发达市场经济体，维持体现自由的民主立宪制要求个人和群体都遵守一系列看似简单的规则或办法。例如，维持民主制度要求：（1）执政者在输掉选举之后必须下台；（2）非执政者放弃使用暴力或宪制之外的其他方式来夺取政权（Przeworksi，1991，第2章）。另外，如前文所述，为支持市场经济，政府必须提供自由的基础。然而大多数发展中国家既不能维持这

---

⑩ Winch（1978，第71页）把孟德斯鸠的原文译为：国家政权突然且大规模的武断行动，另见Hirschman（1977，第72—73页）。

两条简单的民主规则,又无法保证自由的基础。我们知道,实现这些基础条件的过程伴随着许多困难,无论如何不是会必然实现的。直到今天,我们对于保证长期宪制稳定仍知之甚少。相关的困难包括政权的暴力更迭,随后雄心勃勃的新统治者往往会改变政治游戏的规则,让法治搁浅。[11] 正如哈耶克很早以前就指出的那样(Hayek, 1960),宪法如何创建自由的基础对宪法自身的稳定而言至关重要。布兰德近期关于美国革命的著作对此表达了认同(H. W. Brand, 2021),他解释说,美洲殖民者与英国人的争执是关于同样一套权利(包括自由在内)的不同实现方法。[12] 因此,自由的基础才是历史上多次立宪斗争的核心,包括英国光荣革命与美国独立战争。

对于建设国家能力以支持充满活力的经济这一关键议题,新古典经济学家直接用假设来处理,由此在理论中引入了一个魔法般的部分,不过也有人提出国家能力建设的问题(Acemoglu and Robinson, 2019; Besley and Persson, 2009)。与之相比,20世纪早期到中期的许多制度学者和立宪主义学者则深入考查了这一议题(Maitland, 1911; McIlwain, 1940; 一代人之后的 Hayek, 1960; 以及 Buchanan, 1968, 1975)。

关于斯密主义和新古典主义对自由的不同态度,我们可以对比奈特的两位杰出学生在研究方法上的差异:乔治·施蒂格勒与詹姆斯·布坎南,他们后来都获得了诺贝尔经济学奖。施蒂格勒属于新古典主义学者,他关于产业组织的研究体现了新古典正统方法。施蒂格勒假设市场的存在通常无须赘言。例如,他的一篇论文分析了从亚当·斯密到弗兰克·奈特的市场竞争概念(Stigler, 1951),其中只是非常简单地提到自由,并将它归功于斯密。他指出斯密的竞争概念"似乎包含其他几个要素",然后强调:

> 必须有贸易自由,经济单位必须能够自由进入或离开任何产业。排斥他人参与产业的排他性特权或社团,以及《济贫法》中的定居条款对自

---

[11] 我们可以回想下苏联、委内瑞拉、古巴、德国的例子。请注意,这样的统治变化表明规则缺乏"永续性",即法治要求国民必须有充分理由相信政治游戏的规则将在多个世代延续下去,而不是被下一任统治者废除。

[12] 另见 Hayek (1960),其中包含对德国国民议会(第13章)和英美立宪主义(第11章和第12章)的著名比较分析。还可参考 Buchanan (1987,第52页)、Coase (1991/2016,第66页、第72—73页),以及 North (1993,第81页)。关于亚当·斯密的自由观,可参阅 Sagar (2022,尤其是第2章)及其引用的 Berry (2019)。

由流动施加的限制等,都属于干预"自由竞争"的例子。(Stigler, 1957,第2页)

施蒂格勒认为,斯密给竞争概念加入了无关内容,因而把问题搞复杂了。然而这些其实是斯密给竞争设置的前提条件,即关于自由的假设,意指对进入某种产业活动或者某个市场不存在法律上的限制。

在或许是最著名的关于产业组织的论文中,施蒂格勒试图诠释亚当·斯密《国富论》中最为人熟知的段落,即关于"劳动分工受到市场范围限制"的内容(Stigler, 1951)。施蒂格勒提出的疑问是:劳动分工会导致垄断还是竞争的市场结构?为解答这一问题,他采用了新古典经济学关于企业理论的标准方法,把企业作为一个黑箱,在各种价格水平下,吸收投入而释放产出。[13] 与之类似,在另一篇关于"竞争"的著名论文中,施蒂格勒强调竞争对产业组织的影响,由此讨论了有关自由之基础的假设(Stigler, 1951)。他提出,"竞争已经成为生产组织以及价格和收入决定的一个重要因素",并继续论述:

> 在经济生活中,竞争本身不是目的,而是组织生产活动、实现目标的手段。竞争的经济作用是约束经济生活的各种参与者,要求他们熟练而廉价地提供产品和服务。当有人质疑……三家企业开展竞争是否比两家企业更好,或者两家或三家企业为什么不合并为一家垄断企业的时候,答案往往不那么显而易见。但我们可以借助一种极端程度的竞争来部分规避此类问题,即经济学家所说的"完全竞争"。(Stigler, 1951)

施蒂格勒接下来探讨了利用完全竞争的概念来规避两家、三家或者四家企业对经济竞争而言是否足够的难题。这一思考工具当然包含了对自由之基础的假设。

在施蒂格勒及20世纪中后期的其他新古典经济学家(如米尔顿·弗里德曼,我过去在胡佛研究所的同事)看来,自由意味着为利用市场手段解决稀

---

[13] "企业通常被理解为:购买一系列投入品,由此生产出一种或多种有销路的产品,其数量与投入品数量按照生产函数形成联系。从我们的研究目的出发,最好把企业视为从事若干不同类型的操作:购买和储备原材料,把原材料转化为半成品,把半成品转化为最终产品,储备和销售产品,给买家提供信贷等等。也就是说,我们把企业与购买投入品的市场隔离开,在其业务范围内完成特定的功能和流程。"(Stigler, 1951, 第187页)

缺、分配、规制、最优政府形式等社会问题创造最大的空间。还有些自由意志主义者和古典自由主义者也有过此类规范表述，例如近期关于自由意志主义哲学的几篇介绍文献（包括 Butler，2015；Kibbe，2014；McCloskey，2019，第1—20页）。在此类新古典经济学观点中，尤其重要的是对"市场干预"有强烈限制（例如 Friedman and Friedman，1980）。的确，我们可以理解以此方式界定自由的弗里德曼为何认为亚当·斯密如此令人敬仰。作为经济学家，弗里德曼与施蒂格勒都认为市场是优于政府的经济问题解决方案，他们对斯密的概念的诠释迎合了自身的理念，包括芝加哥学派的理论、自由放任主义与20世纪中后期的保守主义政治潮流（参见 Liu，2022，第5—6章）。

阿西莫格鲁与罗宾逊（2019，第 xi 页）借助约翰·洛克的简短定义引入了自由的概念：根据自己认为合适的方式，完全自由地安排自己的行动，处置自己的财产和人员……而无须获得许可或取决于任何其他人的意志。然而自由意志主义是一种规范性质的哲学，它没有给自由的出现提供实证性质的思考线索。因此，我把人们所说的"古典自由主义"方法视为关于自由的（新）古典自由主义方法。

下面来看看布坎南，在他眼里，包括宪法在内的政府制度是内生的，我们需要对它们做出解释，而非作为假设条件来接受。布坎南还提出了上文提到的新古典谬误的一个版本：

> 18世纪的伟大发现是市场的自发秩序，即在合适的规则架构下（亚当·斯密所说的"法律和制度"下），追求自身利益的个人可以促进其他人的利益……然而，在市场中，行为人的合作既不要求这些人深入理解规则架构，也不要求其行为超越一般道德准则，它需要的只是合适的"宪制环境"，即恰当的规则架构，加上执行规则的某些制度安排。（Brennan and Buchanan，1984，第 xvi 页）

布坎南在其他地方进而指出：

> 经济学研究假设竞争秩序存在，虽然这看似便于分析，但不可接受。真正全面的分析应该包含对制度架构本身的有预测性解释意义的讨论。经济学家不能满足于设定模型，然后就在这些模型范围内开展研究。他们的任务还包括从作为起点的基本行为假设中推导出制度秩序本身。只有用这

种方式，制度经济学才能真正变成基本经济学理论的至关重要的组成部分。（Buchanan，1999/1968，第5页）

布坎南在这里提出，宪制对市场基础而言意义重大，要求"合适的规则架构"。他的确也把自己漫长职业生涯的大量时间用于探讨此类问题。布坎南还认为，在新古典经济学研究中，"这方面的通行做法是明确或隐含地做出关于竞争组织的假设"（Buchanan，1999/1968，第4页）。他进一步指出，"假设竞争秩序存在，虽然这看似便于分析，但不可接受"（Buchanan，1999/1968，第5页）。他所说的通行假设也就是上文介绍的施蒂格勒关于"完全竞争"的假设。

1976年，许多学者为《国富论》发表200周年举行纪念活动。1976年之后的十年见证了权威性质的七卷本《斯密文集》（格拉斯哥版）的出版，展示了他的众多不太为人们熟知的作品。格拉斯哥版的这套文集还收录了过去125年中发现的三套记录斯密讲课内容的学生笔记，其中两套是关于"法学"的，包含斯密对法律、经济、政治和历史问题的论述，还有一套是关于"修辞学"的。

自此之后，研究斯密的学者就系统性地打破了芝加哥学派对斯密思想的诠释。[14] 然而这些成果主要来自道德哲学家，经济学家参与太少，对经济学领域的影响也太小。芝加哥学派对斯密思想所做的视野狭窄的新古典主义解读依旧流行。

3. 亚当·斯密对自由的出现和稳定性的解释

斯密采用了两个相互关联的实证案例来探讨自由的出现，第一个案例是在中世纪，第二个是在现代早期。[15] 针对第一个案例，他解释了自由、商业与远距离贸易如何在普遍存在暴力和自给自足的封建社会出现。针对第二个案例，他讨论了英国和法国在加长版18世纪（约1689—1815年）的长期军事冲突

---

[14] 例如Evensky（2005，2015）；Fleischacker（2004）；Haakonssen（1981）；Liu（2021，2022）；McLean（2006）；Muller（1993）；Rasmussen（2005）；Sagar（2022）；Winch（1978）。

[15] 在本节中，我借鉴了伊斯特利在《作为发展经济学家的亚当·斯密》（Adam Smith as Development Economist）之中总结的思想。对于他这篇精彩论文，我唯一的吹毛求疵是，他说亚当·斯密是关于发展问题的经济学家，而我认为应当把亚当·斯密说成是关于发展问题的政治经济学家。我想伊斯特利会赞同这个建议。

中，如何被迫采用更为自由的制度来促进商业，以扩大经济规模和提升财政收入潜力。这两个案例都涉及暴力问题，稍后将解释这并非偶然。暴力是理解发展的政治经济学的必要组成部分。

斯密有过如下表述，被新古典经济学经常引用来诠释自己的自由观："因此所有偏向性或限制性的制度一经废除，明白而简单的天然自由体制（system of natural liberty）就会自动确立起来"（WN IV. ix. 51/687）。这种理念对经济学家（特别是保守派经济学家）极具吸引力，部分源于如果取消规制和其他干预措施，各种市场机制似乎就会自动建立。然而这并非斯密所说的内容。从新古典主义的角度去诠释斯密曲解了他的原意。斯密在下一句中强调的公正法律体系的存在对这段话做了限定："只要不违背公正的法律，每个人都应该拥有完全的自由，可以采用自己的方法，去追求自身的利益，依靠自己的劳动及资本同其他任何人或任何阶级互相竞争"（WN IV. ix. 51/687）。[16] 在这段更完整的段落中，斯密并没有宣称天然自由体制会自发建立，而是要求有充分公正的法治体系，因为他说要求所有人都"不违背公正的法律"。所以，自由的基础不是自动建立起来的。关于"天然自由"出现的这句名言是斯密主义的观点，而非许多现代芝加哥学派经济学家与自由意志主义者声称的那样是新古典主义的观点。[17] 此外，"天然自由"的说法并非斯密关于自由的唯一观点，也未必是主要观点。斯密注意到自由的基础涉及财产权利保护、合同执行、防止政府掠夺，以及避免"各方面的暴力侵害，无论是来自其他地区的人、本地封建领主或外国敌对势力"。[18]

诺思在长期研究生涯中（从1973年与Thomas合作开始）深入讨论了四个

---

[16] 还有，"政府能够制定出规范来约束自身、子孙后代乃至不情愿接受的人，这其实是巨大权威的表现"（LJA iv. 35:213ea）。萨加尔（2022）也提出了类似的观点。此外，斯密的说法在四分之一个世纪后得到了麦迪逊的回应（*Federalist*，第51页）："在构建一个由人来管理人的政府时，巨大的困难在于，你必须首先确保政府能控制被统治者，然后又迫使政府能控制自身。"

[17] 在或许是（新）自由主义者最经常引用的段落中，斯密指出（1755）："除了维持和平、低税负和可容忍的司法管理，要让一个国家从最低程度的野蛮状态提升到最高程度的富裕状态，几乎不需要其他什么；剩下的一切将由自然发展过程带来。"（新）古典自由主义者用这段引文来强调和平与低税负在自然发展过程中的作用，却忽略了斯密对"可容忍的司法管理"的关键表述。它再度表明斯密所指的社会已经顺利进入了发展的轨道。

[18] 在《道德情操论》中，斯密认为"司法公正……是支撑整座社会大厦的主要支柱，如果去除它，人类社会的伟大结构，在我看来得到大自然特别垂青的发挥养育和支撑作用的结构，必然在瞬间完全崩溃"（TMS II. ii. 3.4/86）。另见 Montesquieu（1748）以及 Madison（1787—1788）。

基础条件中的第一个（North，1981，1990），但从未意识到这个清单是自由概念的体现，并且我们必须弄清楚为什么（在斯密的时代乃至当今时代）只有少数国家能够实现，而大多数国家不能。关键之处在于，斯密试图理解自由的这些基础条件是如何实现的，或者说如何产生，又如何维持的。

3.1 斯密对自由的实证论述：随着城镇的兴起从封建均衡状态中出现

斯密提出的疑问是：自由是如何从封建社会中出现的？他认为封建社会是可怕的困境，是没有或几乎没有增长的社会，但也是延续了多个世纪的稳定均衡状态（Weingast，2017，2021）。[19] 在介绍其分析之前，让我先谈谈军事竞争假说。[20] 这种假说认为，处于激烈军事竞争中的国家会采纳有利于自己在竞争中生存下去的架构和制度，做不到的国家往往会消亡。这是一种演化论观点，也是斯密经常采用的逻辑推理方式。通过比较静态分析可以得出，随着军事竞争的性质改变，最优的国家形式也将随之变化。

在《国富论》第三篇中，斯密采用了这一思路来解释城镇作为独立社团的成功经历，相对于其狭小政治军事控制范围周边的农村地区而言，它们生产了数量巨大的财富。斯密的论述集中于西欧各国沿海和沿河地区兴起的贸易城镇。作为政治交易，国王授予这些城镇自治权和受保护地位，而后者也建立起自己的安全机构。反过来，城镇向国王上缴税收，有时也提供武器。双方都从这种交易中获得好处，并得以壮大，受损方则是他们共同的对手——大封建领主。[21]

这种政治交易给城镇带来了三场相互关联并在长期内几乎同时发生的革命：第一是自由的出现，包括地方事务的自治以及涉及财产、合同和其他商业事务的法治体系；第二是商业经济，让城镇的贸易商在完成国王的包税任务之后有机会发财致富，从而"把他们从国王下属官员的'欺辱'中解放出来"

---

[19] 斯密的部分担忧反映了掠夺的普遍存在。我把这段称作"目标问题论述"："国家内部的土地占有者面临各种形式的暴力威胁，处于这种无助状态的人们自然会满足于维持基本生存，因为更多的财富只会诱发压迫者的暴行"（WN III. iii. 12: 405）。在斯密看来，此类普遍掠夺现象导致绝大多数民众形成尽量好吃懒做的激励。

[20] 斯密的文集里面有十多次在不同地方采用了军事竞争假说的逻辑（Weingast，2021）。

[21] Sagar（2022）。

(Paganelli，2020，第130页）；第三是有权修造城墙，成立本地民兵组织，以防备外来掠夺。关于同国王达成的政治交易给市民带来的好处，我们可以看看斯密的论述：

> 市民们通常设立自治机构，有权推举地方执法官，设立市政会（town-council），颁布市政府的法规，建筑城堡以自卫，使居民习战事、任守备。遇有敌攻或意外事情，凡属居民，不分昼夜，都须尽防卫责任。㉒在英格兰，他们一般可免受百户区法庭和郡法院、州裁判所的管辖；所有诉讼，除公诉外，都可由地方执法官判决。在其他各国，地方执法官所得的裁判权通常更大，也更广泛。（WN III. iii. 6-7：400-401）

在斯密看来，国王与城镇之间的政治交易是为削弱他们的共同对手，即地方领主的势力，包括这些领主的武力带来的可怕诱惑。

我把斯密的论述分为五个部分。第一，斯密提醒我们在封建均衡状态下，国王只有权指挥最高层级的贵族（Sagar，2022，第74页），而不能让自己的意志和保护贯彻整个王国，那样做可能危及自身的生存。于是，无法保护自身的弱势群体（如跨境商人和本地商人）不得不向有势力的人寻求保护，例如成为大领主的附庸或奴仆。

第二，市民在单独或结成小群体开展行动时无法有效保护自身，但通过与国王的政治交易，"他们能够形成不容忽视的抵抗力量"（WN III. iii. 8）。这一关于武力的论述非常关键。我们回想一下军事竞争假说，如果城镇居民没有能力保护自己免受领主的掠夺，这种交易或许就无法达成国王及城镇的目标：以牺牲领主的利益来增强自身实力。为求生存，城镇需要在"暴力陷阱"的竞争中战胜当地的封建领主（Cox、North and Weingast，2019），如若不然，整个事业可能遭遇厄运。领主们长期以来一直"鄙视"市民。

第三，市民们的财富会刺激领主的"嫉妒和愤怒，促使他们不放过任何掠夺城镇的机会，不留情面也不会懊悔"（WN III. iii. 8/402）。国王和市民都对领主们又惧又恨，他们相互之间则没有这种情绪。

㉒ 编辑在这里给出了如下注释："[在LJ（A）ii. 39中]斯密发现社团的起源是需要确保城镇居民有自我防卫的手段，指出他们也给在特定行业工作的个人提供了一定程度的安全保护，由此鼓励了劳动分工。"

第四,"于是共同的利益促使市民支持国王,而国王也支持市民反抗领主……因为市民是国王的敌人的敌人……尽量让市民保持安全并摆脱领主控制,符合国王的自身利益"(WN III. iii. 8/402)。就这样,国王赋予城镇一定的自由和特权,包括制定法律,修筑防御城墙,并允许他们对其居民实施军事纪律。斯密认为自愿性质的防卫组织无法发挥作用(算是早期对"集体行动难题"的认识,参见 Schwartz,2021),继而指出,这种政治交易有自我强化的性质:交易双方都从中获得了收益,而如果交易崩溃,双方都将损失巨大。因此,双方都有维持交易的激励。

第五,斯密提出了一个类似比较静态分析的观点:"与下属贵族们关系最差的君主,在赋予市民这种权利时似乎最慷慨。"[23] 斯密的逻辑不难理解。与贵族的关系越差,国王同市民达成政治交易的吸引力就越大(WN III. iii. 9/402-403)。

我们再回到三场几乎同时推进的革命的议题,首先看看斯密的论述中隐含的军事生存逻辑。城镇必须拥有对当地领主的军事优势,若不满足此必要条件,领主就会继续不留情面地掠夺市民,从而妨碍城镇充分利用开展长途贸易的机会。其次,为巩固自身经济地位,城镇必须创造自由的基础,来自国王的授权给他们提供了这样的权威。前两场革命培育了第三场革命,即建立在专业分工基础上的蓬勃的经济发展,通过北海和波罗的海的天然水路获取了巨大收益。经济的日益发展伴随着分工的深化,与之前所处的封建均衡状态相比,许多市民的境遇大为改善。

斯密的论述意味着,城镇的新制度安排也构成了一种均衡状态。我们可以看看三场革命分别带来的激励,如果缺乏其中任何一场,整个事业都可能失败。这个逻辑能得出如下两条推论:第一,市民有创造和维持自由、法治、安全与经济发展等所有要素的激励;第二,斯密的论述意味着,满足这些条件的城镇在某种意义上实现了一种均衡状态。

我们随之还能得到两个发现。首先,正如斯密等人所述,这些革命经常会带来均衡状态的巨大且不连续的变化,迄今为止我们对此仍理解得不多(Smith,1776;Acemoglu and Robinson,2019;North et al.,2009)。其次,斯

---

[23] 参见 Liu and Weingast (2021),其中指出,斯密经常在文集中采用均衡和比较静态分析类型的思考。

密和诺思等人指出，发展的关键阶段要求控制好暴力问题。

3.2　军事竞争迫使英国和法国采纳约束政府武断行为的自由制度

斯密关于自由出现的第二个案例同样依赖军事竞争假说，即在现代早期的欧洲，军事竞争压力迫使主要国家采纳对竞争环境最适应的财政制度和军事统治方式。而随着环境变化，最优的政府形式也在发生变化。有若干研究将自由国家（liberal state）的出现视为"民主"优势或"自由"优势，后者似乎更准确一些（Cox and Dincecco，2020；Schultz and Weingast，1997，2003）。[24] 但大多数经济学家在这方面仍忽略了斯密的论述。[25] 国家在财政与军事竞争中求生存的逻辑能让我们较为深刻地理解自由随罗马帝国崩溃而消失之后在欧洲的重新出现。

斯密在《法理学讲义》开篇部分总结了自己的思考。由于竞争对手可能给一个国家带来生死存亡的威胁，"因此要求维持一支武装力量……在这个主题上，我们应该认识到古代和现代国家采用过不同类型的军队、不同类型的民兵和受过训练的队伍，并观察它们与不同性质的政府的适配程度"[LJ（A）i. 7-8]。既然国家可能面临外来势力的威胁，那么每个国家都必须做好防卫准备。[26]

我们现在可以借用比较静态均衡分析方法来总结军事竞争假说的逻辑。首先在任何给定时点，某种类型的国家若要生存下去，就必须有财政和军事方面的能力来保护自身免受其他国家的攻击，它们有着不同的政府类型、国家能力、财政和疆域组织形态。不同特征的国家在各种环境下的生存能力各不相同，因此，在每种环境下生存下来的国家必然至少有能力抵御竞争对手。其次，随着军事和财政竞争性质的变化，最适应环境的政府形式也会发生改变，无法满足这一要求的国家很可能无法延续。蒂利就得出了类似的结论（Tilly，1992，第42页），他指出欧洲在1490年有200个国家，500年之后的1990年

---

[24] Ferejohn and Rosenbluth（2017）以及其他学者也在讨论民主制度的兴起时指出了这一点，他们没有提到斯密的论述。

[25] 事实上，他们采用的方法导致将政府形式作为"给定"条件而忽略了，而没有考虑政治和法律架构的动态产生过程是否影响这一进程。感谢 Craig Smith 提出的这个观点。

[26] 斯密对军事竞争假说的讨论似乎没有引起太多关注，尽管他经常在讨论政府设计及国家能力建设时提及军事竞争带来的直接和系统性影响，参见 Weingast（2021）。

减少到25个，基本上缩减了一个数量级。蒂利还着重提到战争在此进程中发挥的作用：更为成功的欧洲国家把不够成功的国家吞并，变成更大的国家，经常是依靠武力。㉗

利用这种演化思路，斯密认为法国和英国在加长版18世纪的军事竞争促使长期敌对的双方都建立起保护商业免受政府掠夺的制度，以便从经济增长中获取更多税收收入。㉘ 对英国而言，扩大自由的制度化进程是从光荣革命起步的，当然某些方面的确立在数个世纪之前就已开始。法国在接纳自由的基础方面进度更慢，但在大革命前后仍取得了相当程度的进展，包括拿破仑统治时期的法典。如今众所周知的是，英国人在光荣革命后有能力大量借款，以较低的成本来支持规模更大、范围更广的战争。这符合公共经济学所说的"税收平滑"原理，即越来越高的税率会造成更大的无谓损失，而如果政府能够举债，则可以把现阶段的战争成本分摊到更长远的时期（如20年），从而大大减少无谓损失（关于这些新制度能有效发挥作用的核心原因，可参见 Dickson，1967；North and Weingast，1989）。自由和举债能力对这一竞争的结果都至关重要。

4. 亚当·斯密对自由的深入讨论

西欧的现代自由国家是如何出现的？有假说认为，现代自由起源于各个城镇。例如洪特指出，这些城镇变成了共和国，好比"被封建政权统治的汪洋大海中的自由岛屿"（Hont，2009，第158页）。㉙ 不过斯密认为，类似说法是错误的。专制君主吞并了许多城镇，对它们的发展很不利。他发现与君主的职业化常备军相比，各个城镇的民兵武装并不是对手（WN V.i.a.23-25；699-700）。

㉗ 德国符合这种情形。通过一系列与奥地利、石勒苏益格－荷尔斯泰因以及法国的战争，普鲁士从中欧一个较小的国家扩张为规模相当大的强国，拥有了征服全欧洲的潜力。
㉘ Brewer（1989）从税收问题的角度对此做了精彩分析。在加长版18世纪，法国和英国交战的时间比不交战的时间更多，而在所谓的和平年份，双方也处于冷战状态，把资源节省下来用于下一场更为昂贵的战争。
㉙ 为便于理解，我用"封建"一词取代了洪特的"牧羊式"的说法，尽管它们的含义并非完全相同，但对这里的论述却没有影响。

4.1 有限政府的优势凸显：规模较大的共和制国家超越了君主制国家

随着斯密阐述的理论愈发靠近他自己所处的时代，现代早期的欧洲各国纷纷建立起庞大的常备海军和陆军，构筑帝国，以扩大市场范围，从国际劳动分工深化中获益。在欧洲各国与所谓"新世界"及亚洲的贸易被打通后，这些特征变得至关重要，欧洲列强卷入连绵数代的军事冲突中（参见 North et al., 2009，第193—194页），包括走向发展与开放准入社会的四个先行者，即法国、英国、荷兰、及其美洲殖民地（美国）。在斯密看来，新市场带来的劳动分工与专业化极大地促进了欧洲各国的经济增长。[30]

> 然而，殖民地贸易给英国带来的天然良好效应超出了垄断带来的不良效应，因此把垄断权和其他因素结合起来看，目前开展的贸易不仅是有利的，而且是非常有利的。殖民地贸易开辟的新市场和新就业，远远超出因垄断权而损失的那部分旧市场和旧就业……但如果说目前开展的殖民地贸易对英国有利的话，它绝非垄断权导致的结果，而是垄断权未能阻止的结果。（WN IV. iii. c. 50：608-609）

没能促进商业发展的国家处于极其不利的境地，因为它们无法获得市场扩大与劳动分工深化带来的交换收益。

斯密认为，为获取这些收益，欧洲各国政府不得不发展出保证自由的能力，也就是有限政府（Hont, 2015）。离开有限政府与做出可信承诺的能力（指防止没收商业成果的承诺），贸易就无法继续开展［North and Weingast (1989) 对17世纪的英国的论述；Baecchler (1975)、Cox and Dincecco (2018) 以及 Hont (2005) 的更广泛论述］。从16世纪后期到17世纪早期，在荷兰人反抗哈布斯堡帝国的70年漫长斗争中，商业活动以及令人惊叹的借款能力是这个小共和国得以生存的秘诀。在这场斗争中，一方是欧洲最强大的专制国家，另一方是财富几乎完全来自商业的小国。荷兰人筹措巨额资金的能力让他们能够抵抗哈布斯堡帝国。与之类似的是，英国超越了法国，建立起最

---

[30] 洪特（2005，第23页）也有类似发现："当欧洲的专制君主面临荷兰与英国的挑战，也开始从事竞争性的国际贸易时，于是，那里的贸易模式再度发生变化。"

庞大的海外帝国（在日不落帝国的庞大疆域中无限拓展劳动分工）。与我此前的文章类似（Weingast，2019），洪特也肯定了斯密的这一思想（Hont，2005，2015）。

我与诺思的研究展示了荷兰共和国与英国获取巨额借款的能力为何需要可信承诺作为保证（North and Weingast，1989）：为筹集大量资金，政府官员必须有偿还而非违约的相关激励。斯图亚特王朝的债务从未超过 200 万英镑，正如某些经济学家所言，那些国王被安排了"信贷配额"（Eaton、Gersovitch and Stiglitz，1984）。而在光荣革命过去 9 年后，英国能够借到 1 700 万英镑（约为当时 GDP 的 40%），表明政府偿还贷款的承诺有显著增强。

4.2 启示

斯密的自由概念，包括其起源与支持性制度，对我们理解这个问题有几方面的启示。第一，它解释了自由的政治和法律基础如何可以自我执行。通过斯密式的演化理论，我们能推导出这种自我执行的条件：由于城镇同领主（有时也同其他城镇）之间存在军事竞争，如果哪个城镇试图利用政治权力创造租金，或者更糟糕地，试图滥用政治权力剥夺市民的财富，那么相比于创造并维护有利于自由贸易、产权与安全制度的其他城镇，它将处于相对不利的竞争地位。于是，欧洲西北部各城镇之间的经济竞争强化了自由的这一优势。

第二，斯密的自由观意味着他对自由之基础的关注不同于新古典主义的自由观，也不能被后者理解。[31] 施蒂格勒与弗里德曼的方法假设自由的基础天然存在，所以不能用来解释其最初的出现。但对斯密以及从洛克到休谟、孟德斯鸠和麦迪逊等其他政治经济学家而言，弄清楚自由的本质和起源才是关键所在。这些学者无不希望改善自己生活的社会，也都理解为自由创造基础是必要的组成部分。

第三，如本文引言所述，经济学说史领域的学者采用的方法让新古典主义经济学家难以发现斯密的此类论述。这种方法给理解历史上的政治经济学家的各种观点制造了很大的麻烦，因为那些思想不属于当代新古典经济学的组成部

---

[31] 斯密时代的公正概念部分反映了我所说的自由之基础的要素，他在强调公正对社会的重要性时指出："司法公正……是支撑整座社会大厦的主要支柱，如果去除它，人类社会的伟大结构，在我看来得到大自然特别垂青的发挥养育和支撑作用的结构，必然在瞬间完全崩溃。"（TMS II. ii. 3.4/86）

分，而经济学说史领域的学者是以后者作为基础来评价历史上的理论家的。斯密在《国富论》第三篇中对自由的出现做了最细致的讨论，但这部分内容在全书的五篇之中最不被关注和理解（Weingast，2017；Liu and Weingast，2021；Aspromurgos，2006，第5章；Skinner，1975）。对第三篇的泛泛阅读很可能不足以让人深刻理解斯密的文字背后的基本理论。

第四，确保自由要求宪法中包含权力制衡等条款。还有如前文所述，宪法制度的影响不是中性的。在了解自由及其出现的过程时，我们不能直接假设或强加这些制度，而是应该学习斯密，探索自由如何能够自我执行，也就是说，让政治人物、法官、商业企业、其他利益集团和国民都有相应激励去遵守维护自由的规则。由于各国的宪法内容不尽相同，支持自由之基础的制度也各有不同。

设想有一个社会实现了支持自由的宪法均衡，当它在面临若干外来冲击的时候（如相对价格的变化），现有宪法或许不再是一个均衡结果。借用若干学者采用过的一个术语（Hayek，1960；North，2005；Mittal，2011），此时这个国家必须达到一定程度的"适应性效率"（adaptive efficiency），即有能力针对变化的环境做出适应性改变。这一问题要求参与任何特定宪法变革的各方都必须确保产生自由的制度依然属于能自我执行的均衡。

第五，斯密的观点对理解当代的（新）古典自由主义有重要意义。这一理论通常是规范性论述，然而，陷入新古典谬误的人没有认识到自由的基础几乎完全依靠政府而非私人群体或个人来提供。虽然斯密没有讨论过该问题，他的演化视角却对（新）古典自由主义有重要启示：在有政府存在的过去两千年中，安全基本上都是由政府来保证的。若存在某个效率更高的保证安全的私人秩序（如无政府状态），它就应该表现为一个超级强大的军事力量。但在千年之中，几乎完全依靠政府来保证安全，这意味着对提供自由的基础来说，政府是更高效的形式。对于（新）古典自由主义来说，尚待解决的问题是：政府如何能够既提供自由的四个基本条件，又（在他们看来）完全无法掌控建基在这些条件之上的市场经济？

最后，对斯密自由观的现代思考涉及佩蒂特（1997）的"非支配性"（non-dominance）理想。这里我将参考贝里（2019）和萨加尔（2022）的思路，他们认为斯密的非支配性观点并不需要像佩蒂特那样与共和派意识形态联系起来。贝里与萨加尔都强调，斯密相信"现代自由与繁荣密切相关，因此与早期共和派理解的自由或公民人道主义的概念截然不同。如贝里所述，斯密的'现代自由'对奢侈消费（以及富裕）态度很好，而非仇视……奢侈被当作受人欢迎的致富发动机，而非对某个政府在道德和政治上的正直操守的腐败威胁"（Sagar，2022，第83页）。

5. 结论

由于充满活力的市场经济要求有四个条件作为自由的基础，这四个条件就是合同执行、财产权利、防止政府掠夺、保证安全。对市场与经济发展做出完整解释要求我们充分了解作为可以自我执行的自由是如何出现的。这里的自我执行是指，政治人物以及各类私人组织和个人都有相应激励遵守保证自由之基础的各种规定。[32]

我在本文中指出，根据新古典经济学来研究历史上和当代发展中国家的进程会让我们对它们遇到的问题产生误解，走上错误的经济分析道路。此类方法没有考虑自由概念的实施问题。自由的基础要求制定宪法以及能产生自我执行的相关制度。我还提到了新古典发展经济学一个不被注意的方面：它回避了自由来自何处以及宪法制度如何长期为自由提供必要支持的问题。这些制度影响着国家在制定宪法之后的行为和选择，这也是布坎南长期强调的（可参见Brennan and Buchanan，1980，1984）。关于自我执行的宪法问题的相关研究目前依旧粗浅。由于大多数宪法在较短时期内失败，那些在数代人时间里成功治理国家的宪法必然有某些特殊品质（对这些命题的探讨和辩护可参见Mittal and Weingast，2011）。所以，将宪法嵌入自由之基础的方式并不是中性的。我们可以看看宪法制度中最主要的一些区别。对行政权力而言，有议会制和总统制之分；对投票制度而言，有英国和美国的简单多数制与欧洲大陆更常见的政党名单比例代表制之分等。

我区分了斯密的方法与新古典经济学方法的差异，尤其是在探讨发展问题的时候。斯密解释了自由的四个基础条件是如何实现的。与之相反，新古典主义的学者直接假设它们的存在，由此无法解释这些条件是如何出现的。斯密的方法让自由的起源和稳定性问题成为他关于市场起源思想的核心，所以与新古

---

[32] 斯密显然很清楚这一逻辑，他在讨论城镇如何拓展其安全和法律保护伞的时候指出："在乡村和城市都建立正规的政府，没有人有足够的权力干扰政府在乡村以及城市的运行"（WN III. iv. 14；421）。

典主义和（新）古典自由主义这两种方法相比，斯密的思路更有优势。

如本文第2节所示，阿西莫格鲁与罗宾逊立足于新古典主义的自由概念。经济学家在过去70年里采用自由概念时，大多数都像阿西莫格鲁与罗宾逊那样是从洛克借鉴而来的。然而，我发现在界定发展问题时，我的方法同阿西莫格鲁与罗宾逊至少有部分类似之处，即关于自由的创造和维持。从他们的研究目的看，本文中强调的区别或许并不重要。满足自由之基础条件的国家很可能处于阿西莫格鲁与罗宾逊所说的"狭窄的走廊"，或用诺思等人的术语来说，在满足入门条件（非人格化、永续性、限制武力不得针对国民）之后，一个国家会从有限准入秩序向开放准入秩序转型（North et al., 2009）。我推测阿西莫格鲁与罗宾逊会赞同：深化自由的概念是值得努力的目标，尽管他们对我的具体论述可能有不同意见。

在过去40年中，道德哲学家与思想史学家已充分揭示了芝加哥学派对斯密经济学的错误解读。然而道德哲学家的批评对经济学而言是外来事物，经济学家很容易忽略其方法和结论。除少数重要情形之外，道德哲学家（尤其是对斯密的看法）在经济学领域影响甚微。相反，我关于自由的研究是一种学科内部的观点，例如利用经济学的工具、方法和语言来说明我们无法用标准新古典经济学的工具去理解斯密。其中包括自我标榜为"古典自由主义"的学者，我称之为（新）古典自由主义者。由于此类自由主义者无法解释自由的基础，他们也无法解释市场的起源。[33]

斯密喜欢采用演化论的观点，例如军事竞争假说。他以十多个案例指出在面临激烈军事竞争的国家，筹集财政收入和组织武装力量的公共制度的效率较低的国家将被淘汰（Weingast, 2019）。这种斯密式的方法对（新）古典自由主义政府理论还有一个启示：如果我们长期以来看到的是由政府来提供自由的基础，且很少有国家依靠私人秩序来构建这种基础，那么自由的私人提供方式就缺乏效率，或者说这种制度无法帮助国家在激烈的军事竞争中生存下来。

本文的主要观点不只具有学术方面的意义。例如，我对自由的研究方法可以为两方面的议题提供参考。第一个关于美国宪法。要维持自由与宪法中包含的其他内容，意味着我们不能随心所欲地修改宪法，那样会忽视宪法变革中维

---

[33] 请注意，我这里忽略了（新）古典自由主义观点的规范理论部分，那是该研究方法的前沿与核心（可参见 Butler, 2015；Epstein, 2014, 第1章和第3章；Kibbe, 2014；以及 McCloskey, 2019, 第1—20页）。

持宪制稳定的需要。对美国宪法的许多规范分析，尤其是若干宪法学者（如Barnett，2014；Epstein，2014；Kibbe，2015）必须接受这种批评，因为他们没有考虑自己提议的规范调整能否维持宪法自我执行的性质。

第二个方面的议题涉及苏联解体后俄罗斯经济改革的失败。当时，自由企业制度似乎是可以为国民提供妥善服务的唯一国家组织方式（Fukuyama，1992）。颐指气使的西方经济学家几乎都被新古典谬误蒙蔽了，对自由的问题缺乏了解或兴趣，包括把自由的基础作为市场发展的必要条件的实例论证等。但请注意，这是关于30年前的事件的讨论，早于博弈论在经济学领域的兴起和广泛应用。

长期关注俄罗斯政治经济状况的学者迈克尔·麦克福尔（Michael McFaul）针对苏联解体后的俄罗斯改革做了如下一些解释：

> 这一论题的现实重要性体现在从计划经济向市场经济的早期转轨阶段，当时，俄罗斯政府在某些美国经济学家的怂恿和催促下，"没有明确政府在创建市场支持制度的过程中应该发挥何种作用"，导致"国家严重缺乏对自由企业至关重要的若干关键制度"。（McFaul，1995，第236—237页）

还有：

> 所有发达的资本主义经济体都有支持和促进市场运行的复杂制度网络，用看得见的制度来帮助看不见的手。在新自由主义市场哲学的指导下，俄罗斯的后共产主义政府假设这些支持性制度会自发地出现，结果并非如此。于是，市场支持制度的缺位给追求利润最大化的私人企业的发展制造了更多的障碍。（McFaul，1995，第237页）

不幸的是，苏联解体后形成的其他国家也重复了同样的错误，遭遇了同样的后果。

参考文献

Acemoglu and Robinson. 2019. *Narrow Corridor: States, Societies, and the Fate of Liberty*. London: Viking.

Aspromourgos, Tony. 2009. *The Science of Wealth: Adam Smith and the Framing of Political Economy*. London: Routledge.

Barnett, Randy E. 2014 [2004]. *Restoring the Lost Constitution: The Presumption of Liberty*. Princeton: Princeton University Press.

Banerjee, Abhijit V., and Esther Duflo. 2012. *Poor Economics: A Radical Rethinking of the way to Fight Global Poverty*. PublicAffairs.

Barry, Brian. 1989. *A Treatise on Social Justice, Vol. 1: Theories of Justice*. Berkeley: University of California Press.

Berlin, I. 2002 [1969]. "Two Concepts of Liberty," in I. Berlin. 2002. *Four Essays on Liberty*. London: Oxford University Press. New ed. in Berlin.

Berry, Christopher J. 2019. "Commerce, Liberty, and Modernity," chapter 18 in idem. *Essays on Hume, Smith, and the Scottish Enlightenment*. Edinburgh: Edinburg University Press.

Besley, Timothy, and Torsten Persson. 2009. "The Origins of State Capacity: Property Rights, Taxation, and Politics," *American Economic Review* 99: 4, 1218–1244.

Besley, Timothy, and Torsten Persson. 2014. *Pillars of Prosperity: The Political Economics of Development Clusters*. Princeton: Princeton University Press

Blaug, Mark. 1978. *Economic Theory in Retrospect*. 3e. Cambridge: Cambridge University Press.

Boettke, Peter J., Stefanie Haeffele-Balch, and Virgil Henry Storr. 2016. *Mainline Economics: Six Nobel Lectures in the Tradition of Adam Smith*. Arlington Virginia: Mercatus Center, George Mason University.

Brennan, Geoffrey, and James M. Buchanan. 1984. *The Reason of the Rules: Constitutional Political Economy*.

Brewer, John, 1989. *The Sinews of Power: War, Money, and the English State, 1688–1783*. New York: Knopf.

Buchanan, James M. 1975. *Limits of Liberty: Between Anarchy and Leviathan*. Chicago: University of Chicago Press.

Buchanan, James M. 1986 [2016]. "Constitution of Economic Policy," Nobel Lecture, reprinted in Boettke et al. (2016).

Buchanan, James M. 1999 [1968]. *The Demand and Supply of Public Goods*. Indianapolis: Liberty Fund.

Butler, Eamonn. 2015. *Classical Liberalism: A Primer*. London: Institute of Economic Affairs.

Coase, Ronald H. 2016 [1991]. "The Institutional Structure of Production." Reprinted in Boettke et al. (2016).

Cox, Gary W., and Mark Dincecco. 2020. "The Budgetary Origins of Fiscal-Military Prowess," *Journal of Politics*.

Dickson, P. G. M. 1967. *Financial Revolution in England: a study in the development of public credit, 1688–1756*. New York: St. Martin's Press.

Easterly, William. 2001. *The Illusive Quest for Growth: Economists' Adventures and Misadventures in the Tropics*. Cambridge: M. I. T. Press.

Easterly, William. 2019. "Progress by Consent: Adam Smith as Development Economist," *The Review of Austrian Economics*. 1–23.

Elkins, Zachary, Tom Ginsburg, and James Melton. 2009. *The Endurance of National Constitutions*. Cambridge: Cambridge University Press.

Epstein, Richard A. 2014. *The Classical Liberal Constitution*. Cambridge, Mass: Harvard University Press.

Evensky, Jerry. 2005. *Adam Smith's Moral Philosophy*. Cambridge: Cambridge University Press.

Evensky, Jerry. 2015. *Adam Smith's Wealth of Nations: A Reader's Guide*. Cambridge: Cambridge University Press.

Ferejohn, John A., and Frances McCall Rosenbluth. 2017. *Forged by Fire: War, Peace, and the Democratic Bargain*. New York: Liveright Publishing Corp.

Fleischacker, Samuel. 2004. *Adam Smith's Wealth of Nations: A Philosophical Companion*. Princeton: Princeton University Press.

Fleischacker, Samuel. 2022. "Talking to My Butcher: Self-Interest, Exchange, and Freedom in the Wealth of Nations," Paper Prepared for the Conference Celebrating the 300th Anniversary of Adam Smith's Birth, January.

Friedman, Milton, and Rose Friedman. 1980. *Free to Choose: The Classic Inquiry into the Relationship between Freedom and Economics*. Orlando, Fla: A Harvest Book, Harcourt, Inc.

Fukuyama, Francis. 1992. *The End of History and the Last Man*. New York: Free Press.

Greve, Michael S., 2012. *The Upside-Down Constitution*. Cambridge, Mass: Harvard University Press.

Guriev, Serei, and Elias Papaioannou. 2012. The Political Economy of Populism," *Journal of Economic Literature*. 60 (3): 759 – 832.

Haakonssen, Knud. 1981. *The Science of a Legislator: The Natural Jurisprudence of David Hume and Adam Smith*. Cambridge: Cambridge University Press.

Hampton, Jean. 1986. *Hobbes and the Social Contract Tradition*. Cambridge: Cambridge University Press.

Hayek, Fredrich. 1960. *Constitution of Liberty*. Chicago: University of Chicago Press.

Hirschman, Albert O. 1977. *Passions and the Interests: Political Arguments of Capitalism Before its Triumph*. Princeton: Princeton University Press

Hont, Istvan. 2005. "Introduction," *Jealousy of Trade: International Competition and the Nation-State in Historical Perspective*. Cambridge: Cambridge University Press.

Hont, Istvan. 2015. *Politics in Commercial Society: Jean Jacques Rousseau and Adam Smith*. Béla Kapossy and Michael Sonenscher, eds. Cambridge: Harvard University Press.

Kennedy, Gavin. 2005. *Adam Smith's Lost Legacy*. Hampshire: Palgrave Macmillan.

Knight, Frank H. 1935. "The Ricardian Theory of Production and Distribution," *Canadian Journal of Economics and Political Science/Revue Canadienne d'Economique et de Science Politique*, Feb., 1935, Vol. 1, No. 1: 3 – 25.

Liu, Glory M. 2021. "Rethinking the Chicago Smith Problem: Adam Smith and the Chicago School, 1929 – 1980," *Modern Intellectual History*.

Liu, Glory M. 2022. *Inventing the Invisible Hand: Adam Smith in American Thought and Politics, 1776 to Present*. Princeton: Princeton University Press.

Liu, Glory M., and Barry R. Weingast. 2021. "Deriving 'General Principles': Adam Smith's Pervasive Use of Equilibrium and Comparative Statics Analysis," *Adam Smith Review* 12.

Madison, James, et. al. 1787 – 88. *The Federalist*. New York: Modern Library.

Maitland, Frederic William. 2000 [1911]. "A Historical Sketch of Li-berty," in *A Historical Sketch of Liberty and Equality*. Indianapolis: Liberty Fund.

Kibbe, Matt. 2014. *Don't Hurt People and Don't Take their Stuff: A Libertarian Manifesto*. New York: Harper Collins Publishers.

McCloskey, Deirdre N. 1997. *The Vices of Economists; The Virtues of the Bourgeoisie*. Ann Arbor: University of Michigan Press

McCloskey, Deirdre N. 2010. *Bourgeois Dignity: Why Economics Can't Explain the Modern World*. Chicago: University of Chicago Press.

McCloskey, Deirdre N. 2019. *Why Liberalism Works: How True Liberal Values Produce a Freer, More Equal,*

Prosperous World for All. New Haven: Yale University Press

McFaul, Michael. 1995. "State Power, institutional change, and the politics of privatization in Russia," *World Politics* (1995) 47: 210-43.

McGinnis, John O., and Michael B. Rappaport. 2013. *Originalism and the Good Constitution*. Cambridge, Mass: Harvard University Press.

McIlwain, Charles Howard. 1940. *Constitutionalism: Ancient and Modern*. Ithica: Cornell University Press.

McLean, Iain. 2006. *Adam Smith, Radical and Egalitarian: An Interpretation for the Twenty-First Century*. Edinburgh: Edinburgh University Press.

Medema, Steven G., and Warren Samuels. 2009. "Only Three Duties: Adam Smith on the Economic Role of Government," in *Elgar Campion to Adam Smith*, ed., Jeffrey T. Young, Cheltenham, UK: Edward Elgar.

Mittal, Sonia, and Barry R. Weingast. 2011. "Self-Enforcing Constitutions: With an Application to Democratic Stability in America's First Century," *Journal of Law, Economics, and Organization* 29 (2): 278-302.

Montesquieu, Charles de Secondat. 1748 [1989]. *Spirit of the Laws*. Cambridge: Cambridge University Press.

Muller, Jerry Z. 1993. *Adam Smith In His Time and Ours*. Princeton: Princeton University Press.

North, Douglass C. 1981. *Structure and Change in Economic History*. Cambridge: Cambridge University Press.

North, Douglass C. 1990. *Institutions, Institutional Change, and Economic Performance*. Cambridge: Cambridge University Press.

North, Douglass C. 1991. *Economic Performance through Time*. Reprinted in Boettke et al. (2016).

North, Douglass C., and Robert Thomas. 1973. *Rise of the Western World*. Cambridge: Cambridge University Press.

North, Douglass C., John Joseph Wallis, and Barry R. Weingast. 2009. *Violence and Social Orders: A Conceptual Framework for Understanding Recorded Human History*. Cambridge: Cambridge University Press.

North, Douglass C., and Barry R. Weingast. 1989. "Constitutions and Commitment: The Evolution of Institutions Governing Public Choice in 17th Century England," (with Douglass C. North). *Journal of Economic History* (December 1989) 49: 803-32.

Paganelli, Maria Pia. 2020. *The Routledge Guidebook to Smith's Wealth of Nations*. London: Routledge.

Przeworski, Adam. 1991. *Democracy and the Market: Political and Economic Reforms in Eastern Europe and Latin America*. New York: Cambridge University Press.

Rasmussen, Dennis C. 2008. *The Problems and Promise of Commercial Society*. University Park, PA: Pennsylvania State University Press.

Robbins, Lionel. 1998. *A History of Economic Thought: The LSE Lectures*. Steven G. Medema and Warren J. Samuels, eds. Princeton: Princeton University Press.

Sagar, Paul. 2018. *The Opinion of Mankind: Sociability and the Theory of the State from Hobbes to Smith*. Princeton: Princeton University Press.

Sagar, Paul. 2022. *Adam Smith Reconsidered: History, Liberty, and the Foundations of Modern Politics*. Princeton: Princeton University Press.

Schultz and Weingast, 1998. "Limited Governments, Powerful States," in Randolph Siverson, ed., *Strategic Politicians, Institutions, and Foreign Policy*. (Ann Arbor: University of Michigan Press, 1997).

Schultz and Weingast, 2003. "The Democratic Advantage: The Institutional Sources of State Power in International Competition," *International Organization* 57: 3-42.

Schwartz, Avshalom M. 2021. "Political Phantasies: Aristotle on Imagination and Collective Action," (working paper, Department of Political Science, Stanford University).

Schumpeter, Joseph. 1954. A History of Economic Analysis. Oxford: Oxford University Press Skinner, Andrew S. 1975. "Adam Smith: An Economic Interpretation of History," in Andrew S. Skinner and Thomas Wilson, eds. *Essays on Adam Smith*. Oxford: Clarendon Press.

Smith, Adam. 1755. An unpublished paper (since lost). Quoted in Stewart (1793).

Smith, Adam. 1982 [1759]. *The Theory of Moral Sentiments*. D. D. Raphael and A. L. Macfie, eds. vol. I of the Glasgow Edition of the Works and Correspondence of Adam Smith. Indianapolis: Liberty Fund.

Smith, Adam. 1762 –63; 1763 –64 (1767) [1981]. *Lectures on Jurisprudence*. R. L. Meek., D. D. Raphael, and P. G. Stein, eds. Indianapolis: Liberty Fund.

Smith, Adam. 1981 [1776]. *An Inquiry into the Nature and Causes of The Wealth of Nations*. 2 vols. R. H. Campbell, A. S. Skinner, and W. B. Todd, eds., Indianapolis: Liberty Fund.

Smith, Vernon L., and Bart J. Wilson. 2019. *Humanomics: Moral Sentiments and the Wealth of Nations for the Twenty-First Century*. Cambridge: Cambridge University Press.

Stewart, Dugald. 1793 [1982]. Account of the Life and Writings of Adam Smith, LL. D. From the Transactions of the Royal Society of Edinburgh (edited by I. S. Ross) in W. P. D. Wightman and J. C. Bryce, eds, *Adam Smith: Essays on Philosophical Subjects*. Indianapolis: Liberty Classics.

Stigler, George J. 1951. "The Division of Labor is Limited by the Extent of the Market," *Journal of Political Economy* 59 (3): 185 –193.

Stigler, George J. 1957. "Perfect Competition, Historically Contemplated," *Journal of Political Economy* 65 (1): 1 –17.

Tilly, Charles. 1992. *Coercion, Capital, and European States, AD 990 – 1992*. Revised ed. Cambridge, Mass: Blackwell.

Weingast, Barry R. 1997. "Political Foundations of Democracy and the Rule of law," *American Political Science Review* (June) 91: 245 –63.

Weingast, Barry R. 2016. "Exposing the Neoclassical Fallacy: McCloskey on Ideas and the Great Enrichment," *Scandinavian Economic History Review* 64 (3): 189 –201.

Weingast, Barry R. 2017. "Adam Smith's Theory of Violence and the Political-Economics of Development," in Naomi R. Lamoreaux and John Joseph Wallis, eds., *Organizations, Civil Society, and the Roots of Development*. Chicago: NBER and University of Chicago Press, 2017.

Weingast, Barry R. 2019. "A Linear Reinterpretation of Istvan Hont's Contributions for Understanding Adam Smith," Working Paper, Hoover Institution, Stanford University.

Weingast, Barry R. 2021. "A Neglected Element of Adam Smith's Theory of the State: The Implications of Military Competition for State Capacity," Working Paper, Hoover Institution, Stanford University.

Winch, Donald. 1978. *Adam Smith's Politics: An Essay in Historiographic Revision*. Cambridge: Cambridge University Press.

Young, Jeffrey T. 2020. "George Stigler's Adam Smith: Successes and Failures," in George Stigler: *Enigmatic Price Theorist of the Twentieth Century*. London: Palgrave Macmillan, 2020, edited by Craig Freedman: 293 –319.

前沿

Guide

对经济设计中的社会关系的进一步思考

马克·弗勒拜伊

1. 经济学和博弈论中的社会互动

　　经济学和社会学之间一直存在着复杂的关系。社会学家倾向于从经济人的视角来理解经济学家的研究,并认为他们自己在分析社会互动时更加重视权力关系(Coleman, 1994)。然而,经济学家其实一直对社会互动和权力感兴趣,并且这些研究领域取得的实质性发展应当归功于经济学家和博弈论学家。对策略互动(也就是博弈论)、简单博弈中的权力度量(Felsenthal and Machover, 1998)、模仿效应和寻求地位的分析(前者如 Durlauf, 2001;后者如 Frank, 1985),对网络结构的研究(如 Jackson, 2008)、身份问题的考虑(如 Akerlof and Kranton, 2000),以及对其他一些类似主题的研究,都已经非常充分,而且十分具有启发性和影响力。对主观幸福感影响因素的实证研究发现,就业和婚姻状况、职业声望、社区生活质量都会产生强有力的影响(Layard, 2005),这显然否定了普通人是自利的物质主义者的观点。

---

* Marc Fleurbaey,法国经济学家,普林斯顿大学伍德罗·威尔逊公共和国际事务学院教授,巴黎经济学院法国国家科学研究中心(CNRS)主任。主要研究领域为:福利经济学和社会选择理论,气候变化及其带来的不平等问题等。其著作《经济正义论》被誉为全球最出色的三部经济正义著作之一。本文摘即将由中信出版集团出版的《经济设计的未来》一书。——编者注

** 本文得益于和 F. Maniquet 的交谈。——作者注

2. 关注资源的公平理论

然而，我最熟悉的领域，社会选择和公平分配理论（Arrow、Sen 和 Suzumura 在 1999—2011 主编的《社会选择和福利手册》对此进行了总结）并没有充分考虑社会互动。社会选择理论的最初模型，比如阿罗（Arrow，1951）的开创性研究，要么是纯粹抽象意义上的选择（"备择"），要么是包含普通商品和标准消费者偏好的消费者模型。科尔姆（Kolm，1972）、穆兰和汤姆森（Moulin and Thomson，1997）的著作提出了公平分配模型，这一模型侧重于各类资源的配置，包括私人品或公共品、可分割品或不可分割品、涉及或不涉及生产，但从未直接考虑社会互动的影响。我关注的模型（Fleurbaey，2008；Fleurbaey and Maniquet，2011）虽然包含了不可转让的物品和（可转让的）货币，或者在不平等的技能条件下生产的私人品，但同样不包含能够有意义地代表社会互动的内容。

这有点令人沮丧，因为如果有人认为公平理论属于广义正义论的重要分支，他肯定认为社会互动应该是相当重要的。

3. 哲学更好吗？

事实上，纵观作为社会选择和公平的重要灵感来源的正义论哲学的现状，我们可以发现，哲学家往往满足于用一种类似经济人的视角解释社会现象。以罗纳德·德沃金（Ronald Dworkin，2000）为例，他的资源平等理论在一个假想的保险市场中得到了验证。在这个市场中，个人会为那些在现实市场中通常不可投保的风险购买保险，而真实的再分配机制在试图模仿这个假想市场的结果。这就是干巴巴的市场均衡方法，在他的理论中不存在具体的社会关系。约翰·罗尔斯（John Rawls，1971）的理论更复杂，因为他把基本自由放在正义原则的首位，还认为某些"物品"中蕴含了"特权和权力"以及"自尊的社会基础"。不过，总的来说，他的方法仍然以资源为中心，并以"物品"为理论基础。有趣的是，即使写出了许多关于权力和社会关系著作的迈克尔·沃泽（Michael Walzer，1983）也认为，他的研究"领域"是某些被分配的"物品"，权力就是其中之一。

有一些哲学家，比如伊丽莎白·安德森（Elizabeth Anderson，1999）和塞缪尔·谢弗勒（Samuel Scheffler，2005），是真心想脱离这个以物品为对象的分析框架，从尊重每个社会成员基本尊严和平等的社会关系角度阐述他们的理论（另见 Wolff, 1998）。他们有些走过了头，因为他们拒绝接受社会正义的核心是物品的分配，他们希望从社会关系的角度来定义社会正义。这看起来有些过了，因为我们不能完全忽视资源的分配，也不能仅以派生的角度看待资源的分配。此外，他们只从社会互动角度描述的社会正义仍然相当模糊和抽象。人们很容易将他们的研究理解为关注关系品（relation goods）的分配，而这正是他们想要避免的误解。

4. 为何要大惊小怪？

在社会选择和公平分配的背景下，我们为什么要关注社会关系？简而言之，当今社会面临的困境来自根深蒂固的、针对女性、工人、有色族裔的长期不公平。这种不公平不仅仅是资源分配问题，而且也可能是地位和承认的问题，控制和赋权的问题。令人尴尬的是，我们的核心理论很少具体谈到这些长期不公平，也很少有人讨论如何解决这些不公平。

也许有些人会认为，这些考虑没什么必要，因为一些社会选择理论模型已经足够抽象，可以涵盖任何相关的社会问题，而一些公平分配的理论模型完全可以从功能方面而非物品方面得到重新诠释（Sen, 1992）。如果那些抽象模型包含了所有相关的伦理考量，那么上文的论点就是令人信服的，可惜并不是。公平分配模型比抽象的社会选择模型更加具体，这正是因为如果没有了公平分配模型中显示的经济结构，人们就无法表达公平的关键概念，比如平均主义等价（egalitarian equivalence）、下限（lower bounds），以及团结诉求（solidarity requirements）。在各种公平分配模型中，有些模型能够引入针对公共品、生产以及技能不平等这类具体因素，这也是因为它们包含了所需的经济结构。因此，想要为涉及尊严、控制、权力、地位、承认等方面的伦理观念建立具体的模型结构，似乎最应当模仿以社会秩序或分配规则为研究角度的类似模型。

另一种反对意见认为，实际上没有必要担心社会互动的性质，因为人们可以简单地假设，社会公平原则要求社会互动必须具有某种特性，即所有人都获得了充分平等的尊重和尊严。比如，公平原则显然不允许种族歧视，在人们的脑海中公平模型没有种族因素，这隐晦地表示在一个公平的社会中，人们的种族身份与资源分配无关。但这一反对意见又假定，分析的对象是行之有效的公平的分配制度。当人们在不完美的分配制度上构建社会秩序时，这个反对意见就站不住脚了，正如我和马尼凯（Fleurbaey and Maniquet，2011）所述，此时对公平的比较研究才适合研究现实状况和政治。

5. 用什么策略建模？

把这些反对意见放到一边不谈，合适的模型结构似乎仍然有待想象，因为现有的社会关系模型侧重于非常具体的背景，而这些背景似乎无法同时反映现实生活情境中的个人互动的主要方面。比如，研究权力指数的模型包含了一些简单的博弈，其中仅仅考虑简单的选项集（通常只有二元选项）。而这似乎并不足以反映，比如，企业中雇主和雇员之间的权力关系，或者家庭中夫妻之间的权力关系。社会互动模型（模仿或寻求地位）通常集中在一个行动变量上，并在行为人的效用中引入社会比较项，这会导致内生的因果链条（endogenous loop），进而产生出有趣的乘数效应，或者囚徒困境的情境；同样，对于研究社会关系中的公平来说，这样的单向度模型太局限了。

围绕消费者选择模型（参见 Becker，1974）似乎是一个可能的方向。设想每个人在一个特定的网络结构中与他人互动，这个网络结构定义了怎么互动，谁和谁互动。比如，个人与生产企业互动的市场博弈，仅限于亲人之间的家庭博弈，员工和经理之间的职场博弈，等等。每种博弈除了有特殊成员，还有特殊规则和特定结果。例如，家庭博弈涉及工作和生产，但产出由家庭成员直接消费，而企业中的生产博弈还牵扯销售产品和分享收益。我们还可以增加一个博弈层次，在这个层次中，各种博弈成员的身份是内生的，也就是说博弈者可以被接纳或被驱逐，可以受欢迎或讨人厌。

6. 博弈中的权力和地位

如何在博弈中体现权力、控制、地位以及类似社会互动的内容，还有待我们展开想象。这些互动中的大部分可以被描述为必须与他人合作的行动以及资源的分配。权力和控制此时可被描述为对活动选择和资源分配的影响力。例如，一个典型的上班族进入公司以后会协商工资，然后服从工作命令；如果他是管理层，就会选择某些工作任务，并且获得商定的报酬。相比之下，公司的合伙人能够影响公司的日常行动选择，对投资和收益之间的各种资源分配都有相当的话语权和投票权。

除了考虑一定程度的权力之外，地位（从名声、包容和承认意义上，而不是有关寻求地位的经济学文献中描述的那种简单的论资排辈）可以由两种形式体现，要么是通过允许或阻止加入某些活动（甚至是某些团体和协会），要么是通过在某些活动中取得成功。

人们对某些活动和资源的偏好，来自对其蕴含的舒适、控制、地位和品位的更基本偏好。人们对跟谁一起做这些事也有好恶。一些人会在不同的互动领域之间采用协同策略，比如有人在工作中寻求更好的地位和资源，是为了过上更好的家庭生活，反之亦然。

7. 典型化事实和模型的易处理性

在建立这样的模型时，最大的挑战显然不是找到模型的基本结构，而是找到合适的抽象模型，它能够刻画被研究问题的相关维度，而且要简单，不会有难以解决的复杂性。

出于某些目的，比如，为了从资源和社会互动的性质两个方面来度量个体资源分配的不平等或者不公平，依赖互动博弈的简化式描述可能就足够了，也就是说，简单地将个人的投入（如他们的控制程度、初始状态、资源）与他们在互动发生后得到的结果在同一个维度上联系起来。我（2017）在一篇侧重于社会正义理论和不平等衡量指标的论文中就采用了这种方法。

8. 一个开创性的例子

胡普卡奥和马尼凯（Hupkau and Maniquet，2017）为本文设想的分析类型提供了一个有趣的例子。他们考察了社会机构与福利领取者之间的互动。社会机构可能更愿意帮助符合某些条件的贫困人群（比如关心孩子的人、不喝酒的人，等等），但是识别人们是否符合条件并不容易。如果那些不符合条件者能够以不那么高昂的代价伪装成符合条件者，那么接下来就可能会发生社会政策的失效。对于符合条件者而言，被怀疑为不符合条件者是无法接受的，并且从此厌恶与社会工作者互动，这种怀疑会破坏双方的关系。因此，他们可能不愿意抓住机会去获得这份福利。然后，在这种均衡状态下，社会机构发现大多数申请者都是不符合条件者，于是他们就不愿意再执行福利政策，因为需要帮助的人并不在申请者之列。在此情况下，每个人都会受到政策失败的伤害。

用无条件社会政策替代原有的政策，将会带来帕累托改进，因为现在所有人都将受益于新政策。当然，新政策比只将福利给予符合条件者的政策成本要更高，但有时候这种有条件的政策在现实中是不可行的。

上面的例子依赖于一种特殊的机制：当符合条件者与社会工作者的互动令人心烦或者被怀疑为不符合条件者时，他们会感到羞愧或受侮辱。这就是一种"身份"机制（它能够保护一个人作为符合条件者的身份），类似于阿克洛夫和克兰顿（Akerlof and Kranton, 2000）的分析。*然而，在有条件援助的背景下，这种互动方式有很多不可取之处。

有条件援助的另一个问题是，它涉及监督带来的成本和延误，并且存在不确定性，这种不确定性降低了潜在受益者事先申请的价值。除了那些很讨厌被怀疑为不符合条件者，还有一些人容易采取卑躬屈膝的态度，并在某种程度上加剧社会工作者和福利领取者之间的权力失衡。

胡普卡奥和马尼凯的研究表明，人们对社会互动性质的关心会产生实质性后果，而不仅仅是主观现象。生产部门也受到类似现象的困扰。很多研究已经表明，社会互动质量不好的企业效率低下，这是由缺乏信任、信息流不足、员工动力减弱等原因造成的（Lazear, 1995）。

9. 结论

社会关系在未来的福利经济学和经济设计中是否会变得更加重要，可能取决于能否将本文的模糊观点转变为可供实证衡量的严格概念。因此，我们可能应该同时考虑从实证和理论两方面着手。良好的度量和强有力的事实可以推动理论的发展，而良好的理论是解释现有数据并设计更好的数据库所必不可少的。

（大连海事大学　孙大鹏　译）

参考文献

Akerlof, G. A., & Kranton, R. E. (2000). "Economics and identity." *Quarterly Journal of Economics*, 115, 715–753.

Anderson, E. (1999). "What is the point of equality?" *Ethics*, 109, 287–337.

Arrow, K. J. (1951). *Social choice and individual values*. New York: Wiley.

Arrow, K. J., Sen, A. K., & Suzumura, K. (1999–2011). *Handbook of social choice and welfare*

---

* 参见乔治·阿克洛夫和瑞秋·克兰顿的《身份经济学》（中信出版集团，20013）。——编者注

(Vol. 2). Amsterdam: North-Holland.

Becker, G. S. (1974). "A theory of social interactions." *Journal of Political Economy*, 82, 1063–1093.

Coleman, J. S. (1994). *Foundations of social theory.* Cambridge, Mass.: Belknap Press.

Durlauf, S. N. (2001). "A framework for the study of individual behavior and social interactions." *Sociological Methodology*, 31, 47–87.

Dworkin, R. (2000). *Sovereign virtue.* Cambridge, Mass.: Harvard University Press.

Felsenthal, D. S., & Machover, M. (1998). *The measurement of voting power.* Cheltenham: Edward Elgar.

Fleurbaey, M. (2008). *Fairness, responsibility, and welfare.* Oxford: Oxford University Press.

Fleurbaey M. (2017). *Inequalities, social justice, and the web of social interactions.* Mimeo.

Fleurbaey, M., & Maniquet, F. (2011). *A theory of fairness and social welfare.* Cambridge: Cambridge University Press.

Frank, R. (1985). *Choosing the right pond: Human behavior and the quest for status.* Oxford: Oxford University Press.

Hupkau, C., & Maniquet, F. (2018). "Identity, non-take-up and welfare conditionality." *Journal of Economic Behavior and Organization*, 147, 13–27.

Jackson, M. O. (2008). *Social and economic networks.* Princeton: Princeton University Press.

Kolm, S. C. (1972). *Justice et équité*, Paris: Ed. du CNRS.

Layard, R. (2005). *Happiness: Lessons from a new science.* London: Allen Lane.

Lazear, E. P. (1995). *Personnel economics.* Cambridge, Ma.: MIT Press.

Moulin, H., & Thomson, W. (1997). "Axiomatic analysis of resource allocation problems." In K. J. Arrow, A. K. Sen, & K. Suzumura (Eds.), *Social choice re-examined* (Vol. 1). London: Macmillan and New-York: St. Martin's Press.

Rawls, J. (1971). *A theory of justice.* Cambridge, Mass.: Harvard University Press.

Scheffler, S. (2005). "Choice, circumstance, and the value of equality." *Politics, Philosophy and Economics*, 4, 5–28.

Sen, A. K. (1992). *Inequality reexamined.* Oxford: Clarendon Press.

Walzer, M. (1983). *Spheres of justice: A Defense of Pluralism and Equality.* New York: Basic Books.

Wolff, J. (1998). Fairness, respect, and the egalitarian ethos. *Philosophy & Public Affairs*, 27, 97–122.

比较之窗

Comparative Studies

美国的经济特区
从殖民地特许状到对外贸易区再到经济特区

汤姆·贝尔

引言

看向地球仪或世界地图,你看到了什么?很可能,你只看到许多不同的国家,每个国家都由均匀的颜色填涂:蓝色、粉红色或浅绿色。地图制作者一般都这样描绘国家;因此,我们通常也这样看待它们。

然而事实上,我们并非生活在一个涂色本的世界里。民族国家(nation states)的政治权力并不是整齐划一的。相反,世界上几乎每个国家都包含一

---

* Tom W. Bell,查普曼大学福勒法学院教授。原文"Special Economic Zones in the United States: From Colonial Charters, to Foreign-Trade Zones, Toawrd USSEZs"发表于 *Buffalo Law Review*, Vol. 64, No. 5, 2016 年 12 月,第 959—1007 页。

** 作者感谢 Donald Kochan、Antony Davies、Bart Wilson、Tom Campbell、Lotta Moberg、Michael Castle Miller、Donna G. Matias、Daniel Griswold、Fred Foldvary、Jin Wang、Ron Rotunda、Mario Maniero、Henry Noyes、Lan Cao、Denis Binder、Larry Rosenthal、John Eastman、Danny Bogart、Katherine Heller、Dave Shackleton、Mark Lutter 和其他被忽视的人(如果有的话)讨论了本文的草稿,并对被忽视的人致以歉意。感谢 Sherry Leysen 和她指导的人员给予的研究协助。感谢查普曼大学福勒法学院的研究支持。作者对论文内容负全部责任;本文不代表任何雇主、客户或同事的观点。本文经过编辑的节选收录在 Tom W. Bell, *Your Next Government? From Nation State to Stateless Nations*(Cambridge University Press, 2018)一书中。

个或多个特殊司法辖区，也即不适用国家常规规则的地方。在这类区域，东道国政府提供较低的税收、便捷的服务、更宽松的监管或其他本地化的福利。有时，东道国甚至更进一步，允许特殊辖区在监管、经济、行政和法律事务方面享有相当大的地方自治权。① 所以，制图师与其将（譬如）印度描画成一片平滑的橙色带，不如将该国散布的 202 个经济特区②涂成金色，以示政府在哪些地方放松了通常更为烦琐的法规。③

如果说传统的地球仪和地图以涂色本的方式展现世界，那么本文运用的则是印象派视频的风格，以揭示政治权力随时间和空间的可变性和差异度。从这幅俯瞰图中，我们看到特殊辖区像动物物种一样适应着环境，它们的人口和分布不断变化。近几个世纪以来，这些区域经历了繁荣、衰败，然后重新崛起。特殊辖区也日益变得复杂和多样化。最初它们只是简单的自由港。今天，从利用海关漏洞的单一工厂，到拥有数百万人口且基本自治的整个城市，这类特区的规模和复杂程度已经各不相同。

从本文披露的关于经济特区的事实中，我们可以更现实地认识当前席卷而来的重大变革，用完全正面的措辞来说，是公共治理服务这个产业的变革。几个世纪以来，国家一直垄断公共治理服务市场。它们以公共治理服务的形式，尽其所能地保护人权，为需要帮助的人提供援助，维护法治。国家还能做得更好吗？当然能。垄断权力的麻痹效应并不鼓励密切关注公民消费者对治理服务的需求。但是，这种情况似乎有可能改变。现在，越来越多的国家开始与其他

---

① 要了解这四重属性与下一代特区之间的关系，请参见 John Fund, Honduras Says Yes to LEAP Zones, *Nat'l Rev.* （2014 年 7 月 28 日），http：//www. nationalreview. com/article/383899/honduras-says-yes-leap-zones-john-fund（对 Mark Klugmann 的采访）。

② 参见 Indian Ministry of Commerce and Indus. , Dep't of Commerce, List of Operational SEZs of India as on 02. 09. 2016（2016），http：//www. sezindia. nic. in/writereaddata/pdf/ListofoperationalSEZs. pdf（列出了 202 个运营中的经济特区，截至 2016 年 9 月 2 日）。或者，制图师可以展示 405 个获批准的印度经济特区。参见 Indian Ministry of Commerce and Indus. , Dep't of Commerce, Formal Approvals Granted in the Board of Approvals After Coming into Force of SEZ Rules as on 07. 09. 2016（2016），http：//www. sezindia. nic. in/writereaddata/pdf/ListofFormalapprovals. pdf（列出了 405 个特区，截至 2016 年 9 月 7 日）；Indian Ministry of Commerce and Indus. , Dep't of Commerce, Special Economic Zones Established/Notified Prior to SEZ Act, 2005（2009），http：//www. sezindia. nic. in/about-asi. asp（列出了 19 个特区）。不过，许多获批准的特区可能不会得到开发。

③ 另见 Special Economic Zones Established/Notified Prior to SEZ Act, 2005，见脚注 2，引言部分，http：//www. sezindia. nic. in/about-introduction. asp（最后查询时间为 2016 年 10 月 17 日）。

实体分担负担，在治理服务之间形成了某种竞争。经济特区就是这一趋势的例证。

根据"经济特区"中内含的"特殊性"，这些国家权力的下放仅限于特定的地点和条件。不是所有这类实验都能成功，但很多都成功了，而且整个政治体制逐渐趋同于改良版的自我组织。这场平静而温和的革命正在从内部彻底改变着国家。

近几十年来，治理机制的演变出现了类似侏罗纪时代的现象。④ 经济特区遍布全球，在数量、地域和类型上都呈爆炸式增长。尽管并非没有风险，但如果得到理解和指导，这些大规模和长期的变化将有利于所有人。

特别地，在向世界展示特殊辖区如何促进经济增长、人类福祉和个人自由方面，美国发挥着特殊作用。美国诞生于一系列原始经济特区，长期以来一直在应对各州和印第安保留地带来的管辖复杂性，近年来更是创建了数百个繁荣的对外贸易区（Foreign Trade Zone，FTZs）。展望未来，本文将重点描述下一代特殊辖区：美国经济特区（USSEZs）。

本文共3节。第1节介绍当今世界的经济特区。文中首先定义主题：这里的"经济特区"代表政治当局放松和下放权力的各种特殊辖区；然后报告近几十年来经济特区的迅猛扩散和壮大。这产生了一系列跟踪全球特殊辖区蓬勃发展的生动记录。

第2节陈述美国经济特区的复杂历史。美国可追溯到旧世界（指欧洲）的国王向企业家出售特许状时催生的原始经济特区，这些企业家试图在新大陆的詹姆斯敦和新阿姆斯特丹等地建立私人定居点，继而从中获利。当然，美国早已不再是一群鲁莽勇敢的特殊辖区；不过，它仍然展现了其勇敢无畏的血统。即使在今天，美国依旧拥有大量不断增长的对外贸易区，这些外贸区免除了某些公司的联邦关税和消费税，以及州和地方的从价税（即按财产价值评估的税收）。

在提供这些特殊豁免时，对外贸易区与世界其他地方流行的经济特区类似。但是，经济特区的作用远不止于提供税收优惠。想想从中国香港蔓延至内

---

④ 这个术语契合下文对类似恐龙的民族国家和类似哺乳动物的经济特区所做的类比，描述了一个政治秩序迅速演变的时代。见下文第1.2节。

地的特区，让数亿人摆脱了贫困⑤；再看看如今在非洲、阿拉伯和印度生根发芽的大型私人开发项目，它们设想整座城市由其居民拥有和管理。诚然，这些例子表明经济特区有利于相对欠发达的区域。那么，经济特区能让美国这类相对富裕的国家受益吗？或许能。

想想看，美国确实有相对欠发达的地区：大片目前空置、基本处于休耕状态的联邦土地。如果美国想开发这些区域，创建合适的经济特区也许会有所帮助。为此，第3节提议设立美国经济特区。

美国经济特区将出现在联邦拥有的土地上：例如，当前由土地管理局管理的数百万英亩土地中的一小部分，或者废弃的军事用地。每个经济特区的授权将限制联邦法律，减轻特区内某些法规和税收的负担，并完全优先于州法律的强制效力。这种自由可精简各种形式的民政管理（civil administration），同时吸引投资和刺激经济增长。美国经济特区项目将为联邦政府创造收入，并与毗邻特区的各州分享这些收入，从而改善公共财政，消除联邦政府与各州之间关于公共土地使用权的长期冲突。⑥ 与对外贸易区不同，美国经济特区有居民入住。由于这类经济特区不能要求政府豁免民事责任，而且必须与其他社区竞争以吸引和留住居民，因此它们将有强烈的激励尊重个人权利。如果操作得当，美国经济特区将可结合最佳的国外和国内政策，创造出一种典型的新式美国特殊辖区。

1. 当今世界的经济特区

无论喜欢与否，经济特区已经成为一股不容小觑的力量。本节记述当今世界经济特区的性质和范围，进而阐释其中原因。经济特区并不总是带来预期的经济增长，有时会遭到滥用权力的指控；但就像香港首先发挥模范作用，接着是深圳，然后是中国各地纷纷效仿那样，特区还可以从根本上改善数亿人的生

---

⑤ 为支持这里提出的唯一数值主张，参见 Jin Wang, The Economic Impact of Special Economic Zones: Evidence from Chinese Municipalities, 101 *J. Dev. Econ.*，第 133 页、第 137 页，图 2 (2013)（仅显示了 26 个不属于中国经济特区或在中国经济特区范围内的县或地级市）。这些非经济特区加起来，拥有中国 13 亿多居民中的约 4 000 万人口（作者根据其存档的数据估计）。

⑥ 关于这一冲突的调查，参见 Donald J. Kochan, Public Lands and the Federal Government's Compact-Based "Duty to Dispose": A Case Study of Utah's H. B. 148-The Transfer of Public Lands Act, 2013 *Byu L. Rev*，第 1133 页，第 1135—1138 页。

活。⑦ 第 1.1 节界定讨论的范围，采用主要权威机构关于经济特区的广义定义，并解释为什么即便是渴望权力的政客，有时也认为有必要放松对特殊辖区的控制。第 1.1 节详述近几十年来经济特区在数量、规模和复杂程度上的爆炸式增长：这是一场无声的革命，已经开始由内而外地改变政府。

1.1 经济特区的内容与目的

关于"经济特区"的定义，本文遵循世界银行的观点。世界银行将经济特区称为"一国边界内划定的地理区域，在那里，商业规则不同于国家领土上通行的规则"。⑧ 世界银行对经济特区的定义继续阐明，不同的商业规则"主要涉及投资条件、国际贸易和海关、税收和监管环境；与国家整体的商业环境相比，特区的商业环境从政策角度看更加自由，从行政角度看更加高效"。⑨ 换言之，借助经济特区，政府为自己制定的规则创造了例外：选择一些避风港，使它们规避国内其他地方普遍存在的影响因素。

经济特区五花八门。世界银行再次提供指导，按照规模从小到大的粗略顺序和经营范围列出了以下经济特区类型：

1. 自由贸易区，规模从单个工厂到更大的区域；
2. 出口加工区（EPZs），同样从单个工厂到更大的区域；
3. 混合型出口加工区自由港或广域经济特区，通常规模很大，有时达到城市规模。⑩

例如，自由贸易区可能只提供过境货物的免税仓储，而广域经济特区可能为整个大都市地区提供另外的公共治理制度。在这个分类中，美国流行的对外

---

⑦ 参见 Ronald Coase & Ning Wang, *How China Became Capitalist*, 第 59—63 页 (2012)。

⑧ Thomas Farole & Gokhan Akinci, Introduction in *World Bank*, *Special Economic Zones: Progress, Emerging Challenges, and Future Directions* 3 (Thomas Farole & Gokhan Akinci eds., 2011), http://documents.worldbank.org/curated/en/2011/01/14813550/special-economic-zones-progress-emerging-challenges-future-directions [引自 Claude Baissac, Brief History of SEZs and Overview of Policy Debates, in *Special Economic Zones in Africa: Comparing Performance and Learning from Global Experience* 23 (Thomas Farole ed., 2011), http://documents.worldbank.org/curated/en/2011/01/13887813/special-economic-zones-africa-comparing-performance-learning-global-experience（以下用：Special Economic Zones in Africa）]。

⑨ Baissac, *Special Economic Zones in Africa*, 见脚注 8。

⑩ Farole & Akinci, 见脚注 8, 第 2 页第 1.1 节。这里使用的术语也借鉴了 Baissac, *Special Economic Zones in Africa*, 见脚注 8, 第 27—30 页。

贸易区类似于自由贸易区和出口加工区之间的模式。⑪ 相比之下，本文稍后提出的美国经济特区将为美国市场引入一种更先进的特殊辖区，涵盖更广泛的区域和服务范围。⑫

是什么促使政府减轻经济特区内的税收和监管？自由化支持者的合理论点和对居民福利的关注可能推动了部分这类改革。希望如此。但似乎更可能的是，实际上，这接近于一种同义反复现象：政客愿意放松他们在经济特区内的权力，以赢得更大的权力。譬如，他们也许会将经济特区视为刺激经济增长进而带来潜在租金的一种途径。这些预期收益可能来自税收；如果经济特区帮助一个国家调低拉弗曲线，朝着降低净税收、提高政府净收入的方向发展，这种情况就会出现。⑬ 又或者，经济特区触发的经济增长可以产生并非来自正规渠道的政治租金，比如贿赂或贪污。⑭ 一个成功的经济特区还能够创造就业机会，增加地方财富，培育幸福（或至少不会极度不满）的居民、公民以及（在民主国家至关重要的）选民。

除了减轻经济特区的税收和监管负担，政客还越来越清楚，将经济特区的发展和运营委托给私人团体是合宜之举。⑮ 同样，这反映的可能不是简单的意识形态偏好，而是对有效方法的务实认识。世界银行对相关数据的评估表明，"私人特区的开发和运营成本低于公共特区（从东道国的角度看），并能产生更好的经济效益"。⑯

从公共选择理论的视角看，政治行为人选择削减国家权力这一看似矛盾的

---

⑪ 见下文第 2.3 节。
⑫ 见下文第 3 部分。
⑬ 参见 The Laffer Curve, The Laffer Ctr. at the Pac. Research Inst., http://www.laffercenter.com/the-laffer-center-2/the-laffer-curve（最后查询时间为 2016 年 10 月 1 日）。
⑭ 参见 Lotta Moberg, The Political Economy of Special Economic Zones, 11 *J. Institutional Econ.*, 第 167 页、第 176—177 页 (2015)（将公共选择分析应用于经济特区，尤其强调可能令其失灵的力量）。
⑮ Thomas Farole, Introduction to *Special Economic Zones in Africa*, 见脚注 8, 第 18 页（过去 15 年来，全球经济特区发展的一个显著趋势是私人拥有、开发或经营的经济特区变得日益重要）。另见 Baissac, *Special Economic Zones in Africa*, 见脚注 8, 第 37—39 页（讨论了私人经济特区的历史发展）。
⑯ Foreign Inv. Advisory Serv., World Bank Grp., *Special Economic Zones: Performance, Lessons Learned, and Implications for Zone Development* 4 (2008), http://documents.worldbank.org/curated/en/2008/04/9915888/special-economic-zone-performance-lessons-learned-implication-zone-development.

现象不复存在。国家只能通过个人来行动，无论是政客、官僚还是其他公务人员。在这点上，委托人和代理人的利益同样可能出现分歧，从而导致后者的行为与前者的利益相悖。

在一定条件下，为国家服务的个人可以追求增进自身利益的政策，而最终减少国家本身的权力和规模。因此，一位政客可能会推出某项经济特区计划，这将为他带来良好的声誉，但最后会削弱国家对经济的控制。[17] 我们其他人未必会谴责这个结果。国家本身若想赢得尽可能多的正当性（仔细审视，这其实不多），就必须证明它如何出色地服务于其治下的人民（至少是它的公民和居民，也可能是整个世界）。[18] 如果经济特区能够比国家更好地促进经济增长、人类福利和个人自由，我们就应该促进并颂扬这种结果。[19]

无论动机和手段为何，许多时代和无数国家的政客都找到了充分理由，将特殊地区划分出来由特殊规则管理。近几十年来，经济特区日益深受欢迎，数量、规模和复杂性不断增长。下一节将阐述治理服务层面的这一显著转变。

1.2 经济特区在世界范围的传播与发展

虽然不是现代意义上的经济特区，但受特殊规则管辖的区域几乎和政府一样存在了很长时间。这些区域与民族国家共同发展，通常是合作的，但偶尔也会与之竞争。至少在军事力量方面，今天的国家已经成为国际制度的主导形式。不过，特殊辖区从未消亡，而是重新崛起。本小节将简要介绍经济特区的历史；如今，这些特区正自下而上、由内向外悄然改变着各个国家。

现代经济特区的前身可以追溯到公元前166年，当时罗马当局将德利奥斯定为自由港，免除商人的通行费，以激励当地商业发展。[20] 汉萨同盟（Hanseatic League）是一个由神圣罗马帝国特许和松散管理的贸易城市联盟，在公元1200年至1600年左右有效地统治着北欧，追捕海盗并在战斗中打败了国王。[21] 随后，早期的"经济特区"出现在许多不同且遥远的欧洲殖民地前哨和其他地区，

---

[17] 参见 Moberg，见脚注 14，第 176—177 页。
[18] 当然，法西斯主义者会持不同意见，认为国家的权力是正当的。但作为文明的人民（以及法西斯主义的战胜者），就让我们把这种观点视为历史偏差和人为产物而忽略吧。
[19] 下文第 3 部分描述的美国经济特区项目正是这样做的。
[20] Baissac, *Special Economic Zones In Africa*，见脚注 8，第 31 页。
[21] 另见 Helen Zimmern, *The Hansa Towns*（Kraus Reprint Co., 1969）。

它们形成准主权的次级政府，通常被授予独特的贸易特权。相关例子包括，中国的澳门[22]、香港[23]，以及从19世纪中期开始在外国列强的胁迫下建立的80多个通商口岸，且通过这些口岸向英国、法国、德国、俄国和其他国家出租领土并授予广泛的特许权。[24]

现代经济特区的一些古老原型起源于欧洲皇家当局授予新大陆私人团体的特许状。这些特许状促成了创业定居点的建立，其中包括詹姆斯敦、新阿姆斯特丹和马萨诸塞湾殖民地，它们首先以殖民地的形式出现，然后进化为新兴国家，最后发展成了美国。[25] 爱国者可能会吹嘘，美国崛起于世界上最大胆的经济特区。不管这种说法恰当与否，美国在经济特区方面确实有着漫长而复杂的历史。

在启蒙时期特殊辖区激增之后，民族国家开始兴盛，它摧毁了原始经济特区，就像恐龙摧毁了兽孔目。[26] 从拿破仑帝国，到两次世界大战，再到苏联解体和东欧国家转型，民族国家统治了全球。而特殊辖区则被推至边缘；它们在1900年左右跌到了最低点，当时全世界只有大约11个自由港。[27] 从功能上讲，这些港口与德利奥斯的自由港几乎没有差别。经济特区眼见濒临灭绝。

是什么把经济特区从悬崖边上拉了回来？其中，美国应该有一部分功劳。1934年美国启动的对外贸易区项目提供了联邦消费税和关税的特别豁免。事实证明，从法律上讲，这对于转运商和希望在美国管辖范围内但又不想进入其关税区的其他人十分便利。[28] 如下文所述，对外贸易区渐渐蓬勃发展并蔓延

---

[22] Ernest S. Dodge, *Islands and Empires: Western Impact on the Pacific and East Asia* 226 (1976).

[23] Frank Welsh, *A Borrowed Place: The History of Hong Kong* 1 (1993).

[24] John King Fairbank & Merle Goldman, *China: A New History*, 第201—203页 (2d Ed. 2006)（探讨了中国面向世界各国建立的通商口岸，从最初的5个到后来的80多个）。这些条约的基本标准化条款包括低关税。同上，第203页。另见 En-Sai Tai, *Treaty Ports In China: A Study in Diplomacy* (1918)。

[25] 见下文第2.1节。

[26] 兽孔目（又名"似哺乳爬行动物"）最终反弹，进化为哺乳动物，以人类的形式为代表，现在统治着地球。参见 john Nobel Wilford, Standing There at a Turning Point in Evolution; Is a Reptile on The Verge of Being A Mammal,《纽约时报》，1982年11月2日第c1版（得出的结论是，兽孔目"或许在一场重大的生死之战中输给了恐龙，但通过巧妙的游击战，在恐龙疏忽的夜晚成功赢得了这场战争"）。

[27] Baissac, *Special Economic Zones in Africa*, 见脚注8，第32页（列举了欧洲的7个自由贸易区和亚洲的4个自由贸易区）。

[28] 同上，第32—33页。

开。㉙ 1948 年，美国再次推促经济特区建设，当时的"引导操作"（Operation Bootstrap）使波多黎各成为美国公司的自由贸易区，这些公司不仅从事对外贸易区的传统重点贸易，还从事生产活动。㉚

尽管存在这些先例，但大多数评论家认为，现代经济特区运动始于 1959 年爱尔兰在香侬（Shannon）建立的工业自由区。㉛ 这个早期范例似乎确实掀起了一波相似的创新浪潮。㉜ 大致从 20 世纪 80 年代中期开始，"几乎所有地区新建特区的数量都在急速增长，而发展中国家的增长尤为显著"。㉝ 作为当今人口最多的国家，中国在创建经济特区方面尤其多产，从 1980 年初的 0 个增长到今天的至少 295 个。㉞ 如图 1 所示，目前世界上大约 75% 的国家都拥有经济特区，特区的数量轻而易举地超过了 4 000 个，有些国家甚至接近 1 万个。

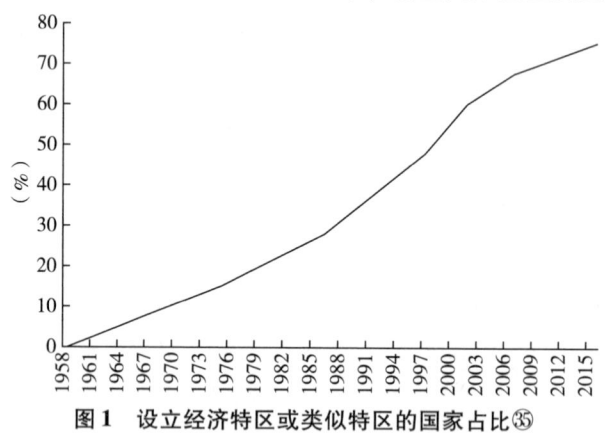

图 1　设立经济特区或类似特区的国家占比㉟

㉙　见下文第 2.3 节。

㉚　Baissac, *Special Economic Zones in Africa*, 见脚注 8, 第 32—33 页。

㉛　例如参见 Farole & Akinci, 见脚注 8, 第 3 页。作者承认，"然而早在 1948 年，波多黎各就建立了一种工业自由区"。同上，第 19 卷第 1 页（内部引文略）。由于难以了解的原因，他们对经济特区的调查中明显没有考虑对外贸易区。

㉜　讽刺的是，欧盟正在进行的压制成员国之间管辖权竞争的运动将很快削弱香侬自由区带来的好处。Willemijn De Jong, *Library of The European Parliament, Establishing Free Zones for Regional Development* 3 (2013), http://www.europarl.europa.eu/RegData/bibliotheque/briefing/2013/130481/LDM_BRI(2013)130481_REV1_EN.pdf.

㉝　Farole & Akinci, 见脚注 8, 第 5 页。

㉞　Wang, 见脚注 5, 第 136 页、第 138 页［中国共有 295 个地（市）级经济特区］。鉴于中国经济特区的嵌套结构，这个数字本身可能不足以代表总量；Wang 还统计了这 295 个地市特区中的 222 个国家级区域和 1346 个省级区域。同上，第 136 页。

㉟　作者存档的原始材料。

图1无须多加解释，尽管可能值得注意的是，该曲线遵循了类似于新物种进入新环境时其种群增长的S形态。这两条曲线在接近100%时都会自然趋向平缓；表明一些国家可能永远不会设立经济特区，以及很少有物种能够适应所有可能的生态位。

图2显示了两条曲线，一条跟踪经济特区的原始数量，另一条跟踪调整后的数量。原始数量涵盖了国际劳工组织（ILO）在2007年出口加工区和类似特区普查中列举的所有区域，这是该领域的标准数据库。[36] 虽然国际劳工组织的人口普查包括孟加拉国的单一工厂区，但它明显将这些工厂区排除在经济特区的总数之外。[37] 这种特殊处理的原因和使用的确切计算方法尚不清楚。[38] 也许是因为国际劳工组织担心孟加拉国众多的单一工厂区会掩盖它更感兴趣的其

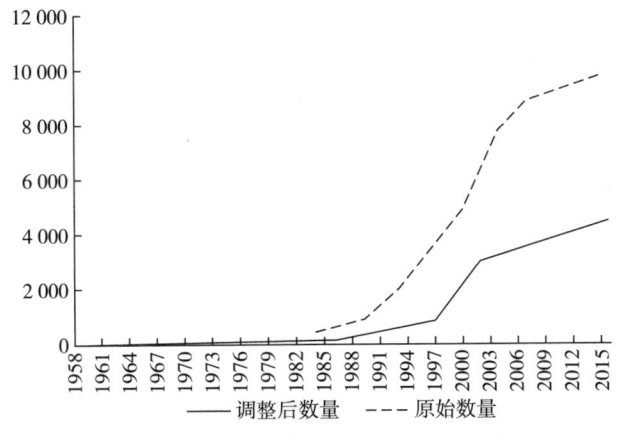

图2 世界经济特区及类似特区数量的趋势[39]

---

[36] Jean-Pierre Singa Boyenge, ILO Database on Export Processing Zones (Revised) 2 (Int'l Labour Org. Sectoral Activities Programme, Working Paper No. 251, 2007), http://www.ilo.org/public/libdoc/ilo/2007/107B09_80_engl.pdf.

[37] 显然，国际劳工组织将这些微型经济特区排除在3 500个"出口加工区或类似区域"的汇总估计之外，因为它将孟加拉国的经济特区单独列为5 341个。同上，第1页，第8页。

[38] 国际劳工组织提供的旁注指出："孟加拉国各地的保税仓库在类似出口加工区的条件下运营，并不属于经济特区"，但没有说明为什么这使得它们不符合整体区域普查的要求。同上，第1页。另一条线索可能在于数据库中提到了洪都拉斯和墨西哥未编码的加工厂。同上，第13页，这两个地方都被标记为"视为出口加工区或保税仓库"的区域。同上，第24页，第26—27页（两者包含的文字说明相同）。也许国际劳工组织的普查也漏报了这些区域。

[39] 作者存档的原始材料。

他观察，抑或是这些区域太过无关紧要。然而，进行动物普查的生物学家不会忽视最小和最简单的物种；事实上，这类细节往往能提供最有趣的案例。又或者，仅仅作为保税仓库的孟加拉国单一工厂区似乎不够特殊，不足以成为经济特区。但是，保税仓库代表对一国普遍适用的海关法的真正豁免：在这个区域（尽管很小），商品可以通过生产操作进行存储、处理或改造，而无须支付其他地区适用的关税。⑩ 因此，图2提供了从最小、最简单到最大和最复杂的所有区域的原始数量；同时出于尊重国际劳工组织的方法，也提供了调整后的数量，即原始数量减去保税仓库区。

尽管学术界可能（也确实应该）对这些图表中追踪的确切数字持怀疑态度，但读者可以确信，它们是对席卷全球各个国家的大规模长期结构性变化的客观概括。几乎可以肯定，在未来几年，全世界拥有经济特区的国家比例和经济特区的数量都会增加。譬如，阿富汗最近宣布，计划将8个以前由美军使用的空军基地改建为经济特区。㊶ 博茨瓦纳也已采取措施，创建第一批经济特区。㊷ 其他可能很快设立经济特区的国家包括埃塞俄比亚㊸、利比亚㊹和巴布亚新几内亚㊺。

经济特区越来越大、越来越复杂的趋势虽然不易量化，但很值得关注。近年来，特区开始从通过相对简单的财政激励措施（一般是免除关税）鼓励国

---

⑩ 例如参见 U. S. Customs and Border Protection, Bonded Warehouse（2010）, https：//www. cbp. gov/sites/default/files/documents/bonded_20wh2_2. pdf（描述了保税仓库）。

㊶ Lynne O'Donnell, Afghan Airfields Built for War Seen as Economic Hubs, *Associated Press*（Aug. 31, 2015）, http：//bigstory. ap. org/article/edb04e066868499da6f91ccf7ba67799/afghan-airfields-built-war-seen-economic-hubs.

㊷ Calviniah Kgautlhe, Botswana：Special Economic Zones to Strengthen Export Earnings, *Botswana Daily News*（Aug. 2, 2015）, http：//allafrica. com/stories/201508030140. html（报道了将经济特区引入博茨瓦纳的法案）。

㊸ Extensive Development of Industrial Parks, Ethiopian Inv. Comm'n, http：//www. investethiopia. gov. et /investment-opportunities/strategic-sectors/industry-zone-development（最后查询时间为2016年9月13日）。

㊹ Special Economic Zones North West Suez Canal, Comesa Reg'l Inv. Agency, Special Economic Zones North West Suez Canal, http：//www. comesaria. org/opportunities/special-economic-zones-north-west-suez-canal. 155. 250. html（最后查询时间为2016年9月13日）。

㊺ Papua New Guinea Special Economic Zone, Int'l Fin. Corp. , World Bank Grp. , http：//www. ifc. org/wps/wcm/connect/region_ext_content/regions/east + asia + and + the + pacific/countries/png + special + economic + zone（最后查询时间为2016年9月13日）。

际贸易，转向“涵盖工业、商业、住宅甚至旅游活动的多用途开发”。㊻ 比如阿卜杜拉国王经济城（KAEC），这是一个由私人团体根据沙特阿拉伯特许状建造和经营的开发项目，它允许大都市区在一种鼓励增长的特殊政府形式下运作。㊼ KAEC 建成后，将成为一座拥有 200 万人口、规模堪比华盛顿特区的全新城市。㊽

开发商计划未来几年将在世界各地建设多个城市规模的特殊辖区，包括：

马来西亚赛城；

马来西亚依斯干达；

沙特阿拉伯吉赞经济城；

沙特阿拉伯阿卜杜拉国王经济城；

肯尼亚康扎科技城（KTC）；

阿布扎比马斯达尔城；

韩国仁川松岛国际商务区（Songdo IBD）；

厄瓜多尔 Yachay 知识城。㊾

如果一切按计划进行，那么到 2035 年，这些城市的面积将超过 2 612 平方公里，建设成本超过 3 000 亿美元，拥有近 600 万居民。㊿

在规模、人口和服务开始趋近传统城市的同时，经济特区也逐渐倾向私人拥有、开发和经营的模式。(51) 洪都拉斯建立了一个特殊辖区框架，被称为“就业与经济开发区”（缩写为 ZEDE），标志着这一趋势的极限；在该框架下，受政府监督的私人团体将提供教育、基础设施、安全、法院，以及洪都拉斯以前

㊻ Farole & Akinci，见脚注 8，第 6 页。

㊼ 关于“King Abdullah Economic City”，http：//www. kaec. net/about/（最后查询时间为 2016 年 9 月 13 日）（解释说，该城市提供“特权法规，包括：个人和组织 100% 的外资所有权、海港和保税区法规，同时可轻松获得与居住、工作、经营企业以及拥有和管理财产相关的许可证和执照”）。

㊽ Stanford Graduate School of Business，Fahd Al-Rasheed：Building a New City from the Ground Up，Youtube（May 12，2015），https：//www. youtube. com/watch？ v = epZ37AdRnsE#t = 2260.

㊾ Adam Cutts，New Cities Found.，New Cities and Concepts of Value：Planning，Building，and Responding to New Urban Realities 25，28，31 – 32，34，38，41（2016），http：//bit. ly/Cityquest 2015。这份名单代表研究中所有被设计成特殊辖区的新城，并不包括仅拥有特殊管辖权的新城市。

㊿ 同上。

(51) Farole & Akinci，见脚注 8，第 7 页。

提供（或不提供）的其他服务。[52] 换言之，经济特区越像传统的政治机构，它们就越依赖私人权利。

这是否自相矛盾？完全不，其趋势是一致的。[53] 现有的政治体制不受竞争的影响，背负着财务管理不善的历史包袱，显然缺乏从零开始创建大型、新型世界级社区所需的激励和资本。因此，公共机构向私人部门寻求帮助，继而诞生了一个致力于通过建造城市来挣钱盈利的产业。

实践已经证明了理论的预测：在提供服务方面，政治化的投票程序不及双方协商一致、追逐利润的投票程序有效。几乎没有人反对将这一评估适用于其他服务的提供，从干洗作业到会计运算，从宗教仪式到新闻报道。毫不奇怪，同样的原则也适用于提供治理服务。简单地说，追求利润的政府往往比追求权力的政府运作得更好。

2. 美国经济特区的前身

美国的经济特区有着悠久而复杂的历史。从某种程度上讲，美国应该感谢原始经济特区的存在；这个国家的起源可以追溯到旧世界皇室向新大陆企业家颁发的特许状。第2.1节将这些特许殖民地与现代经济特区加以比较。在更现代时期，美国政客提出了各种方案，通过税收优惠和补助来鼓励萧条地区的经济增长。而正如第2.2节所述，这些企业区及其同类区域并没有取得很大的成功。相比之下，美国的对外贸易区项目长期以来一直在帮助地方企业控制关税和消费税的影响，使它们完全逃避州和地方从价税，从而降低经营成本、刺激区域商业。第2.3节着重解释对外贸易区的运作机制，并陈述它们的发展动态。

在深入探讨美国少数几类特殊辖区（即为指导美国经济特区而选择的辖区）之前，需要指出的是，作为一种更普遍的事物，美国已经衍生了数量惊人、种类繁多，时而相互重叠、时而彼此冲突的司法辖区。美利坚合众国的国名本身表明，它拒绝将所有政治权力授予一个单一实体。美国内战残酷地证明了这种对单一权威的天然抵抗能够爆发多大的力量；西弗吉尼亚州的成功建立

---

[52] Tom W. Bell, Startup City Redux, *Found. for Econ. Educ.* 1 – 4（June 27, 2013），http://fee.org/articles/startup-city-redux/（提供就业与经济开发区立法的背景和概论）。

[53] 参见 Foreign Inv. Advisory Serv., World Bank Grp., 见脚注16，第3页。

和温斯顿自由邦的独立失败都源于这场冲突,它们提供了相同趋势的温和实例。[54] 美国人热衷于打破政治一致性,这驱使他们走向国外;想想亨利·福特,他试图将一整套中西部城市模式(包括政府)复制到巴西亚马逊地区的计划注定失败。[55]

即便在今天,美国仍旧有不少这样的地区,它们名义上是在其管辖范围内,但却构成了超出其法律全部适用范围的特殊区域。一般而言,美属萨摩亚、关岛、北马里亚纳群岛、波多黎各以及美属维尔京群岛的居民和当地公司,都没有义务缴纳联邦所得税或消费税。[56] 理论上,印第安保留地是在自己的主权下运作的,因此,它们不受许多州和联邦法律的约束。[57]

没有什么比相对自由的特殊辖区更具美国特色了:在这些地方,税收少,监管浪费的时间也少。有时,这些区域只享有一定程度的自治;而有时,它们可以实现很大程度的自治。现在,我们转向讨论美国热心于建设特殊辖区的三个具体示例:该谱系中的原始经济特区,所谓的赋权区,以及对外贸易区。事实证明,在为美国设计下一代经济特区时,这些模式尤其适合参考。

2.1 缔造美国的原始经济特区

美国的根源可以回溯到若干世纪以前,在欧洲皇家特许状[58]授权下运作的

---

[54] 参见 Virginia v. West Virginia, 78 U. S. (11 Wall.) 39 (1871)(默许西弗吉尼亚州脱离弗吉尼亚联邦);Christopher Lyle McIlwain, *Civil War Alabama* 62 (2016)(描述了几近创立的颇具传奇色彩的温斯顿自由邦)。

[55] 关于福特这个大胆但时运不济的项目的一些背景资料,请参阅 Tom W. Bell, Fordlandia: Henry Ford's Amazon Dystopia, *Found. for Econ. Educ.* (Feb. 19, 2013), http://www.fee.org/the_freeman/detail/fordlandia-henry-fords-amazon-dystopia。

[56] Staff of the Joint Comm. On Taxation, 112th Cong., Federal Tax Law and Issues Related to the United States Territories 2 (May 14, 2012), https://www.jct.gov/publications.html?func=startdown&id=4427。感谢 Ron Rotunda 让我注意到税法中的这一特殊问题。

[57] United States v. Kagama, 118 U. S. 375, 381–82 (1886)(印第安人在维持部落关系时,一直被视为具有准独立的地位……而且迄今为止,他们尚未受到联邦或其所居住州的法律管辖);Conference W. Attorneys Gen., American Indian Law Deskbook 10–11 (2015)(作为宪法之外的政治机构,印第安部落不受《权利法案》给联邦政府和各州施加的限制,他们在部落的内部事务上拥有基本不受审查的广泛权力)。

[58] 在今天的英语中也被称为"专利"。

营利性私人定居点。通过创建詹姆斯敦（1607年设立）[59]、普利茅斯（1619年）[60]、新阿姆斯特丹（1626年，现在的纽约）[61] 和马萨诸塞湾公司（1629年）[62] 等社区，旧世界为它刚刚发现的新大陆播下了种子。我们不妨将这些美国赖以成长的少数地区称为"原始经济特区"。

请注意，根据今天的财富和人口标准，即使那些早期创业社区中最成功的社区，对投资者而言也算不上成功。荷兰西印度公司在新阿姆斯特丹殖民地连年亏损，最后把它移交给英国人，简直是如释重负。[63] 不过，艰难的开端并没有阻止纽约最终的辉煌。它的邻居马萨诸塞湾公司，在波士顿和更广阔的新英格兰地区同样收获了类似的成果。[64]

伦敦弗吉尼亚公司（其管辖的区域后来成为弗吉尼亚州和北卡罗来纳州）也告破产，原先由其控制的土地变成了新世界的第一个皇家殖民地。[65] 普利茅斯弗吉尼亚公司持有在今天的新英格兰地区开拓殖民地的特许状，但它更快地关闭了。[66] 这并非因为缺乏追求私利的本能；两家弗吉尼亚公司都发现自身没有资源开拓新大陆，于是细分它们获得的皇家特许状，然后转售给其他团体（如清教徒）以谋取利益。[67] 在新大陆生存绝非易事，更不用说赚钱。罗阿诺克（Roanoke）就彻底地失败了，所有的定居者不是死亡，就是消失。[68]

正如罗阿诺克的例子和所有创业定居点表明的，尝试在新世界建立定居点不仅要承担金融风险，还要直面海难、疾病和战争的危险。然而，与当代硅谷

---

[59] James Horn, *A Land as God Made It: Jamestown and The Birth of America*，第34—37页（2005）（阐述了1606年詹姆斯敦创立者获得皇家特许状、次年殖民地成立的过程）。

[60] Nathaniel Philbrick, *Mayflower: A Story of Courage, Community, and War*，第19页（2006）（记述了清教徒从获得詹姆斯敦特许状的弗吉尼亚公司取得附属特许状或"特殊"特许状的过程）。

[61] Russell Shorto, *The Island at the Center of the World*，第55页（2004）（将西印度公司购买曼哈顿的文件描述为"实质上是纽约市的出生证明"）。

[62] Brooks Adams, *The Emancipation of Massachusetts*，第15页（Houghton, Mifflin & Co. 1899）。

[63] 同上，第190—192页。

[64] 参见 James E. Mcwilliams, *Building the Bay Colony: Local Economy and Culture in Early Massachusetts*，第4—6页（2007）。

[65] Paul S. Boyer et al., *The Enduring Vision: A History of The American People*，第35—36页（2014年第8版）。

[66] 同上。

[67] Philbrick, 见脚注60，第19页。

[68] Boyer et al., 见脚注65，第34页。

一样，部分帮助创建美国原始经济特区的人终究赚得盆满钵满。在荷兰西印度公司、伦敦弗吉尼亚公司和马萨诸塞湾公司开辟的土地上，无数欧洲移民获得了自由和繁荣。即便时至今日，宗教机构仍然依赖房产带来的收入；这些房产如今就坐落于纽约市的繁华地带，其所有权可以追溯到荷兰统治时期。[69]

创业社区和一般的创业公司一样，当企业家投入大量资金解决难题时，他们是在为大家做好事。你可以随意称他们为英雄或赌徒；但请务必给予企业家应有的赞誉，因为他们在承担私人损失的同时，还创造公共利益。这些经济冒险家多数都失败了，但他们的失败启示了其他人，因为他们证明了什么是不该做的。此外，一些失败的初创公司比如荷兰西印度公司，产生了与纽约、波士顿及周边地区规模相当的正外部性。[70]

原始经济特区最终蜕变成美国，其经历的金融、物质和道德方面的种种失败，反映了政府形式开始迅速变异的时代。与自然界相似，许多这样的创新渐渐销声匿迹。少数特区幸存了下来，例如美国。就像恐龙之前的爬行动物一样，原始经济特区在它们的时代统治着世界。从某种意义上说，它们自历史中传承下来得益于治理制度的演变。后文阐述的美国经济特区延续了这一趋势。

2.2 授权区和类似的特别监管区

从1993年起，美国联邦政府开始试验各种计划，面向特定地区实行特殊的监管政策。在大多数情况下，这类联邦计划仅仅为了敦促地方、部落和州政府加倍努力，以帮助各自辖区内最贫困的社区：通常是城市，有时是农村。[71]除了拨款，这些联邦计划还利用税收抵免、直接减税、会计手段以及投资激励

---

[69] 参见 Jerry L. Anderson & Daniel B. Bogart, *Property Law: Practice, Problems, and Perspectives*, 第130—131页（2014）。

[70] 似乎可以公平地认为，新阿姆斯特丹不仅是纽约州的起源地，也是纽约州其他地区的发祥地。事实上，我们完全可以把美国东北部的一大片地区包括在内。参见 Shorto, 见脚注 61, 第 256 页（再现了"Jansson-Visscher"地图）。

[71] 参见 Welcome to the Community Renewal Initiative, Office of Cmty. Renewal, U. S. Dep't of Hous. and Urban Dev., http://portal.hud.gov/hudportal/HUD?src=/program_offices/comm_planning/economicdevelopment/programs/rc（涉及授权区、企业社区、复兴社区计划的各种法规、扩展和最终期限）（最后查询时间为 2016 年 9 月 13 日）。

来鼓励符合条件的地区实现经济发展。[72] 这些联邦计划被称为授权区、企业社区、企业区或复兴社区，它们的总体目标和实现方法有共同之处，只是在细节上有所不同。[73]

所有这些特别监管区（我们不妨这样称呼它们）都于2014年12月31日宣告终止。[74] 它们的消亡显然没有引起多少悲伤。理想情况下，它们可以帮助社区摆脱困境，使社区变得强大，能够面对其他地方适用的相同税法。然而更可能的是，媒体和政策制定者注意到，这些特区只是鼓励了少数企业搬迁，产生了大量繁文缛节，并为腐败制造了机会。[75] 文献调查表明，授权区和其他特别监管区没有产生显著的经济影响，或者负面的经济影响。[76]

为什么这些特区会失败？很可能是因为它们仅仅稍微摆脱了联邦权力的束缚：大部分只享受了一些相当复杂的税收优惠，而且这些优惠往往伴随着极其烦琐的官僚程序。[77] 显然，需要有更坚实的保护以对抗强大的联邦权力，才能为特殊辖区的蓬勃发展创造条件。接下来讨论的对外贸易区形成了更充分的保护，从而摆脱了联邦权力的影响；因此，这种特殊辖区更适合美国的现状。

---

[72] 参见 Office of Cmty. Renewal, U. S. Dep't of Hous. and Urban Dev., Empowerment Zone Tax Incentives Summary Chart (2013) http：//portal. hud. gov/hudportal/documents/huddoc? id = ez_tis _ chart. pdf（总结了企业区享有的各种联邦税收优惠）。

[73] 参见 Office of Cmty. Renewal, U. S. Dep't of Hous. and Urban Dev., Empowerment Zones, Enterprise Communities, and Renewal Communities Initiatives (2013), https：//www. hudexchange. info/resources/documents/EZ-RC-EC-Program-Overview. pdf。

[74] Welcome to the Community Renewal Initiative，见脚注71，第2页。

[75] 例如参见 Gregory Korte, Audit Says Cincinnati Wasted Much of Empowerment Grant, *Cincinnati Enquirer*（Feb. 4, 2003），http：//enquirer. com/editions/2003/02/04/loc_empower04. html（报告称，联邦政府逐渐取消了对授权区的资助，理由是"没有有力证据"表明每年1 000万美元的联邦拨款产生了效果）。

[76] 例如参见 Legislative Office of Economic and Demographic Research, State of Florida, Literature Review and Preliminary Analysis of the Impact of Enterprise Zones on State & Local Revenue Collections 6–8（2010），http：//edr. state. fl. us/Content/special-research-projects/economic/ EnterpriseZone Analysis. pdf（回顾了各种关于特区的研究）。

[77] 参见 Shikha Dalmia, Rand Paul Won't Be Able to Save Detroit：Economic Freedom Zones Can't Survive the Regulatory State, Reason（Dec. 15, 2013），http：//reason. com/archives/2013/12/15/rand-pauls-non-plan-to-save-detroit。

2.3 对外贸易区

美国对外贸易区最初创建于1934年，入住者免缴联邦关税和消费税。[78] 实际上，对外贸易区是美国海关与边境保护局监管下的安全区域。[79] 然而从法律上讲，出于诸多原因，这些区域处在美国的关税区之外。[80] 这间接使它们成为有力地吸引某些服务和行业的场所。[81]

除了免除联邦关税和消费税，对外贸易区还提供其他好处。如果区域加工商将进口材料加工成运往美国其他地区的货物，从而触发支付关税的义务，加工商可以选择是根据进口材料的价值还是制成品的价值评估关税；这个策略十分有利于会计核算。[82] 企业还发现了另一种有用的方法：进入对外贸易区并最终运往国外的商品在实际离开美国之前，可以视为直接出口，计入联邦消费税并获得退税。[83] 此外，存放于该区域的个人财产免除州和地方从价税。[84]

负责管理对外贸易区的联邦机构：对外贸易区委员会（Foreign-Trade Zone Board），对全美范围内许多不同地方授予了特殊辖区地位。其类型包括：特区，通常覆盖大面积的港口或国际机场；分区，这个类别目前不受欢迎，适用于相对孤立和小规模扩展的现有区域，比如异地工厂；以及备选地点，这是一种在新的精简监管框架下创建的区域，相对较小而且可变，并以更少的文书工

---

[78] 参见 Foreign-Trade Zones Act, amended by 19 U. S. C. §§ 81 (a) – 81 (u) (2012); 15 C. F. R. § 400 (2016)。
[79] Foreign-Trade Zones Bd., Preface to 76th Annual Report of the Foreign-Trade Zones Board to the Congress of the United States (2015), http://enforcement.trade.gov/ftzpage/annualreport/ar-2014.pdf.
[80] 同上。
[81] 有关对外贸易区罕见且有些过时的法学讨论，请参见 John Patrick Smirnow, Comment, From the Hanseatic Cities of the 19th Century Europe to Canned Fish: The Radical Transformation of the Foreign Trade Zones Act of 1934, 10 *Cooley L. Rev.*, 第697页 (1993)。针对这类外贸区尖锐而明显无效的批评，参见 William G. Kanellis, Comment, Reining in the Foreign Trade Zones Board: Making Foreign Trade Zone Decisions Reflect the Legislative Intent of the Foreign Trade Zones Act of 1934, 15 *Nw. J. Int'l L. & Bus.*, 第606页 (1995)。
[82] Kanellis, 见脚注81, 第618页。
[83] 同上, 第610页、第618—619页。
[84] 19 U. S. C. § 81o (e) (2012).

作突显分区类别的优势。[85] 如图3所示,多年来,对外贸易区委员会核准了1 000多个此类特殊辖区。事实上,这些地区都位于美国境内,但都在美国的许多法律范围之外。

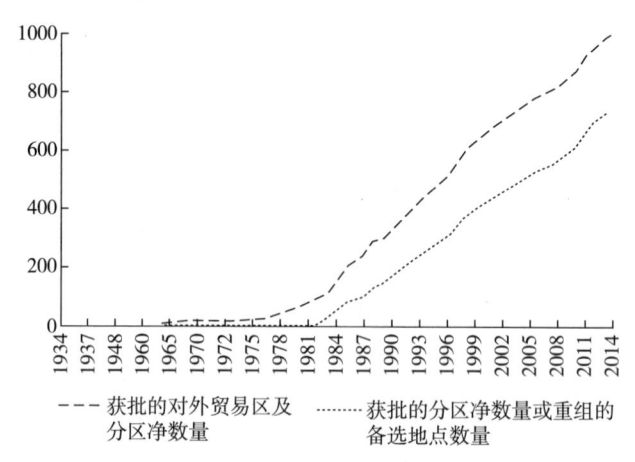

图3 1934—2014年获批的美国对外贸易区、分区或备选地点,不包括终止的地区[86]

图3描述了部分情况,但不是全部。它描摹了那种对创建对外贸易区的纯粹热情。毕竟,对外贸易区委员会不可能自行提出申请。申请来自申请者:就对外贸易区而言,来自公共或私人公司(通常是免税公司)。[87]

被授予经营对外贸易区特权的公司务必提供有益的公共服务。[88] 地区经营者必须支付地区所需的任何海关服务的费用,而不是免费利用现有的政府服务。[89] 地区还应该为任何因公务需要而进驻的联邦、州或市政官员或雇员提供

---

[85] What are the Types of Zone Sites?, Enf't and Compliance, Int'l Trade Admin., http://enforcement.trade.gov/ftzpage/info/zonetypes.html(最后查询时间为2016年9月13日);What is the ASF?, Enf't and Compliance, Int'l Trade a Dmin., http://enforcement.trade.gov/ftzpage/info/asf.html(最后查询时间为2016年9月13日)。

[86] 资料来源包括对外贸易区委员会的命令和报告,由于数量太多,无法在此一一提及,但是作者已经全部存档。注意:临时地区不包括在这项统计中。图中描绘的是获批地区,未必是活跃地区。例如,在2014年公布的258个获批地区中,委员会将179个地区归类为活跃地区。参见图4。

[87] 参见 19 U.S.C. §§ 81a (d)-(g) (2012)。另见 15 C.F.R. § 400.12 (2016)(定义了对外贸易区的合格申请者)。

[88] 19 U.S.C. § 81n (2012).

[89] 同上。

住所和设施。⑩ 联邦政府不建设或管理对外贸易区，也不为其提供公共设施；在这些更普遍的问题上，地区经营者必须自力更生。

因此，获批的对外贸易区数量超过活跃的对外贸易区数量也就不足为奇了。有些区域从未启动。有些区域启动了，但步履蹒跚，终告失败。这说明有某种淘汰效应在起作用，帮助确保只有强大的对外贸易区才能生存下来；同时也表明，对外贸易区委员会并没有使申请对外贸区的成本过高，以至于吓跑无数申请者，只剩下那些有绝对把握成功的人。这即形成了一套相对流畅且适应性强的机制，进而可能推动对外贸易区体系的扩张与发展。

在获批的对外贸易区中，有多少能够运作并保持活跃？1990 年是对外贸易区委员会开始报告活跃对外贸易区数量的最早年份，图 4 显示了 1990 年以来获批地区和活跃地区的相对数量。该图显示，获批地区与活跃地区之间存在持续且巨大的差距。大约三分之一的区域以失败告终。

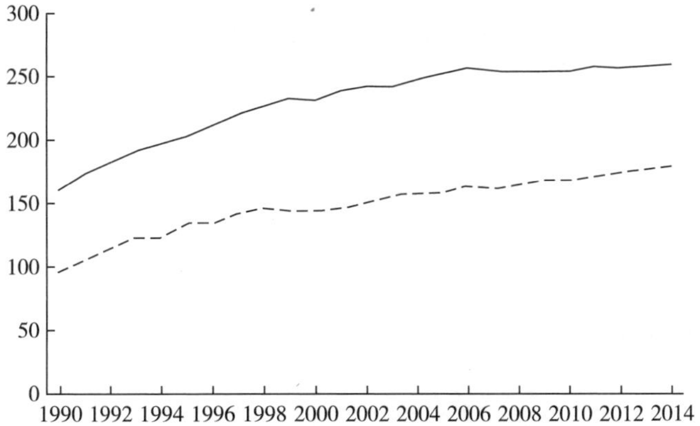

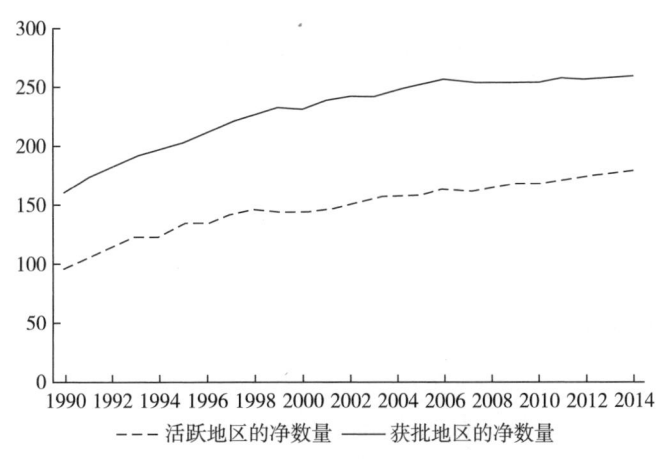

图 4 1990—2014 年美国获批和活跃的对外贸易区，不包括终止的地区(91)

尽管获批地区和活跃地区之间存在差距，但图 4 也揭示，美国已经建立数量惊人的对外贸易区，以及非常多的分区或备选地点。总的说来，这些地区具有重大的经济效应。对外贸易区委员会在 2014 年的报告中指出，约 2 700 家

⑩ 19 U. S. C. § 811 (e) (2012) .

(91) 数据来自 Foreign-Trade Zones Bd. , 56th-76th Annual Reports of The Foreign-Trade Zones Board to the Congress of the United States (1995-2015), http: //enforcement. trade. gov/ftzpage/annual-report. html。

公司在对外贸易区雇用了约 42 万人（前一年为 39 万人）。[92] 人口普查局报告称，2014 年，12.5% 的进口（价值 2 930.218 亿美元的制成品和非制成品）是通过对外贸易区实现的。[93] 同年，从国内外来源进入对外贸易区的货物总价值超过 7 890 亿美元。[94]

美国每个州都有对外贸易区，波多黎各也不例外。[95] 这些对外贸易区出现在洛杉矶或纽约市等传统的入境口岸，甚至出现在远离海岸、仅通过河流或航空与国际贸易相连的地方。[96] 譬如，堪萨斯州塞奇威克县的 161 号对外贸易区，西弗吉尼亚州马丁斯堡的 240 号对外贸易区，以及爱达荷州艾达县和坎宁县的 280 号对外贸易区。[97]

对外贸易区只需要设在美国海关与边境保护局（CBP）的入境口岸；根据最新统计，有 328 个这类口岸散布于美国各地。[98] 如果一个地点距离边境保护局入境口岸 60 英里或 90 分钟车程以内，就有资格获得对外贸易区地位。[99] 实际上，如果申请人能够"确保适当的监督措施到位"，令当地边境保护局港口主管满意，对外贸易区的影响力甚至可以延伸到更远的地方。[100] 从理论上讲，对外贸易区可以遍布美国的大片土地。

---

[92] Foreign-Trade Zones Bd.，见脚注 79，第 1 页。

[93] Bureau of Econ. Analysis, U. S. Dep't of Commerce, U. S. International Trade in Goods and Services 42 exhibit 2a (2014), https://www.census.gov/foreign-trade/Press-Release/2014pr/12/ft900.pdf.

[94] Foreign-Trade Zones Bd.，见脚注 79，第 1 页。

[95] Where are Zones Currently Located?, Enf't And Compliance, Int'l Trade Admin., http://enforcement.trade.gov/ftzpage/info/location.html（最后查询时间为 2016 年 9 月 13 日）。

[96] 参见 U. S. Foreign-Trade Zones, Enf't and Compliance, Int'l Trade Admin., http://enforcement.trade.gov/ftzpage/letters/ftzlist-map.html（最后查询时间为 2016 年 8 月 16 日）。

[97] 同上。

[98] U. S. Customs and Border Protection, Cbp's Role in Strengthening the Economy (2014), http://www.cbp.gov/sites/default/files/documents/401784%20CBPs%20Role%20in%20Strengthening%20the%20Economy.pdf.

[99] 19 U. S. C. § 81b (a) (2012)（批准对外贸易区委员会授予"在美国管辖下的入境口岸内或附近"建立对外贸易区的特权）；15 C. F. R. § 400.11 (b) (2) (i) (2016)（规定如果"地点位于距离入境口岸边界外部界线……60 英里或 90 分钟车程以内"，则一般用途区就是"相邻的"）。

[100] Where Can a Zone Be Located?, Enf't and Compliance, Int'l Trade Admin., http://enforcement.trade.gov/ftzpage/info/adjacency.html（最后查询时间为 2016 年 9 月 13 日）。另见 15 C. F. R. § 400.11 (b) (2) (ii)（授权在美国几乎任何地方创建分区，分区通常由单一的工厂场地组成）。

宪法学者或许想知道，对外贸易区提供的联邦关税和消费税豁免如何可能符合"统一条款"（Uniformity Clause）的明文规定："国会有权规定并征收税金、关税（duty）、捐税（impost）和消费税……但一切关税、捐税和消费税在合众国境内一律统一。"[101] 毕竟从表面看，经过精心设计，每一个对外贸易区都代表着一个特殊的司法辖区，其中的联邦关税和消费税与其他地方不同，这导致它们在美国各地并不统一。

对外贸易区的长期存在显然未受到质疑，这提供了类似于合宪性的证据。某一派理论家可能会辩称，这与"统一条款"宣称的目的相一致："消除一个州对另一个州的所有不当优惠。"[102] 由于每个州都设有对外贸易区，因此它们几乎没有表现出地理偏见。务实的律师可以简单地依据美国诉普塔辛斯基案（United States v. Ptasynski）[103] 为对外贸易区辩护，在该案中，最高法院实际上授予了立法者自由裁量权，让他们按自认为合适的方式划拨关税、捐税和消费税，只要法律是以功能而不是地理术语来表述（甚至就算是经常以地理术语来表述）。[104] 对外贸易区的法律法规根据谁向对外贸易区委员会申请并获得许可来界定免征关税或消费税的地区，而不是根据地理位置来界定，因此依循最高法院目前流行的解释，它们并不违反"统一条款"。

在结束这个话题之前，需要讨论一个术语问题：共同首字母缩略词"FTZ"可能会导致美国特有的对外贸易区与世界范围内更普遍的自由贸易区之间出现混淆。美国对外贸易区委员会将对外贸易区描述为"一般'自由贸易区'概念的美国变体"，暗示美国版本仅对世界标准做了适度改变。然而事实上，美国的对外贸易区和其他国家的自由贸易区有许多重要差异。[105] 由于"对外贸易区的命名和分类缺乏一致性"，关注这些术语问题或能促进对特殊辖区的研究。[106]

---

[101] U. S. CONST. art. I, § 8, cl. 1.
[102] Joseph Story, Commentaries on the Constitution of The United States 706 (Boston, Little, Brown, & Co., 5th ed. 1891).
[103] 462 U. S. 74 (1983).
[104] 同上，第84—86页。
[105] Foreign-Trade Zones Bd., 74th Annual Report of The Foreign-Trade Zones Board to the Congress of the United States (2013), http://enforcement.trade.gov/ftzpage/annualreport/ar-2012.pdf。参见 Foreign-Trade Zones Bd., 见脚注79。
[106] Baissac, *Special Economic Zones in Africa*，见脚注8，第24页。

在大多数情况下，自由贸易区的作用不过是简化入境口岸的跨境贸易。[107]相比之下，美国对外贸易区不仅支持商业，而且支持制造业；不仅面向入境口岸，而且面向远离这些口岸的孤立工厂。[108] 在其他地方，具有这些特征的特殊辖区更有可能被冠以"出口加工区"和"单一出口加工区"的名称。[109] 相对而言，在美国法律中，这些区域将分别被视为"对外贸易区"和"分区"（以前）或"备选地点"（现在）。

不管如何命名，对外贸易区已经在美国遍地开花，为服务业和制造业提供保护，使其免受联邦、州和市法律的全面冲击。对外贸易区需要联邦委员会批准，但由公共或私人公司运营。在所有获批的对外贸易区中，约有三分之一以失败告终；这表明，对外贸易区非但没有享受由纳税人买单的补贴，反而必须依靠努力才能收获自身的成功。对外贸易区经营者甚至要为他们使用的海关服务付费。在所有这些方面，对外贸易区都为接下来提出的美国经济特区提供了合适的模式：某些领域要效仿，某些领域则要有所改变。

3. 美国经济特区

这一节介绍美国经济特区。以下各小节着重讨论美国经济特区的主要特征、选址、行政管理、一些政治经济学问题，以及如何在美国经济特区保护公民自由。美国经济特区代表了一种典型的美国特殊辖区，它是这个诞生于原始经济特区并布满对外贸易区的国家的自然产物。

美国经济特区面临的风险极高。然而，正如上述历史回顾表明的，特殊辖区对各个时代和全世界的国家产生了微妙但惊人的强大影响。[110] 特别是美国的政治文化，一再寻求在单一的政治权力和多中心的政府形式之间取得平衡。这里提出的观点远谈不上激进，甚至都不算非常新颖。相反，它们深受历史悠久的典范和当前广泛使用的案例启发。政治家和评论家早已呼吁，将美国的部分

---

[107] 参见 Farole & Akinci，见脚注 8，第 2 页表 1.1.1。另见 Baissac, *Special Economic Zones in Africa*，见脚注 8，第 24 页。

[108] 关于区域的安排，见脚注 95—100 及其附文。关于区域功能的扩展和批评，参见 Kanellis，见注 81，第 622—627 页。

[109] Farole & Akinci，见脚注 8，第 2 页表 1.1.1；Farole, Overview to *Special Economic Zones in Africa*，见脚注 8，第 4 页。

[110] 参见上文第 2.3 节。

地区划为特别保护区，使它们免受州和联邦法律的剧烈冲击。[111] 事实上，对外贸易区的迅速扩张足以表明，它们已经成为美国的官方政策。

根据上文的概述，并鉴于其灵活的结构允许特殊辖区可以有诸多变化，因此美国经济特区可描述为：

1. 豁免许多联邦和所有州法律法规；
2. 在选定的联邦土地上产生，并通过竞标分配拨款；
3. 增加联邦和州政府的收入；
4. 鼓励在联邦监督下进行创新治理；
5. 直面强大的法律和市场压力，必须尊重居民的权利。

接下来的几节进行相关解释。

3.1 是什么使美国经济特区显得"特别"？

与美国对外贸易区一样，美国经济特区将提供联邦和州法律豁免。每个经济特区的授权许可将限制特定联邦法律在该区域内的效力，减轻各种法规和税收负担，并完全优先于地方州法律的效力。[112] 基本宪法权利当然不会受到影响；联邦立法者无权否定这些权利。出于下文解释的法律和政治原因，最好不要把对外贸易区已经享有的关税豁免扩展到美国经济特区。除此之外，美国经济特区的具体豁免范围仍将取决于政治谈判；在当前情境下，这是好事，因为这有助于确保立法者能够打造美国经济特区，以满足关键选民的需求。[113]

美国经济特区将遵循作为其前身的对外贸易区的做法，由个人自主发起，并且不会对负责监督它们的管理机构施加净成本。[114] 就像对外贸易区必须支付其所需的任何额外海关服务费一样，美国经济特区也必须为它给联邦和州政府带来的负担（如果有的话）付费。譬如，倘若特区仍然受环境保护局监管，

---

[111] 例如参见 Rodney Lockwood, *Belle Isle: Detroit's Game Changer*, 第5—7页（2013）（提议将底特律部分地区的治理私有化）；Senator Rand Paul, Economic Freedom Zones, http：//www. paul. senate. gov/ files/documents/EconomicFreedomZones. pdf（提议建立"经济自由区"，实行低廉的统一联邦税，发放教育券，放宽移民规定，并豁免某些环境和劳工法规）。

[112] 根据最高条款，联邦政府有权优先覆盖州法律对联邦土地的影响。美国宪法第六修正案第2条款。

[113] 关于制定美国经济特区豁免框架如何促进在政治上生存的例子，参见下文第3.4节（主张让美国经济特区承担联邦海关义务）。

[114] 参见 19 U. S. C. § 81n（要求对外贸易区经营者支付法律规定的额外海关服务费）。

97

而其新开办的工厂需要接受检查，那么该特区需为由此给环境保护局带来的额外麻烦买单。同样，这只是效仿了对外贸易区当前的做法。

对外贸易区一般建立在私人或市政土地上，美国经济特区则可建立在联邦政府拥有的通常是空置的土地上。政府租赁或出售这些土地，它们的边界由法律规定，私人团体支付对价，以获得在这些土地上创建和经营美国经济特区的权利。[115] 因此，与对外贸易区不同，美国经济特区将为国库带来急需的收入。

对外贸易区只能间接使政府财政受益。理论上，通过取消关税和消费税，对外贸易区激励了不少政府可以征税的经济活动，比如就业或贸易。相反，美国经济特区将直接使政府财政受益。潜在开发商必须提前并持续支付联邦土地的销售或租赁费用，同时为豁免区内特定税收、法律和法规所需的许可证、特许权和契约付费。正如下文更详细讨论的，这种收入结构可以为美国经济特区项目赢得国家和地区政客的支持。[116]

尽管美国经济特区享受许多联邦法律、法规和税收豁免，但它们可能并不需要和对外贸易区一样免除关税和消费税。为什么？首先，放弃这项特权将使经济特区同时摆脱类似对外贸易区所需的边境保护局官员密切监督的负担。[117] 由于对外贸易区处于美国关税区之外，从法律上讲，它们不能允许人员或商品自由出入，而是必须符合海关监管下的安全区条件。[118] 美国经济特区可以避免海关监管的管理成本，并通过接受美国普遍适用的关税和消费税义务，与邻里社区建立更紧密的联系。如果美国经济特区想设立免税区，且该特区的国际机场符合边境保护局入境口岸的资格，那么它可以像美国其他任何地方一样成立对外贸易区。其次，对美国经济特区征收关税和消费税，可以避免将对外贸易区游说团体刺激成经济特区项目的潜在敌人，毕竟从逻辑上讲，这些团体可能会视另一个类似特区为竞争对手。[119] 最后，虽然这个观点带有学术色彩，但通

---

[115] 下文第 3.2 节。

[116] 下文第 3.4 节。

[117] 参见 Foreign-Trade Zones Bd.，见脚注 79。

[118] 例如参见 Memorandum from Elizabeth G. Durant, Exec. Dir., Trade Programs Office of Field Operations, U. S. Customs Serv., to Foreign-Trade Zone Operators (undated), http://enforcement.trade.gov/ftzpage/security.html（建议特区经营者采取安全措施，确保监督进出特区的人员和商品）（最后查询时间为 2016 年 10 月 2 日）。

[119] 事实上，如上文所述，美国经济特区也许会创设对外贸易区，这或能将对外贸易区的游说团体变成盟友。

过承担关税和消费税义务，美国经济特区将避免因被人视为免除关税义务的区域而违反"统一条款"的明文规定；这种说辞只有通过最高法院当前对宪法做出某种曲解才能排除。[120] 这无法构成旨在让长期投资者放心的法律基础。

除享有的其他豁免，在理想状态下，美国经济特区可以享受联邦所得税的豁免，因为在大多数情况下，联邦所得税给那些被迫计算和支付所得税的人带来了相当大的监管开销。[121] 从表面上看，这应该不会造成法律问题。理论上，"统一条款"妨碍了对外贸易区免除关税和消费税的权益，但它没有提及其他税收（比如对企业和个人所得税）。[122] 诚然，有评论家认为，1916年的布鲁沙伯诉联合太平洋铁路公司案（Brushaber v. Union Pacific Railroad Co.）[123] 将所得税归为宪法上等同于消费税，从而使所得税受到了该条款的约束。[124] 但是基于两个理由，这种说法值得怀疑。第一，仔细阅读布鲁沙伯案就会发现，该案并不认为地理上不统一的所得税是违宪的，因为它承认法院考虑的所得税不是消费税，这使得该问题超出了法院裁决的约束范围。[125] 第二，作为加速受自然灾害冲击地区的经济复苏政策的一部分，联邦政府已经使联邦所得税在地理上不统一[126]，这种

---

[120] 见脚注121—126及其附文（讨论了"统一条款"对对外贸易区的适用）。

[121] 例如参见 Jason J. Fichtner & Jacob M. Feldman, *Mercatus Ctr.*, *The Hidden Costs of Tax Compliance*, 第8页、第10页表2（2013），http: //mercatus. org/sites/default/files/Fichtner_TaxCompliance_v3. pdf（估计《国内税收法案》的会计和合规成本每年为2 150亿~9 870亿美元）。

[122] 回顾一下"统一条款"的相关内容："国会有权制定并征收税金、关税、捐税和消费税……但一切关税、捐税和消费税在合众国境内一律统一。" U. S. CONST. , art. I, § 8, cl. 1. "明示其一即排除其他"的解释原则可以得出一个结论，即美国全国的税收不必统一。

[123] 240 U. S. 1 (1916).

[124] 同上，第18—19页（解读了第16修正案赋予的不按比例分配征收所得税的权力，要求将所得税与关税、捐税和消费税一起纳入统一条款的范围）；Erik M. Jensen, *The Taxing Power: A Reference Guide to The United States Constitution*, 第88页（2005）（承认"宪法语言可能不会强制规定这一结果"，但得出结论认为，"在布鲁沙伯案之后，很难想象"所得税可以不受统一条款的约束）。

[125] Brushaber, 240 U. S. at 24.

[126] 参见 Internal Revenue Serv. , Tax Law Changes Related to National Disaster Relief (2009), https: //www. irs. gov/pub/irs-news/fs-09-08. pdf（总结了2008年《国家救灾法案》的税收影响）；Internal Revenue Serv. , Tax Law Changes Related to Midwestern Disaster Areas (2008), https: //www. irs. gov/uac/tax-law-changes-related-to-midwestern-disaster-areas（2008年的《中心地带灾害税收减免法案》也是如此）。

做法无论从惯例还是从最高法院的判例来看，都明显是合宪的。[127] 因此，美国经济特区可以根据宪法享受联邦所得税豁免。

如果不实施联邦和州的全套法律、法规和税收，美国经济特区会不会陷入无政府状态？不太可能。首先，取得开发和管理一个区域的权利需要资金，所以投资者不会喜欢无政府状态。其次，每个美国经济特区仍将通过某个委员会接受联邦政府的监督，委员会的运作方式与当前对外贸易区委员会的运作方式极其相似。

美国经济特区将基本制定自己的法律和法规，就算不征税，还会产生各种支付治理服务的方式。这些服务可以由特区内部提供，也可以通过与其他私人公司或地方政府签订合约提供。这些治理体系的确切形式将取决于联邦政府的约束、开发者的创造力和市场需求。但大体而言，经过审慎设计，美国经济特区项目将为企业家提供一个司法空间，让它们可以竞争性地提供最有可能吸引居民和投资者进入特区的各种精简的法律和行政服务；当然，这些活动必须在规定的范围内，并接受联邦当局的持续监督。这些区域的自由地带将刺激经济和文化发展，不仅促进技术创新，也推动自治形式的创新。

3.2 美国经济特区的区位

美国经济特区可以建立在联邦土地上。理论上，这包括了美国相当大的一部分地区。联邦政府拥有并管理着大约6.4亿英亩的土地，约占美国国土总面积的28%。[128] 它在西部拥有的土地比东部多；联邦土地所有权的范围，最大达到内华达州的84.9%，最小仅占纽约州和康涅狄格州的0.3%。[129]

并非所有联邦土地都能为美国经济特区提供适宜的环境。没有人愿意看到工厂建在优胜美地国家公园。不过，联邦政府拥有大量闲置的休耕土地。譬如，土地管理局（BLM）已将其土地投入各种生产用途；它管理的2.473亿英亩土地约占美国国土面积的11%，远远超过任何私人团体和其他联邦机构拥

---

[127] 参见 Ellen P. Aprill & Richard Schmalbeck, Post-Disaster Tax Legislation: A Series of Unfortunate Events, 56 *Duke L. J. 51*, 第79—84页（2006）（评论了"有地域针对性的所得税法违反统一条款"的论点，但发现在先例面前，这些论点并无效力）。

[128] Carol Hardy Vincent et al., Cong. Research Serv., R42346, Federal Land Ownership: Overview and Data 3 (2014).

[129] 同上，第4—5页，表1。

有的土地。[130] 国家林业局（NFS）管理的土地同样允许开放某些生产用途，这为美国经济特区开辟了另外1.990亿英亩土地的发展前景。[131] 另外，近年关闭的军事基地也使一些以前用于军事目的的较小区域可供出售或租赁给公众。[132]

现行法律在不同程度上制约着联邦机构出售或租赁公共土地的权力。联邦法律一般限制所有机构销售公共土地；然而对于美国经济特区，如果"处置这类土地有助于实现重要的公共目标，包括但不限于社区扩张和经济发展"，它将允许销售选定的土地。[133] 此外，尽管出售超过2 500英亩的公共土地需要国会批准，但租赁土地没有这种限制。[134]

土地管理局拥有相对广泛的职权，可以通过出售或租赁的方式处置它管辖的土地，而国家林业局则面临更严格的限制。[135] 不过，即使是土地管理局，为了创建美国经济特区，也可能有必要修订法律，因为现行法律对管理这些土地的内政部处置这些土地设置了限制性条件，也限制了这些土地的出售或租赁对象。[136] 出售已关闭的军事设施必须通过各种法律和行政程序。但是就租赁而言，国防部似乎在设定向私人团体提供已关闭设施的条款方面享有相当大的裁量权。[137]

这些观察主要表明，美国经济特区需要对现有法律做出渐进式的修改，但也不是完全没有必要进行法律修订。美国在租赁公共土地和设立不受其全部权力约束的特殊司法辖区方面有着悠久的历史。美国经济特区只不过是结合了这两种做法。

---

[130] Carol Hardy Vincent et al., Cong. Research Serv., R42346, Federal Land Ownership: Overview and Data 3 (2014)，第8页。

[131] 同上，第9页。

[132] 另参见 R. Chuck Mason, Cong. Research Serv., R40476, Base Realignment and Closure (Brac): Transfer and Disposal of Military Property (2013)。

[133] 43 U.S.C. § 1713 (a) (3) (2012)。引用的段落继续指出，"可以超越其他公共目标和价值，包括但不限于娱乐和风景价值。"另见43 C.F.R. § 2710.0-3 (a) (2) (2015)（内政部也采用相同的销售标准）。

[134] 43 U.S.C. § 1713 (c) (2012).

[135] Carol Hardy Vincent et al., Cong. Research Serv., Rl34273, Federal Land Ownership: Acquisition and Disposal Authorities 1 (2015)。

[136] 参见43 U.S.C. § 869 (a) (2012)（授权内政部长根据各种条件处置其职权范围内的公共土地）；43 U.S.C. § 869-1 [内政部长可以……(c) 将（第869条规定的）土地出售给非营利公司或非营利协会……或者 (d) 将这类土地租赁给非营利公司或非营利协会……租期最长为20年，并由部长酌情决定，享有同样期限的续约特权]。

[137] 参见 Mason，见脚注132，第11—12页。

3.3 美国经济特区体系的管理

对外贸易区体系的管理为美国经济特区提供了一个粗略的模式。如何运行对外贸易区体系？依照法规，对外贸易区委员会由商务部长和财政部长组成，商务部长担任主席。[138] 在实际操作中，美国海关与边境保护局局长扮演顾问的角色，委员会则将大部分权力委托给一个候补委员会，后者由"负责执行和遵循规则的助理商务部长以及负责税收、贸易和关税政策的副助理财政部长"组成。[139]

这种对外贸易区模式或许也适用于美国经济特区，只需稍加调整。假设如前所述，美国经济特区不享受联邦关税和消费税豁免[140]，并且建立在土地管理局的土地上[141]，那么与其由美国海关与边境保护局专员提供建议，不如让内政部发挥咨询作用，这样的运作可能会更有成效。仅以对外贸易区体系为模式，再进行相对较小的改动，即可为美国经济特区的管理提供下列架构：美国经济特区委员会由商务部长（担任主席）和财政部长组成，设立一个候补委员会行使广泛的授权，由一名内政部部长的代表出任顾问。

但是，对外贸易区与美国经济特区有很大的不同，这些不同可能会使对外贸易区委员会难以成为美国经济特区的完美管理模式。譬如考虑一下，对外贸易区提供的豁免仅限海关关税、消费税、州或地方从价税[142]，而美国经济特区将提供广泛的法律、法规和税收豁免（尽管按照建议的构想，不包括联邦关税或消费税）。再请考虑除关键现场官员外，对外贸易区禁止任何人居住[143]，而美国经济特区的明确目标是让整个城市住满居民。此外，对外贸易区除了行使经审计的自我监督以取代海关官员的直接监督，几乎不执行授权的治理职能[144]；而美国经济特区将承担或外包大多数政府服务，如卫生和安全法规、警察保护、法院等。

---

[138] 9 U.S.C. § 81a（b）（2016）（定义了"委员会"）。

[139] Who Is on the Foreign-Trade Zones Board？, Enf't And Compliance, Int'l Trade Admin., http：//enforcement.trade.gov/ftzpage/info/board.html（最后查询时间为2016年10月2日）。

[140] 见下文第3.4节。

[141] 见上文第3.2节。

[142] Information Summary, Enf't And Compliance, Int'l Trade Admin., http：//enforcement.trade.gov/ftzpage/info/summary.html（最后查询时间为2016年8月29日）（总结了对外贸易区的好处）。

[143] 19 U.S.C. § 81o（a）（2012）（除了委员会认为有必要常驻的联邦、州或市政官员或代理人，任何人不得居住在该区域内）。

[144] 19 C.F.R. § 146.3（2016）.

由此，相比于对外贸易区，美国经济特区有望享受更广泛的豁免，履行更丰富的职能，容纳更多的人口。与对外贸易区的这些差异，使得美国经济特区颇为类似于洪都拉斯的就业与经济开发区。[145] 那么，就业与经济开发区又是什么呢？

洪都拉斯于 2013 年 6 月通过立法，授权成立就业与经济开发区，赋予它们广泛的自主权，并制定和管理自己的法律、法规和税收。[146] 因此，就业与经济开发区代表了世界上最先进的特殊辖区形式：它不仅提供特殊的经济规则，还提供行政和法律规则。洪都拉斯人正确地认识到，中国香港的成功主要归功于有效地引入了普通法，于是希望在中美洲打造类似的繁华大都市，继而设计了就业与经济开发区，以引进不同于该国其他地区的治理原则。[147] 例如，授权法要求就业与经济开发区法院遵循普通法，这在长期奉行大陆法的国家是一项引人注目的创新。[148] 就业与经济开发区法规还包括一些旨在确保各区域尊重其居民的宪法权利和人权的规定。[149]

在广泛的界限内，每个区域都有自己的治理职能。[150] 就业与经济开发区被授予广泛的治理创新自由，同时接受持续的监督，这为美国经济特区的管理提供了一个合适的模板。那么，洪都拉斯是如何管理就业与经济开发区体系的？

---

[145] Zonas de Empleo y Desarrollo Económico, Republic of Hond., http：//zede.gob.hn/（最后查询时间为 2016 年 10 月 2 日）。

[146] Decree No.33, 222, Ley Orgánica de las Zonas de Empleo y Desarrollo Económico (ZEDE), 第 57 页，2013 年 9 月 6 日，La Gaceta (L. G.) (Hond.) (以下用：ZEDE Law)。有关该法律的非官方翻译，参见 https：//goo.gl/zyU8uj（最后查询时间为 2016 年 10 月 2 日）。

[147] 关于就业与经济开发区的背景，参见 Bell, 见脚注 52, 第 1—4 页；Brian Doherty, The Blank Slate State, Reason (June 2013), http：//reason.com/archives/2013/05/13/the-blank-slate-state; Special Economic Zones: Political Priority, Economic Gamble: Free-trade Zones Are More Popular Than Ever—with Politicians, if not Economists, *The Economist* (Apr.4, 2015), http：//www.economist.com/news/finance-and-economics/21647630-free-trade-zones-are-more-popular-ever-with-politicians-if-not。

[148] ZEDE Law, 见脚注 146, 第 14 条。

[149] 同上，第 9 条（要求在就业与经济开发区享有平等权利和不受歧视）；第 10 条（保障宪法权利和人权）；第 16 条（设立特别法庭以执行人权），第 33 条（要求在就业与经济开发区内享有信仰、宗教、劳动保护和结社自由）；第 35 条（保护劳工权利）；第 41 条（要求对人口贩运、种族灭绝、恐怖主义、儿童色情、儿童剥削和有组织犯罪进行刑事制裁）；第 43 条（保护土著和逃亡奴隶后裔的特殊社区的产权）。

[150] 同上，第 12 条。

洪都拉斯和世界各地的知名人士（多数来自私人部门）组成最佳实践采纳委员会（CAMP），效仿董事会监督学院或慈善机构的方式对就业与经济开发区进行监管。[151] CAMP批准或拒绝相关申请，督导就业与经济开发区的运作，并有权任命或罢免各个开发区的行政负责人及其技术秘书。[152]

每个就业与经济开发区技术秘书在日常基础上管理开发区的各项事务。[153] 授权给开发区并通过其技术秘书行使的权力包括：通过和执行内部立法、警察权力以及其他管理服务。但正如《就业与经济开发区法案》明确指出的，这些区域仍然是洪都拉斯不可分割的一部分，在领土、国防、外交和护照等核心主权问题上受洪都拉斯宪法和国家政府的约束。[154]

就业与经济开发区是洪都拉斯对特殊辖区的大胆尝试，目前尚待检验；政府直到最近才规定了创建就业与经济开发区的申请要求，并开始邀请各方呈递建议。[155] 然而，即便只是计划，洪都拉斯的超级经济特区也有值得美国经济特区借鉴的地方。尤其要注意的是，批准或罢免开发区技术秘书的权力使CAMP只能对开发区进行较少干预，从而将大部分内部事务留给了地方自治。另外还应指出，监督委员会也聘请非政府官员。这些特点可能都适用于美国经济特区的管理。

3.4　美国经济特区的收入流与政治经济

美国经济特区将为联邦政府创造收入，而联邦政府又将与毗邻该特区的各州分享这些收入。美国经济特区项目如何筹集资金？策略是向特区开发商出售或租赁选定的公共土地，同时在契约中豁免该特区的某些法律、法规和税收。与各个美国经济特区相关的土地和契约将在公开拍卖中由出价最高的合格投标

---

[151] 参见 Appointment of Members of Camp, Republic of Hond., http://zede.gob.hn/?p=502（最后查询时间为2016年8月29日）。但请注意，翻译上有一个错误，即英文版本中将Mark Klugman标记为"Mark Wiseman"。
[152] ZEDE Law, 见脚注146, 第11条。
[153] 同上, 第12条。
[154] 同上, 第1条。
[155] Zonas de Empleo y Desarrollo Económico: Admission Requirements, Republic of Hond., http://zede.gob.hn/?page_id=16（最后查询时间为2016年8月29日）。

人获得。除了一大笔预付款,特区经营者还将以租赁或特许权的形式定期付款。[156] 这种财政结构将激励国家和地方层面当前和未来的政治主体支持美国经济特区的启动与成功。

为什么要在联邦政府和州政府之间分享美国经济特区的收入?首先,这是为了公平起见。经济特区要成功运作,两级政府就必须承担一定的成本:联邦政府需要放弃其产权,并将一些特权让与这些特区;而州和地方政府则需要处理人员和货物来往于相邻区域的过境问题。

其次,通过分享美国经济特区的收入,联邦政府可以缓解长期存在的关于各州争夺联邦土地所有权的冲突。[157] 尤其是在西部各州,这类冲突已经引起极大的激愤,甚至爆发了暴力事件。[158] 就像任何可行的政治妥协一样,美国经济特区项目将要求各方做出牺牲:各州不会获得它们渴望的土地所有权,但联邦政府最终将开放其持有的部分土地,投入有利于当地和区域经济的用途。

联邦政府分享美国经济特区收入的第三个理由纯粹出于政治关切。公共选择理论告诫人们,需要争取联邦和州政府的支持,否则它们中的任何一方都可能动用巨大权力阻碍美国经济特区的发展。显而易见,如果各州能在经济上受益,它们更可能支持经济特区。因此,这里描述的收入分享计划既满足了公平原则,又重视和谐的联邦 - 州关系,同时考虑了政治权宜的务实建议。

请注意,美国经济特区开发者相对较大的预付款项可能对该项目的成功至关重要。政客往往只看重短期利益,不会把目光放得离下一次选举太远。当然,许多极有权势的政治代理人会理性地期望更长的任期,但如果美国经济特区能够迅速产生大量收入,它们将更有可能赢得政治支持。此外,这些收入还有点"天上掉馅饼"的感觉,可以说是清算了此前一直禁止流通的资产(休

---

[156] 联邦政府在类似交易方面已有经验。例如参见 Leasing, Bureau of Ocean Energy, Dep't of The Interior, http://www.boem.gov/Leasing/(最后查询时间为 2016 年 8 月 29 日)。

[157] 关于这一争议的背景,以及即便学者也不同意谁的论点更好的论述,请对比阅读两篇文章:Robert B. Keiter & John C. Ruple, A Legal Analysis of the Transfer of Public Lands Movement 1 – 2 (Wallace Stegner Center for Land, Resources and the Environment, White Paper No. 2014 – 2, Oct. 27, 2014); Donald J. Kochan, Public Lands and the Federal Government's Compact-Based "Duty to Dispose": A Case Study of Utah's H. B. 148-The Transfer of Public Lands Act, 2013 *Byu L. Rev.* 第 1133 页 (2014)。

[158] 例如参见 John Rosam & Conrad Wilson, FBI: Standoff Continues, Release Video of Finicum Death, Opb. Org (Jan. 28, 2016), http://www.opb.org/news/series/burns-oregon-standoff-bundy-militia-news-updates/fbi-standoff-continues-release-video-of-finicum-death/。

耕的联邦土地），甚至不被视为可能受市场估值影响的资产（豁免某些法律、法规和税收）的价值。

在增加收入方面，美国经济特区不太像美国的对外贸易区，而更像洪都拉斯的就业与经济开发区。无论有什么其他好处，对外贸易区都不会以任何有意义的方式直接为国库做出贡献。对外贸易区的申请费用仅数千美元[159]，而且它们显然并不为其享受的特权持续付费。也许正因如此，对外贸易区委员会无法自筹资金。相比之下，洪都拉斯的就业与经济开发区将通过明确的设计向国库贡献资金；各开发区需要向中央政府缴纳该区域所有税收的12%。[160] 根据法律，各个区域必须将这些收入平均分配给五个信托机构，每个信托机构分别为五个支持机构之一而设：司法部门、省级政府、行政部门、市政当局和武装部队。[161]

就自行支付而言，美国经济特区的灵感并非来自美国对外贸易区，而是来自洪都拉斯的就业与经济开发区。然而，即使洪都拉斯的做法也可能激起法律争论，且需要微观管理。例如，开发区技术秘书也许会就港口费是否属于税收或服务费的问题与中央政府产生分歧，从而导致该区域的管理受到政府质询。

这里提出的美国经济特区体系，因为只要求特区开发商和管理者为联邦土地和特许权支付商定的价格，所以不会给各方制造类似的争议理由。除了鼓励团结，这种不干涉的做法还将为创新留下充足的空间，以解决为公共产品筹资的老问题。也许美国经济特区会发现，税收其实并不像死亡那样不可避免。

3.4 美国经济特区对公民自由的保护

与对外贸易区不同，美国经济特区将接纳居民，进而形成尊重公民自由的义务。联邦当局如何归类美国经济特区的居民并不重要；无论是自然出生的公民、永久居民还是无证移民，美国境内的所有人都享有宪法对其基本权利的保护。[162] 丰富的经验（无论好坏）均已证明州和联邦政府始终切实履行这一使

---

[159] FAQ: Is There a Fee to Apply?, Enf't And Compliance, Int'l Trade Admin., http://enforcement.trade.gov/ftzpage/info/fees.html （最后查询时间为2016年8月29日）。

[160] ZEDE Law, 见脚注146，第44条。

[161] 同上。

[162] Plyler v. Doe, 457 U.S. 202, 210 (1982) （外国人，甚至是非法居留美国的外国人，长期以来都被承认受到第五修正案和第十四修正案正当法律程序保障的"人"）；Yick Wo v. Hopkins, 118 U.S. 356, 369 (1886) （宪法第十四条修正案并不仅限于保护公民……其条款普遍适用于领土管辖范围内的所有人……）。

命。然而，历史提供的关于私人治理服务表现的证据并不充分。那么，美国经济特区会尊重公民自由吗？

本小节分两个步骤阐述这个问题。第一步主要分析国家行为和弃权原则在美国经济特区的应用，并得出结论：经济特区可以豁免许多（如果不是全部）宪法权利。这听起来也许令人担忧（的确应当如此），但它并不意味着美国经济特区较之传统政体有明显的劣势。本小节的第二步解释即便缺失政府豁免权并面临来自争夺服务的竞争压力，美国经济特区仍然可以确保尊重其居民的公民自由。

3.4.1 国家行为和弃权原则如何影响美国经济特区的公民自由

尽管私人治理的美国经济特区可能提供与传统政治社区相同的诸多服务，但这并不表示特区将面临与传统政治社区相同的禁止侵犯其居民的基本公民自由的法律约束。这个问题不会也不可能由法规引发；联邦立法者没有否定宪法权利的合法权力。实质上，出现这个问题是因为私人社区通常不参与受宪法限制的国家行为，而即使参与，在许多情况下，它们也可以豁免于这些限制。

第十四修正案使《权利法案》（大部分）适用于各州，并通过各州适用于市政当局，因为这些主体与联邦政府一样也采取国家行为。[163] 不过，根据现行法律，虽然（譬如）业主协会和其他私人社区可以提供很多治理服务，但一般不具备国家行为主体（state actor）的资格。[164] 仅这一点就表明，美国经济特区可能会对公民自由构成独特的威胁。

简单地将经济特区视为国家行为人，比如在美国经济特区授权法规中设定这一规定，并不能消除对公民自由的威胁。为什么？因为弃权原则在私人社区备受重视。

凡正当享有宪法权利的人，譬如被警方拘留的犯罪嫌疑人，通常也有权放

---

[163] U. S. CONST. amend. XIV, § 1.

[164] 参见 Fearing v. City of Lake St. Croix Beach, No. Civ. 04 – 5127, 2006 WL 695548, at 8 (D. Minn. Mar. 4, 2006), aff'd on other grounds, 253 F. App'x 621 (8th Cir. 2007); Barr v. Camelot Forest Conservation Ass'n., Inc., 153 F. App'x 860, 862 (3d Cir. 2005); Comm. for a Better Twin Rivers v. Twin Rivers Homeowners' Ass'n, 929 A. 2d 1060, 1063 (N. J. 2007)（撤销了将业主协会视为国家行为主体的决定）; Aaron R. Gott, Note, Ticky Tacky Little Governments? A More Faithful Approach to Community Associations Under the State Action Doctrine, 40 Fla. St. U. L. Rev. 201, 203（2012）（社区协会作为私人行为主体不受约束市政府、州政府和联邦政府的宪法限制，因而可能会侵犯"宪法权利"，只有少数例外）。

弃这些权利。⑯ 政治社区允许公众基本不受限制地进出街道和政府拥有的其他区域，因此无法可信地让其居民和来客放弃其权利。相比之下，私人社区可以更有选择地接纳公众成员。这使得它们可以要求进入其土地的人放弃宪法权利；比如业主协会，它通过规范在主体房产（subject property）上张贴的标志来限制第一修正案的权利。⑯

法院支持私人社区放弃宪法权利的意愿因司法辖区和具体情况而异。⑯ 然而，大多数解决这一问题的案例都认为，私人社区不是国家主体，不能违反第一修正案。⑯ 此外，雪莱诉克雷默案（Shelley v. Kraemer）的原则⑯规定，对私人契约的司法强制执行可视为国家行为⑰，而这个原则显然没有超越针对种族歧视的限制性条款。⑰ 根据这一推理，如果业主协会诉诸法院命令，禁止在其私人道路上举行不受欢迎的游行，并不违反第一修正案。

对私人契约神圣性的普遍尊重是有限度的。如果说私人社区在范围和准入方面与传统政治社区过于相似，那么著名的马什诉亚拉巴马州案（Marsh v. Alabama）⑰ 则表明，在宪法权利方面，私人社区也可能被视为传统的政治社区。⑰ 在马什案中，法院撤销了对一名女子非法侵入罪的定罪，该女子无视

---

⑯ 参见 D. H. Overmyer Co. v. Frick Co., 405 U. S. 174, 185（1972）（正当程序通知权）；Illinois v. Allen, 397 U. S. 337, 342 – 43（1970）（出庭受审权）；Miranda v. Arizona, 384 U. S. 436, 444（1966）（获得律师和反对强制自证其罪的权利）；Fay v. Noia, 372 U. S. 391, 439（1963）overruled in part by Wainright v. Sykes, 433 U. S. 72（1977）（人身保护令）；Rogers v. United States, 340 U. S. 367, 371（1951）（反对强制自证其罪的权利）。

⑯ 参见 Comm. for a Better Twin Rivers, 929 A. 2d at 1073（维持在私人社区张贴标语的限制）。值得注意的是，新泽西州最高法院维持这些限制，尽管某种程度上它特别愿意审查这类情形下的私人行为，并表示"我们没有遵循其他司法辖区的做法，要求在援引我国宪法规定的言论和集会自由条款之前需采取一定的国家行为"。同上，第364—365页。

⑯ 参见 Robin Miller, Restrictive Covenants or Homeowners' Association Regulations Restricting or Prohibiting Flags, Signage, or the Like on Homeowner's Property as Restraint on Free Speech, 51 A. L. R. 6th 533, 533（2010）。

⑯ 例如参见 Barr, 153 F. App'x at 862（认为禁止在开发中的物业上张贴"待售"标志并不违反第一修正案或第十四修正案）；Fearing, 2006 WL 695548, at 8, aff'd on other grounds, 253 F. App'x 621（8th Cir. 2007）（发现业主协会拆除标志时没有遵守州法律）。

⑯ 334 U. S. 1（1948）。

⑰ 同上，第21页。

⑰ Loren v. Sasser, 309 F. 3d 1296, 1303（11th Cir. 2002）。

⑰ 326 U. S. 501（1946）。

⑰ 同上，第508页（限制公司所在城镇在其土地限制言论的权力）。

海湾造船公司在其公司所在小镇（亚拉巴马州莫比尔一个被称为奇克索的郊区）张贴的告示，散发宗教小册子。正如法院的描述，奇克索看起来和其他城镇没什么两样。

> 该城镇包括住宅楼、街道、下水道系统、污水处理厂和设有商业场所的"商业街区"。莫比尔县治安官的副手由该公司支付报酬，担任该镇的警察。商业和服务机构租用了商业街区的商店和营业场所，美国将其中一个场所用作邮局。[174]

不过，奇克索政府的规模和职能并非促使法院将奇克索视为一个政治社区的唯一原因；法院特别指出，没有任何东西明确标明这是一座私人城市。

> 没有标志阻止高速公路车辆进入该商业街区；车辆到达后，旅客可以免费使用当地提供的设施。简而言之，这个城镇及其购物区一般可供公众自由使用，除物业所有权属于私人公司这一事实，它们与其他城镇和购物中心并无太大的区别。[175]

总的来说，法院认为，"业主越是为了自己的利益开放其财产供公众使用，他的权利就越是受到使用者法定和宪法权利的限制"。[176]

因此，从整体上看，现有的判例法表明，私人经营的美国经济特区可豁免于其居民或来客的可依法执行的宪法权利。特区经营者可以通过清晰标示其领土与邻近地区之间的边界，从而避免马什案中的公司小镇奇克索所犯的错误。只有明确告知访客，他们已经进入一个适用不同规则的区域，经济特区才能合理实施这些规则。[177] 在这种情况下，进入并停留在该区域将表明访客默示同意其规则。更理想的是，经济特区可以取得受邀者对其规则的明确同意，就像游乐园游客购买附有条款的门票，或收费公路用户注册电子账单

---

[174] 同上，第502—503页。
[175] 同上，第503页。
[176] 同上，第506页。
[177] 居民、业主、租约持有人等不会构成同样的挑战，因为特区可以通过明确的书面协议赢得他们对其规则的同意。

一样。[178] 这种方法对于20世纪40年代的奇克索也许并不可行，但自那以后，技术进步可以有效地控制大量人口进出大型有条件实施限制的区域。[179]

因此，美国经济特区作为一种由私人团体开发和管理的社区，可能不仅具有法律权力，还具有要求访客和居民放弃某些宪法权利的实际能力。放弃哪些权利？显然不是全部。[180] 毕竟，第十三修正案明确禁止劳役（刑事处罚除外）。[181] 如下文所述，假设美国经济特区没有被赋予监禁的权力，这将使这些特区在反对强迫劳役方面领先于联邦和州政府。[182]

至于第七修正案中有关"残忍和不寻常惩罚"的禁止条款是否也可视为不可放弃，这是值得探讨的。无辜者可能会对囚犯选择接受官方鞭笞或肢体毁损以替代长期监禁感到震惊，但在客观的刑事司法系统观察者眼里，这种情况并非难以想象，他们甚至不认为这类选项必然更不宽容。从任何人道的角度来讲，监狱已经称得上是酷刑；很少有悔罪者能不留下某种创伤：无论是身体上的、心理上的，还是两者兼而有之。正如那些对监狱进行最深入研究的人证明的，"正是放弃权利才使得刑事司法系统发挥作用"。[183] 这些弃权究竟应该到达什么程度，需要法院在考虑了当时所有相关因素之后再做裁定。

美国经济特区有可能就放弃某些宪法权利达成具有法律效力的协议，但这并不意味着它们对公民自由的威胁大于传统政治社区。首先，请注意，法律强制执行的协议，比如私人社区的地役权、租约或许可证中体现的协议，本身就有资格捍卫重要的公民自由，包括财产、合同、隐私和结社的自由。其次，请

---

[178] 关于默示同意和明示同意在证明社会制度正当性方面的相对优点，参见 Tom W. Bell, Graduated Consent in Contract and Tort Law: Toward a Theory of Justification, 61 *Case W. L. Rev.*, 第17页、第34—39页、第58—63页（2010）。

[179] 例如参见 Dignia Sys., Ltd., Index, http://www.dignia.com/（描述了大规模、技术复杂的边境、出入和人群控制系统）（最后查询时间为2016年3月1日）；Thales Transp. Sys., Contactless Fare Collection in an Interoperable, Multi-Operator Age 5 (2006), https://www.thalesgroup.com/sites/default/files/asset/document/lb_fare_collection_va_web.pdf（最后查询时间为2016年8月28日）（宣传自动化票价控制服务）。

[180] 这个问题不能由《独立宣言》中提到的"不可剥夺"的权利来解决。这个词不等同于"不可放弃"；事实上，美国的存在依赖于爱国者，他们愿意在军队服役，哪怕牺牲自己的生命权、自由权和追求幸福的权利。

[181] 美国宪法第十三修正案第1条。

[182] 参见下文第3.5.2节。

[183] Michael E. Tigar, Foreword, Waiver of Constitutional Rights: Disquiet in the Citadel, 84 *Harv. L. Rev.* 1, 8 (1970).

注意，尽管传统政治社区有书面承诺，但在尊重基本宪法权利方面，它们的表现明显好坏参半。[184]

自由的人民当然有权自行决定是相信慷慨但不诚实的政治承诺，还是相信不太慷慨但诚实的私人承诺。如果公民消费者选择私人的美国经济特区而不是竞争的政治政府，我们凭什么质疑他们？正如本小节的下一步分析所述，由于美国经济特区缺乏政府豁免权，同时存在其他司法辖区的竞争，经济特区将有强烈的激励对居民的公民自由表现出极大的尊重。因此，就保护个人权利而言，美国经济特区可以与最优秀的国家一争高低。

3.4.2 责任和竞争如何保护美国经济特区的公民自由

前一小节阐明，私人社区通常可以规避参与国家行为带来的负担，而且它们有可能豁免仍然适用于美国经济特区政府的宪法权利。这引起了人们对美国经济特区或将威胁公民自由的担忧。事实上，如果这是全部情况，也许真会构成这种威胁。然而，正如本小节讨论的，其他法律和经济力量同样可能迫使美国经济特区尊重个人权利。为什么？第一，和其他私人社区一样但与政治社区不同的是，美国经济特区并不要求享有政府豁免特权。第二，来自其他政治和私人社区的竞争将迫使美国经济特区回应公民消费者的诉求，从而最大限度地尊重他们的权利。

任何人如果认为私人社区不参与现行法律规定的国家行为有失公平，都应该考虑一下私人社区必须放弃美国各级政治社区要求的一项主要特权：政府豁免权。尽管历史、法律和伦理基础并不牢固，但这一原则使政治实体及其代理人完全或部分免除了承担民事过错的责任。[185] 由于享有政府豁免权，一个州及其官员可以侵犯个人的宪法权利，而不必为由此造成的损害承担赔偿义务。[186]

---

[184] 例如参见 Korematsu v. United States, 323 U. S. 214, 217 – 19（1944）（认为二战期间强制拘禁日裔美国人合宪）。

[185] 例如参见 Edwin M. Borchard, Government Liability in Tort, 34 *Yale L. J.* 1, 1 – 3（1924）; Erwin Chemerinsky, Against Sovereign Immunity, 53 *Stanl. Rev.* 1201, 1201 – 03（2001）; Donald Doernberg, Taking Supremacy Seriously: The Contrariety of Official Immunities, 80 *Fordham L. Rev.* 443, 443（2011）; George W. Pugh, Historical Approach to the Doctrine of Sovereign Immunity, 13 *La. L. Rev.* 476, 476（1953）; Rodolphe J. A. de Seife, The King Is Dead, Long Live the King! The Court-Created American Concept of Immunity: The Negation of Equality and Accountability Under Law, 24 *Hofstra L. Rev.* 981, 1032 – 40（1996）。

[186] 例如参见 Engblom v. Carey, 677 F. 2d 957, 957（2d Cir. 1982）（发现国家或个人对侵犯第三修正案权利并不负有责任）。

私人社区及其代理人没有类似的特权。相反，他们要为所有侵犯他人人身或财产的法律错误承担全部民事责任。[187] 这种责任的设计势必强化美国经济特区及其代理人尊重个人权利的激励。

美国经济特区还将面临对任何政府权力的终极检验：来自其他治理形式的竞争。平地建立一个新区，首先必须诱导其居民远离传统的政治社区。另外，各特区需要相互较量，以吸引各种能让经济活跃起来的工人、创造者和管理者。

我们不必猜测司法竞争会如何影响美国经济特区对待其公民消费者的方式；对历史和理论的深入研究表明，当管理部门无法获取其治下民众的拥护时，它们必须提供下列特征才能维系其可行性：

1. 重视赢得区域管辖范围内各方的同意；
2. 保障个人权利；
3. 由真正独立的机构解决争端；
4. 退出自由。[188]

特区究竟应如何具有良好政府的各种特性，是一个创业和创新的问题。不过，像其他私人管理的社区一样，美国经济特区似乎可以依靠契约、租约和许可证来确保获得其管辖范围内所有各方的明示同意。毫无疑问，这些特区将承诺尊重一长串的权利；毕竟在这点上，它们必须与美国宪法的《权利法案》竞争。然而，明智的美国经济特区不会仅仅交出一份清单，它们还会保障居民是"最自由的人"，从而承诺至少像任何竞争的司法辖区一样尊重个人自由。此外如上所述，和其他私人社区一样，美国经济特区将对蒙受冤假错案的居民或其他人承担全部民事责任，这对侵犯个人权利具有强大的威慑作用。

至于由真正独立的机构解决争端，美国经济特区当然可以遵循传统的政治制度，设立自己的法官和法院。但是，这或能为居民之间的纠纷提供客观的解决方案，却无法裁决针对特区本身的案件。任何当事人都不能审自己的案件。[189] 对此，美国经济特区不妨采纳类似于解决国际贸易争端和其他涉及当事

---

[187] 参见 Tom W. Bell, Unconstitutional Quartering, Governmental Immunity, and Van Halen's Brown M&M Test, 82 *Tenn. L. Rev.*，第 497 页、第 510—514 页（2015）（将私人社区的责任与政治社区的责任进行比较，并得出结论："与私人社区相比，政府即使做得不好也可以不担责"）。

[188] Tom W. Bell, Principles of Contracts for Governing Services, 21 *Griffith L. Rev.* 472, 475（2012）.

[189] 同上，第 486—487 页。

人寻求独立仲裁机构情境下使用的方法,从而超越传统的民族国家;具体做法是,双方各选出一名仲裁员,这两名仲裁员再挑选第三名仲裁员。[190]

最后是退出自由。立法者可以明确否认美国经济特区的监禁权,从而提供最好的解决办法。特区必须运用更巧妙、更温和的手段,比如预防、民事责任和流放等,来应对罪犯。这并不是说,经济特区只能被动应对不法行为;而只是说,作为私人行为主体,美国经济特区将受制于其他私人行为主体为保护人身和财产而采取的正当应对措施。[191]

4. 结论

在过去的几个世纪里,民族国家主导了政治环境。但政治环境已经不似从前那么简单,也不再一成不变。近几十年来,长期被边缘化的特殊辖区不断增多、模式日益多样化,而且影响力越来越大。世界各地的经济特区和美国的对外贸易区正是这个趋势的例证。本文描述的美国经济特区代表了特殊辖区的进一步演变。

本文首先概述经济特区,接着简要介绍特殊辖区的历史,不仅揭示它们与民族国家之间长期且复杂的关系,同时揭示它们在美国发展进程中扮演的角色。从孕育美国的原始经济特区,到今天遍布其领土的对外贸易区,再到其国名包容的多元性,美国与特殊辖区之间的联结漫长、复杂、丰富而有趣。

本文最后提出了一个具有美国特色的新一代特殊辖区:美国经济特区。它们将出现在联邦的休耕土地上,不受所有州和许多联邦法律、法规和税收的约束。大体而言,美国经济特区是自治和私人经营的,它允许政府创新、吸引投资并创造就业机会。该项目还将通过拍卖区域土地和特许权为国库筹集资金。联邦政府拟与各州分享这些收入,一方面是出于公平的考虑,因为特区会给相邻各州的基础设施和服务带来成本;另一方面则出于政治考虑,因为分享收入

---

[190] 参见 UNCITRAL Model Law on International Commercial Conciliation art. 11 (3) (a), U. N. Doc. A/40/17 (1985), http://www.uncitral.org/pdf/english/texts/arbitration/ml-arb/07 - 86998.pdf。另见 Am. Arbitration Ass'n, Commerciala Rbitration Rules and Mediation Procedures R-12 (b), R-13 (2013), http://www.limaarbitration.net/pdf/arbitraje-comercial/Reglamento-Arbitraje/aaa-ingles.pdf (制定了类似的程序)。

[191] 例如参见 Restatement (Second) of Torts § 65 (Am. Law Inst. 1963) (规定了自我防卫特权的限制);同上,第 76 条 (规定了关于代他人辩护特权的限制)。另参见 John P. Gilroy, *The Law of Arrest for Merchants And Private Security Personnel* (2014)。

有助美国经济特区赢得全国和地方的支持。美国经济特区的另一个有益副效应是：通过把被忽视的公共土地用于生产，能有效缓解联邦政府和各州之间长期存在的冲突。

与对外贸易区不同，但与世界其他地方的特区一样，美国经济特区会有居民进驻。与政治意义上的政府不同，但与其他私人社区一样，美国经济特区将对所有民事错误承担全部责任。如果由真正独立的法院执行，这种权力制衡可以为特区注入尊重居民权利的强大激励。此外，每一个美国经济特区都将面临来自传统政治社区和其他区域的竞争，从而使公民消费者的公平待遇成为首要关切。出于各种相关原因，美国经济特区将至少会像联邦政府和州政府一样保护居民的公民自由。

理论家声称，生物演化并非以稳定的速度进行，而是形成一系列断断续续的平衡，仿佛山涧溪流从一个水潭经由瀑布流入另一个水潭。[192] 将更大的历史图景与最近的趋势结合起来看，民族国家同样面对着汹涌的波涛。美国经济特区提供了一条穿越激流的途径，引导特殊司法辖区的潜能为更大的利益服务。

（颜超凡 译）

---

[192] 另参见 Stephen Jay Gould, *Punctuated Equilibrium* (2007)。

法和经济学

Law and Economics

银行同业约束

凯瑟琳·贾奇

引言

美国和其他国家都在从根本上反思如何更好地监管银行。2007—2008年的金融危机引发了全球重构21世纪的金融监管体系。迄今为止的大多数改变都是为了直接应对危机暴露的弱点。然而，金融监管体系的设计能否成功应对挑战，取决于政策制定者能否不仅仅关注引发危机的直接原因，而且思考近几十年来金融体系的演变，以及这些变化的重要意义。本文揭示了上述发展轨迹，并为政策制定者建立更稳定的金融体系提供经验和教训。

---

* Kathryn Judge，哥伦比亚大学法学院法学 Harvey J. Goldschmid 讲席教授，《金融监管杂志》编辑，欧洲公司治理研究所研究员，布鲁金斯学会和芝加哥布斯商学院联合组织的金融稳定工作组成员，主要研究领域为金融市场、金融监管和监管架构。作者感谢 Lawrence Baxter、Peter Conti-Brow、Erik Gerding、Jeff Gordon、Robert Jackson、Avery Katz、Brett McDonnell、Robert Scott、Charles Whitehead，以及如下会议的参与者对本文初稿的有益评价：哥伦比亚大学法学院教师研讨会（Faculty Workshop）、弗吉尼亚大学法和经济学学术研讨会（Law and Economics Colloquium）、科罗拉多大学初级商法会议（Junior Business Law Conference）、康奈尔法学院金融监管会议、加州大学洛杉矶分校初级商法教师论坛（Junior Business Law Faculty Forum）。Jennifer Gaudette、Dylan Hansen、邱丽娜（Lena Qiu）和 Lenyy Traps 提供了非常出色的研究协助。原文刊载于 *UCLA Law Review*，2013，vol 60，第 1262—1322 页。

过去 30 年，金融体系最重要的变化之一是银行和银行业务的转型。[1] 传统上，与银行互动的主要群体是消费者与企业。银行吸收存款并发放贷款，促进期限转换并发挥信用中介作用。目前，银行依然从事这些活动，而且它们仍然是许多社区银行的主要活动。但是，新型银行出现并主导了金融蓝图：复杂的大规模金融机构（即"综合性银行"）。[2] 除了吸收存款和发放贷款，综合性银行还广泛参与其他活动，包括使用信用违约掉期和其他衍生品来重新配置风险，为证券和其他金融工具创设市场，以及从事其他交易活动。[3] 这些活动大大增加了银行同业风险敞口。与此同时，利用证券化等金融创新，银行能够将其贷款在二级市场销售，而非持有至到期，综合性银行因而减少了对消费者和企业的直接信用风险敞口。因此，当今综合性银行的信用风险主要来源于其他银行。[4]

银行业务的这种转型已经显而易见。[5] 政策制定者和其他机构都适应了这一发展，并认识到银行之间联系加强产生的连锁反应可能会加大金融体系的脆弱性。[6] 它们也开始做出回应。[7] 例如，A 银行的监管机构试图确保 A 银行拥有风险管

---

[1] 银行一词有多种解释，有些人认为它包括"任何金融中介机构……无论是否……受银行监管机构的监管"。Richard A. Posner, *The Crisis of Capitalist Democracy*, 第 9 页（2010）。本文采用一种中间方法。它仅将该术语用于受银行或银行控股公司监管的公司，但也包括在危机前不被视为传统银行的金融机构。

[2] 分析的重点是那些在银行业占据主导地位的最大、最复杂的机构，见下文第 1.2 节，但大部分分析延伸到更广泛的银行机构。

[3] 见下文第 1.2 节。

[4] 见下文第 2.2 节。

[5] 见下文第 1.1 节。

[6] 例如，Daniel K. Tarullo, Member, Bd. of Governors of the Fed. Reserve Sys., Remarks at the Brookings Institution Conference on Structuring the Financial Industry to Enhance Economic Growth and Stability, Industry Structure and Systemic Risk Regulation 2（Dec. 4, 2012），可从以下网址获得：http://www.federalreserve.gov/newsevents/speech/tarullo20121204a.htm（指出"大型金融机构之间的交易几乎是持续不断的，并经常维持承载着大量未来义务的合同关系"，这意味着"与其他行业的公司相比，大多数金融机构的日常运营在更大程度上取决于其竞争对手的状况"）。

[7] 例如，Office of the Comptroller of the Currency, Fed. Deposit Ins. Corp., Bd. of Governors of the Fed. Reserve Sys. & Office of Thrift Supervision, Interagency Supervisory Guidance on Counterparty Credit Risk Management 2（2011）（下文用：Interagency Guidance）（在管理"交易对手可能违约或信誉恶化的风险"方面，提出"健全的做法和监管预期"；包括监测和汇总个别交易对手的风险敞口，定期评估交易对手的信用度，并根据这些评估调整与交易对手相关的（转下页）

理系统，使之能够监管 B 银行的信用风险，并根据 B 银行风险状况的变化调整其信用风险敞口。这种监管的目的是减少因 B 银行陷入困境给 A 银行造成损失的风险。然而，关于 A 银行监测 B 银行与 B 银行自律对 B 银行的影响，则较少得到研究。这就是本文要讨论的重点。本文建立在如下简单的观点之上：如果 A 银行惩罚 B 银行的某些特定行为，那么 A 银行对 B 银行施加的惩罚将改变 B 银行的激励，进而改变它的业务活动。

研究重点的这一转向提供了看待银行同业业务的两种重要观点。首先，本文的研究显示，如今银行受到的市场约束（market discpiline）比人们普遍认为的要严格得多。政策制定者和学者长期支持利用市场来约束银行。⑧ 然而，市场约束的倡导者在讨论这一主题的时候，往往关注某类可识别的利益相关者，如存款人或次级债券持有人，然后研究他们监管或约束银行的激励。⑨ 有些评论者认为银行之间可能非常适合相互约束，但他们往往认为，为了使银行有足够的激励相互监督和约束，对银行的监管就必须做出某些调整。⑩ 本文挑战了这一假设。银行之间的关系通常错综复杂。当银行逐渐（而且必定很快）将不同关系产生的信用风险敞口汇集在一起时，银行相互之间形成了巨大的经济敞口。⑪ 顶级金融机构往往是大型综合性银行，比如花旗、摩根士丹利、高

（接上页）限额）；Lending Limits，77 Fed. Reg. 37，265（2012 年 6 月 21 日提议）（编入 12 C. F. R. pts. 32，159 &160）（下文用：Lending Limits）（建议扩大信用风险敞口的定义，并对 OCC 管辖下的银行对另一实体的最大信用风险敞口施加更严格的限制）；Enhanced Prudential Standards and Early Remediation Requirements for Covered Companies，79 Fed. Reg. 594，600（2012 年 1 月 5 日提议）（编入 12 C. F. R. pt. 252）（下文用：Enhanced Prudential Standards）（使类似建议适用于美联储管辖下的银行，并提出旨在改善银行风险管理实践的其他规则）。

⑧ 见下文第 1.2 节。
⑨ 同上。
⑩ 也可参见 Mark J. Roe，The Derivatives Market's Payment Priorities as Financial Crisis Accelerator，63 *Stan. L. Rev.*，第 539 页、第 555—556 页（2011）[承认衍生品交易对手（主要是银行）更有可能拥有约束其他银行所需的必要技能，同时，假定由于破产法给予衍生品交易对手的保护，银行缺乏足够的激励来约束其他银行]。另见脚注 65 - 66 中引用的资料来源及其说明。
⑪ Dodd-Frank Wall Street Reform and Consumer Protection Act，Pub. L. No. 111 - 203，§ 165（e）(3)，124 Stat. 1376，1428（2010）（编入 12 U. S. C. §5365）（扩大信用风险敞口的定义，除贷款和传统信用风险来源，还包括回购协议、逆回购、其他证券融资交易和衍生品交易）；Lending Limits，77 Fed Reg. 37，272；Enhanced Prudential Standards，77 Fed Reg. 600。

盛，它们涉足不动产、医疗机构，乃至中央银行业务等。[12] 此外，最近的研究表明，综合性银行对其他单个银行和交易对手方的信用风险敞口往往接近该银行监管资本的25%。[13] 因此，银行除了适合完成监管任务，还有足够的经济激励监管和约束其他银行。这并不意味着银行是完美的监管和约束主体。但是，这表明银行同业约束是足够的市场力量，因此值得更多关注。[14]

第二，本文强调市场约束的混合影响。部分影响明显是正面的。如果银行开始过度承担风险，其他银行应当注意和回应。银行这样做有自利方面的原因，也即它不希望承担过度的信用风险，除非得到相应的补偿。因此，银行的自利活动通过阻止其他银行过度承担风险并惩罚它们而促进了社会福利。挑战在于，银行的利益和社会利益并不总是一致，一旦它们背离，同业约束可能促使银行改变其业务活动来增加自身的利益，但使整个金融体系变得不稳定。

银行利益和社会利益之间的背离在金融危机时期尤其明显，原因在于银行同业市场会收缩到远低于社会最优水平。这些引发了学者、决策者的较多关注，并成为美联储在银行面临流动性短缺时充当最后贷款人的主要理由。[15] 然而，即使在非金融危机时期，这种可能的政府干预也会带来其他矛盾。对银行大而不能倒的认知改变了银行对手方和其他债权人与银行合作的意愿。[16] 银行越大，政府为了避免银行破产带来的社会成本，就越要保护银行，银行债权人就越不需要担心银行的财务健康状况。

不过，银行规模并不是导致银行倒闭的社会成本远大于银行及其利益相关者所受的损失，并使政府出手救助的唯一原因。银行之间的相互关联太过紧密或者关联性过强，政府救助银行的可能性也会增大，银行同业约束也许可以发挥非常重要的作用，使银行从此类约束行为中获益。[17] 银行同业约束可能鼓励银行更加相互关联。因为当一家银行与另一家银行建立新的关系时，它会获得

---

[12] 见下文第2.1节。
[13] Letter from The Clearing House et al., to Jennifer J. Johnson, Sec'y, Bd. of Governors of the Fed. Reserve Sys., 附录C（Apr. 27, 2012）（下文用：Clearing House Letter to Fed）。
[14] 见下文第2.4节。
[15] 见下文第3.2节。
[16] 见下文第1.1节。
[17] 当一家银行的风险状况与其他银行的风险情况相似时，它的关联性太强，这使得相关银行很可能同时面临财务困境，决策者在决定是否干预时需要考虑其集体失败的社会成本。见下文第3.2节。

双重收益。随着银行与其他银行的关联增强，它获得救助的可能性也随之增加。此外，如果一家银行获得救助的可能性增大，则其他银行承担的与该银行相关的信用风险也在边际上下降。同样，为了评估一家银行面临的风险是否和其他银行的风险敞口密切相关，当事人不仅需要了解该银行的风险状况，也需要了解其他银行的风险状况。典型的次级债务人缺乏通过额外的尽职调查得到更多信息的激励。相较而言，典型的综合性银行已经与其他银行合作且彼此监督。因此，综合性银行通常拥有必要的信息，可以明智地判断一家银行的风险状况是否与其他银行相关，使它们能够以奖励的方式对银行改变这方面的风险状况做出回应。本文将关注这些动态，并揭示银行同业约束如何作为一种机制发挥作用，使银行可以获得隐含在政府救助可能性中的政府补贴。本文还将说明银行同业约束如何放大系统性风险。

关注市场约束的混合影响是本文对市场约束的新一代研究文献做出的贡献之一。次贷危机之后，市场约束的概念已不再流行，这是可以理解的。早期市场约束的支持者通常认为市场参与者的自利行为可以用来建立一个稳定的金融体系，并实现其他社会价值。[18] 次贷危机揭示了这种假设的谬误之处。市场参与者的私人利益与社会利益远非完全一致，市场参与者可能犯错，就像监管者一样。然而，我们无法忽略市场约束。如果市场约束会诱发社会次优行为，那么了解市场约束就能为确定值得特别监管关注的领域提供有价值的指导。正如《多德－弗兰克法案》多次延期执行所表明的，将维持金融体系稳定的全部责任移交给监管机构将压垮这些机构。[19] 一旦认识到监管资源的有限性以及监管机构和市场约束除了激励不同，通常技能也不同，我们就可以将市场约束用作路线图，帮助确立监管的优先事项，并决定如何最优地利用监管资源。

本文的主要目的是引起人们对银行同业约束力量的关注并阐明其影响，与

---

[18] 例如，The Financial Crisis and the Role of the Federal Regulators: Hearing Before the H. Comm. on Oversight and Gov't Reform, 110th Cong. 16–18 (2008)（美联储前主席艾伦·格林斯潘的陈述）。

[19] Davis Polk, Dodd-Frank Progress Report 2 (2013), http://www.davispolk.com/files/Publication/900769d7-74f0-474c-9bce-0014949f0685/Presentation/PublicationAttachment/3983137e-639b-4bbc-a901-002b21e2e246/Apr2013_Dodd.Frank.Progress.Report.pdf（注意到"截至2013年4月1日，共有279个《多德－弗兰克法案》规则制定要求的截止日期已过……其中176个（63.1%）未通过，103个（36.9%）已达到最终规则"，"监管机构尚未发布176个未通过规则中的65个提案"）。

此同时，就政策制定者如何回应这些影响给出建议。本文揭示的动态变化将进一步支持许多正在进行的改革。例如，《多德－弗兰克法案》的有序清算条款成功地减少了政府救助银行的可能性，也将减轻银行同业约束的不利影响。[20]但是，这些变化并不能说明由于银行同业约束而推动进一步改革的必要性。这些改革永远不可能消除政府救助的可能性，银行同业约束仍有其积极作用，而现有制度并没有发挥这些作用。[21]

本文提出的政策建议并不全面，肯定也较为粗浅，其中的多数建议来自对银行和监管机构各自的能力所做的分析，而且一定程度上依赖有限的监管资源。此外，银行同业约束的影响较为复杂，银行和监管机构的技能组合不同，这表明我们应当明确监管的优先事项，以相应地补充、支持和抵消银行同业约束的影响。具体而言，本文建议，对于银行的传统业务活动，要减少监管资源的投入，对于监管机构因为特别动机和责任而关注的那些业务活动，则增加监管资源的投入，同时还要设法抵消银行同业约束的不良影响。

本文进一步指出，银行同业约束的影响，加上它带来的银行业转型，也许有必要从根本上反思银行审查（bank examination）的作用。更具体地说，现在可能是时候重新考虑是否应该继续要求银行审查机构对综合性银行的安全和稳健给出明确的结论。虽然银行审查机构的评估方法并没有公开，但银行和其他市场参与者不仅知道审查机构有义务对银行的健康状况得出明确结论，而且可能会依赖审查机构的这一义务。重新审视银行审查机构必须得出明确结论的要求，也许可以明确监管的界限，从而改善市场约束。这也有助于转向一种新制度，根据银行和监管机构各自的激励和能力，更有效地利用双方的力量。

本文共5节。第1节先讨论研究的背景，然后考虑对银行实施监管的主要理由和银行倒闭带来的社会成本。本节概述银行在过去20年中的主要变化，重点关注综合性银行的崛起。这些新的综合性银行以及它们之间的关联，是本文关注的核心。这一节的最后将对照市场约束的相关文献，分析银行同业约束。

第2节考察银行同业约束，利用银行风险敞口的公开信息，以表明其他银行是大多数综合性银行信用风险敞口的主要来源。本节还利用银行风险管理实

---

[20] Dodd-Frank Wall Street Reform and Consumer Protection Act, Pub. L. No. 111-203, tit. II, 124 Stat. 第1376页、第1442—1520页［编入12 U.S.C. §§ 5381–5394（Supp. V 2011）］。

[21] 见下文第1.2节。

践及其变化，证明为什么银行同业风险敞口可能转化为银行相互之间的积极监督。此外，这部分描述了银行同业约束的机制，进一步分析了银行管理同业活动产生的其他风险，如操作风险，分别促成银行同业约束的证据。本节最后分析了2007—2008年金融危机的重要性，以及危机并没有削弱本文主张的银行同业约束的重要性。

第3节讨论机构能力（institutional competence）和银行作为约束者的激励。这解释了为什么银行在相互监督和约束方面比其他市场参与者更加有效，并用实证证据证明了这种有效性。此外，本节还关注银行的利益如何系统地偏离社会最优利益，在此过程中，说明了银行同业约束如何导致银行以有利于相关银行的方式修正其行为，但导致了金融体系的脆弱性。因此，第3节阐释了银行同业约束可能产生的影响，并为我们考虑政策制定者应如何应对奠定了基础。

第4节讨论了银行监管的流程和主要的银行监管机构，这是就银行同业约束的政策后果提出有益建议所需的重要信息。本节强调银行审查机构相对于市场参与者享有的优势，包括内部获取信息和改变银行活动等一系列工具。本节还为监管机构如何利用自身优势提供了务实的建议。

第5节提出了推进银行同业约束的一些措施。本节从银行和监管者各自的激励和能力的角度，研究银行同业约束的政策含义并提出了可以采取的温和措施，以减少银行同业约束的不利后果，同时利用其有利于社会的一面。在这些提议措施中，还包含具体的建议，例如，把银行同业市场帮助产生的信息作为确定银行支付存款保险保费的一个因素。最后，第5节说明本文的分析如何从根本上反思了银行审查的目的。

1. 研究的背景

本节先介绍银行监管的理论依据，而后描述银行业性质的变化，以及在当前制度下市场约束的作用。[22]

---

[22] 本文讨论的许多问题，包括银行业的转型和银行同业约束的兴起，都是全球现象。尽管如此，有时考虑到背景和历史的重要性，本文在适当的时候侧重于讨论美国问题，并将美国的银行和监管机构作为重要的参照点。

1.1 银行业和银行业监管

在关于银行业监管的众多解释中,有两种解释占主导地位。[23] 第一种和存款保险有关。由于银行将资本投资到贷款等长期资产中,所以,虽然银行从活期存款等短期负债中获得了大部分资本,但它本质上是不稳定的。[24] 没有一家银行有足够的流动性资产可用于满足所有储户的取款要求。存款保险消除了储户在银行一有陷入困境的迹象就抢先取回存款的冲动,使银行避免陷入流动性困境,促进了银行业的稳定,也有利于整个社会。[25] 但是,挑战在于存款保险会带来道德风险。如果储户依赖政府为存款提供保险,他们几乎没有激励去监管或约束银行的风险行为。[26] 其结果是,一家从事风险行为的银行能以相当优惠的条件从存款中获得资本,相比于一家奉行保守行为路线的银行,也不遑多让。由于更大的风险通常会带来更高的回报,有存款保险的银行就有过度承担风险的激励。[27]

监管银行的第二个相关理由来自银行倒闭产生的社会成本,特别是在金融危机时期。正如最近的一项研究所示,系统性银行危机与资产价值的"深度和长期"下降、"产业和就业的大幅下降"以及政府债务的增加有关,在危机

---

[23] 参见 Mark J. Flannery, Supervising Bank Safety and Soundness: Some Open Issues, Banking, 92 *Fed. Bank Atlanta Econ. Rev.*, 第 83 页、第 85—86 页(2007)(总结了银行监管的基本原理,并指出:存款保险造成的道德风险和银行倒闭的社会成本是两项最重要的因素)。

[24] Douglas W. Diamond & Philip H. Dybvig, Bank Runs, Deposit Insurance, and Liquidity, 91 *J. Pol. Econ.*, 第 401 页、第 402—403 页(1983)(这证明了为什么即使一家有偿付能力的银行也可能遭受严重的银行挤兑)。

[25] 同上,第 418 页。

[26] Jens Forssbæck, Ownership Structure, Market Discipline, and Banks' Risk-Taking Incentives Under Deposit Insurance, 35 *J. Banking & Fin.*, 第 2666 页(2011)(存款保险的作用是通过收取与银行风险水平、自身监督成本以及其他代理相关成本相称的风险溢价,消除了储户约束银行的激励……); Jonathan R. Macey & Elizabeth H. Garrett, Market Discipline by Depositors: A Summary of the Theoretical and Empirical Arguments, 5 *Yale J. On Reg.*, 第 215 页、第 220 页(1988)(是把钱存入有保险、无风险的银行,以获得无风险回报率,还是把钱存入无保险、有风险的银行,以获得经风险调整后的更高回报率,对储户来说是无差异的……)。

[27] Forssbæck, 见脚注 26, 第 2677 页(存款保险……引入了对风险增加的补贴); Jonathan R. Macey & Maureen O'Hara, Solving the Corporate Governance Problems of Banks: A Proposal, 120 *Banking L. J.*, 第 326 页、第 328 页(2003)(解释了存款保险实施本身就带来了监管成本——它激励了被保险银行的股东和管理者的过度冒险行为)。

发生后，政府债务三年内平均增加了86%。[28] 由于这些成本远远超过了银行及其利益相关者的损失，银行缺乏必要的激励将其承担的风险限制在社会最优水平。当银行倒闭带来的外部性足够大时，政府通常会选择干预以防止银行倒闭，这进一步加剧了银行过度承担风险的激励，并将这一问题转化成道德风险。[29]

为减少上述道德风险来源，也有一些重要的尝试。基于风险的保费是减少存款保险带来的道德风险的一种主要机制。[30] 如果银行为存款保险支付的保费准确地反映了银行倒闭的可能性及银行倒闭带来的保险基金损失，那么，道德风险很大程度上就会消失。[31] 承担更大风险的银行通过支付更高的保费将这些决策的成本内部化。[32] 然而，经验表明，基于风险的保费不是万灵药，并不能依靠它来减轻存款保险导致的道德风险。[33] 银行虽然为存款保险支付了基于风险的保费，但保费使用的适当方式一直存在争议。[34]

还有一些尝试意在控制政府救助引发的道德风险。《多德－弗兰克法案》的一个核心目标是减少未来银行获得救助的可能性，其中一些条款有效地推进

---

[28] Carmen M. Reinhart & Kenneth S. Rogoff, *This Time Is Different: Eight Centuries of Financial Folly*, 2009，224.

[29] Darrell Duffie, *How Big Banks Fail and What to Do About It*，第5页（2011）（众所周知，大而不能倒的金融机构在陷入困境时会得到支持，以遏制其对经济的破坏，这为大型金融机构承担低效风险提供了……激励，这是一个广为人知的道德风险的来源）。

[30] 2 U.S.C. § 1817（b）（2006）.

[31] George J. Benston et al., *Perspectives on Safe And Sound Banking: Past, Present, and Future*, 230 (1986).

[32] 同上，第231页。

[33] 比较 George J. Benston et al., 第227—243页（主张基于风险的保费）和 Robert A. Eisenbeis, "Hindsight and Foresight about Safe and Sound Banking"，收录于"Roundtable Discussion: Reflection on Twenty Years of Bank Regulatory Reform", 92 *Fed. Bank of Atlanta Econ. Rev.*, 第124页 (2007)（解释了将基于风险的存款保险付诸实践面临的挑战和对这类存款保险的重要性的过分强调），以及 George Kaufman, "Some Further Thoughts About the Road to Safer Banking," 收录于"Roundtable Discussion: Reflection on Twenty Years of Bank Regulatory Reform", 92 *Fed. Bank of Atlanta Econ. Rev.*, 第135页 (2007)（解释说，凭借事后分析和经验，他不再"迷恋与风险相关的联邦存款保险公司的事前存款保费"）。

[34] 也可参见 Assessments, Large Bank Pricing, 76 Fed. Reg. 10, 672, 10, 676 (Feb. 25, 2011)（编入 12 C.F.R. pt. 327）（描述了对大型银行支付的"保费"计算过程的拟议修改以及有关实施方面的未决问题）。

了这一目标。㉟ 例如，该法案试图使监管机构更容易关闭系统重要性银行，从而减少支持失败公司的诱惑。㊱ 在国际层面，巴塞尔银行监管委员会这个银行业监管的主要跨国机构，也同样在修订其资本充足率和其他要求，以减少和打击政府救助导致的道德风险。㊲ 这些改革包括努力让大而不能倒或者通过提高政府救助的概率来改变风险状况的银行，在持续经营的基础上，将额外成本内部化。

然而，长期以来，政府一直在试图减少道德风险。虽然这种努力有时成功地降低了市场对救助概率的预期，但这个问题从未被根除。㊳ 而且许多人认为，2007—2008年金融危机肯定了如下原则：当一个机构破产的代价足够大时，政府必将出手干预，以挽救该机构。㊴ 亚当·列维京等学者从理论上证明完全消除政府救助这一道德风险来源是不可能的。㊵ 在列维京的分析中，"救助是现代经济体的一个固有特征"，因为任何事先可能采用的"标准化解决方法"，如果在危机真正发生时坚持执行，可能会导致"社会不能接受的"结

㉟ Lissa Lamkin Broome, The Dodd-Frank Act: TARP Bailout Backlash and Too Big to Fail, 15 *N. C. Banking Inst.*, 第69页、第70页、第76—80页（2011）（描述了《多德－弗兰克法案》如何试图将"大而不能倒"改为"太大而会倒"，并概述了《多德－弗兰克法案》中旨在减少未来政府救助可能性的关键条款）。

㊱ Dodd-Frank Wall Street Reform and Consumer Protection Act, Pub. L. No. 111－203, tit. II, 124 Stat. 1376, 1442－1520（2010）（编入12 U. S. C. §§ 5381－5394（Supp. V2011）。

㊲ Basel Comm. On Banking Supervision, Basel Ⅲ: A Global Regulatory Framework For More Resilient Banks And Banking Systems 7（2011）（以下用: Basel Ⅲ）（描述了《巴塞尔协议Ⅲ》如何寻求采取一种"综合方法"来应对系统重要性金融机构带来的挑战，其中可能包括"资本附加费、或有资本和自救债券"）。

㊳ 也可参见 Arthur E. Wilmarth, Jr., Too Big to Fail, Too Few to Serve? The Potential Risks of Nationwide Banks, 77 *Iowa L. Rev.*, 第957页、第994—1001页（1992）（描述了1984年政府以"大而不能倒"为由救助伊利诺伊大陆银行后，限制道德风险的努力成败参半）。

㊴ Fin. Stability Oversight Council, 2012 Annual Report 141（2012）（以下用：2012 Annual Report）（指出了"许多观察人士将政府当局在最近的危机中采取的行动解释为公共部门为大型综合性银行提供隐性担保的证据"）。

㊵ Adam J. Levitin, In Defense of Bailouts, 99 *Geo. L. J.*, 第435页、第439页（2011）；也可参见 Jonathan R. Macey & James P. Holdcroft, Jr., Failure Is an Option: A Ersatz-Antitrust Approach to Financial Regulation, 120 *Yale L. J.*, 第1368页、第1370页（2011）（认识到"政策制定者……无法令人信服地承诺不支持大型重要性金融机构"，并解释了这一挑战的棘手性）；Oliver Hart & Luigi Zingales, Curbing Risk on Wall Street, *Nat'l Affairs*, Spring 2010, 第21页（承认纾困往往是"对金融体系面临的非常现实的威胁做出的最切实可行的回应"）。

果。[41] 面对这样的结果，政策制定者几乎肯定会找到一种方法，绕过他们事先制订的预案。[42] 因此，只要银行倒闭会给银行及其利益相关者以外的其他各方带来成本，救助的可能性就不会降为零。

考虑到银行倒闭可能产生的外部效应，以及存款保险和不可避免的政府救助带来的道德风险，政府长期以来对银行实施了一系列监管。正如巴塞尔银行监管委员会提出的三大"支柱"表明的，最常用来限制银行冒险的工具是：(1) 资本充足率要求，(2) 监管监督，以及 (3) 市场约束。[43] 许多国家以各种方式补充这些措施，如美国的"沃尔克规则"，它限制了银行可以从事的活动类型，英国的新规则要求银行将其核心贷款部门与其他风险较高的活动相隔离。[44]

1.2 银行业性质的变化

虽然银行在经济运行中的重要地位保持不变，但银行的性质改变了。过去几十年中，商业银行的数量下降了一半，传统商业银行的规模扩大了两倍多，证券化创造了贷款的二级市场，银行通常选择出售贷款而不是持有到期，银行业的活动范围也远远超出了储贷关系。[45] 在这一时期发生的"根本性变化"的

---

[41] Levitin，见脚注 40，第 439 页。

[42] 同上。正如 Levitin 的分析表明的，救助一家倒闭机构的决定是由政治经济因素驱动的，也是由实际经济因素决定的，前者权重更大，或者二者同等重要。因此，虽然本文重点讨论的是用允许一家机构倒闭带来的系统性成本来证明救助是合理的情况，但很可能存在更多的情况，其中救助是完全可预测的，从而影响债权人对与某一特定机构合作的风险所做的评估。

[43] 参见 Basel III，见脚注 37；Basel Comm. On Banking Supervision, International Convergence of Capital Measurement and Capital Standards: A Revised Framework (2005)。

[44] Dodd-Frank Wall Street Reform and Consumer Protection Act, Pub. L. No. 111 – 203, § 619, 124 Stat. 1376, 1620 – 31 (2010 & Supp. 2012)（编入 12 U. S. C. § 1851）（对商业银行从事自营交易和进行某些类型投资的能力施加了一系列新的限制）；Paul Hannon, U. K. Sticks With Banking Reforms, *Wall St. J.* (May 6, 2012, 7: 17 pm), http://online.wsj.com/article/SB10001424052702304451104577388041493093010.html（声明"英国政府……正在通过按部就班式的立法，保护银行零售业务免受银行更高风险的投资活动的影响"）。

[45] Loretta J. Mester, Commentary, Some Thoughts on the Evolution of the Banking System and the Process of Financial Intermediation, 92 *Fed. Reserve Bank Atlanta Econ. Rev.* 67, 67 (2007); Arthur E. Wilmarth, Jr., The Transformation of the U. S. Financial Services Industry, 1975 – 2000: Competition, Consolidation, and Increased Risks, 2002 *U. Ill. L. Rev.* 215.

核心是银行业异化为两种不同的机构。㊻ 一方面是提供传统银行服务的社区银行，如吸收存款和发放贷款。㊼ 就在 1980 年，资产少于 10 亿美元（以 2001 年美元计）的社区银行占了商业银行数量的 97%，并占据银行业资产的绝大部分。㊽ 另一方面，是新的综合性银行的崛起。这些银行除了传统的储贷业务，还参与很多金融活动，收入也更加多元化，并采用了更多标准化的方法来评估个人和企业的信用。㊾ 综合性银行在影子银行系统中是核心角色，而影子银行系统在促进当今金融体系的资本流动方面发挥了核心作用㊿，并逐渐主导了整个金融业。甚至在危机爆发之前，资产超过 100 亿美元（以 2005 年美元计）的银行就已占据 75% 的银行业资产。[51] 而且，由于危机引发的进一步整合，美国前十大银行目前占银行业 77% 的国内资产，而前五大银行整整占了 52%。[52]

㊻ Robert DeYoung, Safety, Soundness, and the Evolution of the U. S. Banking Industry, 92 *Fed Reserve Bank Atlanta Econ. Rev.*, 第 41 页、第 51—52 页（2007）；也可参见 Wilmarth, 见脚注 45, 第 254—257 页。

㊼ DeYoung, 见脚注 46, 第 41—43 页；也可参见 Helen A. Garten, Regulatory Growing Pains: A Perspective on Bank Deregulation in a Deregulatory Age, 57 *Fordham L. Rev.*, 第 501 页、第 516 页（1989）（解释了传统银行的核心在于"吸收存款的能力，这……不仅为银行提供了廉价的资金来源，而且使银行能够与其他银行产品的潜在客户建立关系，如信贷额度、抵押贷款或信用卡……从而使银行能够提供一组独特的产品和服务"）。

㊽ DeYoung, 见脚注 46, 第 43 页。

㊾ Fin. Stability Oversight Council, 2011 Annual Report 59（2011）（以下用：FSOC, 2011 Annual Report）（对比图 5.2.12 和图 5.2.13 可以看出，社区银行的净利息收入在其收入中所占的比例继续显著提高，而大型综合性银行在收费和其他方面的收入相对较高）；Asli Demirgüç-Kunt & Harry Huizinga, Bank Activity and Funding Strategies: The Impact on Risk and Returns, 98 *J. Fin. Econ.*, 第 626 页、第 630 页（2010）（显示收费收入占银行收入的比例不断上升，而社区银行的传统收入来源即净利息收入却相对下降）。

㊿ 参见 Tobias Adrian & Adam B. Ashcraft, Fed. Reserve Bank of N. Y., Shadow Banking Regulation, Staff Report No. 559（2012），可从以下网址获得：http://www.newyorkfed.org/research/staff_reports/sr559.pdf（回顾了影子银行的文献）。Erik F. Gerding, The Shadow Banking System and Its Legal Origins, 第 6—36 页（Aug. 23, 2011）（未出版文稿），可从以下网址获得：http://ssrn.com/abstract=1990816（提供影子银行体系及其结构的全面定义）。

[51] Mester, 见脚注 45, 第 67 页；也参见 FSOC, 2011 Annual Report, 见脚注 49, 第 69 页图 5.2.38（图中显示，中小银行持有的行业资产占比迅速下降，而大银行持有的行业资产占比相应增加）。

[52] Tom C. Frost, The Big Danger With Big Bank, *Wall St. J.*, May 16, 2012, at A15; Editorial, Banking Run Amok Is Less Likely a Year After Dodd-Frank: View, *Bloomberg News*（July 17, 2011），http://www.bloomberg.com/news/2011-07-17/banking-run-amok-is-less-likely-a-year-after-dodd-frank-view.html。

银行业性质变化的一个影响是它改变了银行之间的关系。长期以来，银行向其他银行提供短期贷款，银行同业市场在将流动性配置给需要流动性的银行方面发挥了重要作用。然而，传统上银行的主要信用风险来源于其发放贷款的公司和个人，以及作为这些贷款抵押品的资产，如房地产。相比之下，当今典型的综合性银行在其资产负债表上持有的贷款比例较小，显著减少了对此类信用风险来源的敞口。同时，它们从事一系列新的活动，其中许多需要与其他银行合作，从而增加了对其他银行的风险敞口。[53]

一个典型的综合性银行通常会与其他银行有无数的关系，包括作为掉期和其他持续交易的对手方，作为贷款人，作为其他机构的现金存款人，以及其他安排的结果，如待结算（pending settlement）。这些关系中的每一种都使综合性银行出于自身利益而关注其他银行的财务状况。正如领先的综合性银行之一摩根大通解释的那样：

> 金融服务机构因做市商、交易、清算、对手方和其他关系而相互关联。本公司（摩根大通）经常与金融服务行业的对手方执行交易，包括经纪人和交易商、商业银行、投资银行、共同基金和对冲基金以及其他机构客户。许多这些交易在对手方或客户违约的情况下会使本公司面临信用风险。本公司还为金融服务公司提供清算、托管和主要经纪服务……所有这些都会增加本公司的运营和诉讼成本（如果其他公司倒闭）。[54]

此外，在最近几十年来，银行同业风险敞口也有所增加。[55] 因此，其他银行往往是当今综合性银行信用风险的主要来源，而综合性银行投入了大量的资源来监测和约束其他银行。[56]

---

[53] Duffie，见脚注29，第4页（将综合性银行视为一个"独特的类别"，并认识到它们在许多方面与传统银行不同，包括"它们通常在证券、回购协议、证券借贷和场外衍生品市场上充当中介""它们是对冲基金的主要经纪人，并提供资产管理服务"，以及"它们也可能充当投资银行"）；Shelagh Heffernan，*Modern Banking*，2005，第41—99页（详尽描述了银行近几十年来开展的新活动）。

[54] J. P. Morgan Chase & Co.，2011 Annual Report（Form 10-K），at 10（Feb. 29，2012）（以下用：J. P. Morgan Annual Report 2011］）。

[55] Heffernan，见脚注53，第66页（描述了银行间活动"非常迅速"地增加，银行间债权从1983年的1.5万亿美元上升到2000年的11.1万亿美元，其中约一半以贷款的形式出现）。

[56] 见下文第2.1节。

尽管银行同业活动有所增加、市场约束也有所增强，但这一现象在关于市场约束的文献中很少受到关注。下一小节将解释其原因。

1.3 市场约束的背景

市场具有约束银行的潜力，监管者应促进这种约束，这一观点已经得到很好的证明。正如巴塞尔银行监管委员会承认的，"市场约束有可能加强资本监管和其他监督工作，并促进银行和金融体系的安全和健康"。[57] 市场约束的许多好处通常来自市场的好处。市场约束不是依靠一个人或一个监管机构来评估银行的风险敞口，而是涉及多个行为人，每个人都进行独立评估，并根据他们的评估结果采取行动。鉴于监管机构的能力有限，不可能识别和应对银行面临的所有风险，因此市场约束就显得尤为宝贵。[58]

大多数对市场约束感兴趣的学者和政策制定者在处理这个问题时，都会检视一家典型银行的资产负债表，并评估每一类可识别的利益相关者，如存款人、其他债务持有人、股权持有人等，是否以及在何种程度上有激励监督和约束银行的风险行为。[59] 例如，人们经常注意到，由于存款保险的存在，大多数存款人几乎没有激励去监督银行的风险行为。[60] 由于这类分析通常集中在如何改进市场约束上，所以它们往往呼吁银行发行次级债务（或近来倡导的可转

---

[57] Basel Comm. on Banking Supervision, Consultative Document: Pillar 3（Market Discipline）, Supporting Document to The New Basel Capital Accord 1（2001）.

[58] 例如 Roe, 见脚注10, 第589页（将市场约束的重要性解释为，"由于政府行为人通常的无能和监管俘获的可能性，审慎监管将不可避免地不完美"）。

[59] 例如，Peter J. Wallison, *Back From the Brink: A Practical Plan for Privatizing Deposit Insurance and Strengthening Our Banks and Thrifts*, 第2—3页（1990）; Elena Cubillas et al., Banking Crises and Market Discipline: International Evidence, 36 *J. Banking & Fin.*, 第2285页（2012）; Douglas D. Evanoff, Preferred Sources of Market Discipline, 10 *Yale J. On Reg.*, 第347页、第350页（1993）; Douglas D. Evanoff et al., Enhancing Market Discipline in Banking: The Role of Subordinated Debt in Financial Regulatory Reform, 63 *J. of Econ. & Business*, 第1页（2011）; Forssbæck, 见脚注26; Eric J. Gouvin, Shareholder Enforced Market Discipline: How Much Is Too Much?, 16 *Ann. Rev. Banking L.*, 第311页（1997）; William Poole, Moral Hazard: The Long-Lasting Legacy of Bailouts, 65 *Fin. Analysts J.*, 第17页、第21页（2009）（倾向于次级债务）; Macey & Garrett, 见脚注26, 第215页; Mark E. Van Der Weide & Satish M. Kini, Subordinated Debt: A Capital Markets Approach to Bank Regulation, 41 *B. C. L. Rev.*, 第195页（2000）。

[60] Forssbæck, 见脚注26。

债），理由是次级债务持有人更有激励监督和约束银行的风险行为。[61] 也有一些建议是通过修改存款保险计划来改善市场约束，使存款人有更大的激励来监督和应对银行的风险行为。[62] 在有关市场约束的文献中，另一个重要分支侧重于信息披露。认识到市场参与者只有在能够准确评估银行面临的风险时，才会施加有意义的约束，监管者要求银行披露旨在促进市场约束的信息。学术界就如何修改披露要求以提高市场约束的质量提出了一些颇有创意的建议。[63]

在有关市场约束的文献中，也有不同于上述典型说法的明显例外。例如，马克·罗伊明确认为，银行和其他金融机构应该特别善于对其他银行施加约束。[64] 然而，罗伊的分析只关注金融机构作为衍生品交易的对手方，这使他认为美国《破产法》给予这些当事方的特殊保护削弱了他们彼此施加有效约束的激励。[65] 其他学者也认识到，银行作为其他银行的监督者可能具有独特的效力，但大多数人同样认为，需要对政策做一些调整，使银行有足够的激励彼此监督和约束。[66] 一个相关的局限性是，许多这类文章是在银行业转型的早期阶

---

[61] 例如，John C. Coffee, Jr., Systemic Risk After Dodd-Frank: Contingent Capital and the Need for Regulatory Strategies Beyond Oversight, 111 *Colum. L. Rev.*, 第 795 页（2011）（认为应要求银行发行"或有资本"，即可转换为股权的债券）；Evanoff, 见脚注 59, 第 355—359 页（1993）（认为"增加对次级债持有人的依赖是提高市场约束效力的最佳途径"）；Poole, 见脚注 59, 第 22—23 页；Charles W. Calomiris & Richard J. Herring, Why and How to Design a Contingent Convertible Debt Requirement（Working Paper, 2011）（持相同论点）

[62] Wallison, 见脚注 59, 第 2—3 页；Macey and Garrett, 见脚注 26。

[63] 例如，Robert P. Bartlett, Ⅲ, Making Banks Transparent, 65 *Vand. L. Rev.*, 第 293 页（2012）（描述了目前对美国银行实施的披露要求，并呼吁将特定类型的披露要求作为改善市场约束的手段）；Albert J. Boro, Jr., Banking Disclosure Regimes for Regulating Speculative Behavior, 74 *Calif. L. Rev.*, 第 431 页（1986）（提倡披露的价值）；Jose A. Lopez, Disclosure as a Supervisory Tool: Pillar 3 of Basel II, Fed. Reserve Bank S. F. Econ. Letter, 2003 年 8 月 1 日, 第 1 页（第三支柱的基本原则是，改善相关信息的公开披露应能加强市场约束，从而提高它对银行监管机构的潜在效用）。

[64] Mark Roe, 见脚注 10, 第 555—557 页。

[65] 同上, 第 541—542 页。

[66] 例如，Charles W. Calomiris, Blueprints for a New Global Financial Architecture, 收录于 *International Financial Markets: The Challenge of Globalization*, 第 259 页、第 270—272 页（Leonardo Auernhermier ed., 2000）（建议银行发行的债务必须由其他声誉良好的银行持有）；Saule T. Omarova, Wall Street as Community of Fate: Toward Financial Industry Self-Regulation, 159 *U. Pa. L. Rev.*, 第 411 页（2011）（主张基于银行相互监督的假定效力，建立正式的自我监管组织）。

段写就的，因此它们必然不能理解当今综合性银行的关联网络的范围和规模。[67]

虽然我长期关注市场约束带来的许多好处，但本文对这一主题采取了不同的方法，以补充而非挑战现有的文献。[68] 首先，本文并不关心如何改善市场约束，而是关注市场已经施加的有效约束的来源。更重要的是，关注银行在约束其他银行方面发挥的作用时，本文提出了两个不同于现有文献的建议：一是我们应该忽略利益相关者在银行中的权益的性质，而考虑利益相关者自身的性质；二是在评估利益相关者监督和约束银行风险行为的激励时，应该考虑利益相关者对银行的总体风险敞口。

偏离既定的范式也有弊端。着重关注某一类利益相关者的做法背后的一个基本原理是，政府保护和其他保护的程度取决于利益相关者在银行中的权益的性质。正如刚才讨论的，由于存款人的利益受到政府明确担保的保护，因此他们被认为不会对银行施加约束。同样，许多交易方受到美国《破产法》中某些优先权的保护，并可能从进一步的合同保护中受益。[69] 用一家银行对另一家银行的总经济敞口来表示前者在后者的财务状况（financial wellbeing）中的经济利益，会忽略这些（有时是相当重要的）区别。

---

[67] 例如，David G. Oedel, Private Interbank Discipline, 16 *Harv. J. L. & Pub. Pol'Y*, 第 327 页、第 330 页（1993）（表明"私人银行同业约束在美国是一种罕见现象"，但历史悠久，并提供了示例）；Jean-Charles Rochet & Jean Tirole, Interbank Lending and Systemic Risk, 28 *J. of Money, Credit & Banking*, 第 733 页（1996）（为银行相互监督的能力提供理论支持，但关注短期银行间贷款，将它作为信用风险敞口的主要来源）。

[68] 与本文相关的其他文献主要集中在银行同业拆借市场。该文献的某些内容与本文相关，下文将进一步探讨。见下文第 3.1 节。然而，在大多数情况下，这些文献往往只关注银行同业短期贷款，以及银行同业市场在传导流动性方面的作用。也可参见 Franklin Allen et al., Interbank Market Liquidity and Central Bank Intervention, 56 *J. of Monetary Econ.*, 第 639 页（2009）；Xavier Freixas et al., Systemic Risk, Interbank Relations, and Liquidity Provision by the Central Bank, 32 *J. of Money, Credit, & Banking*, 第 611 页（2000）；Viral V. Acharya et al., Imperfect Competition in the Interbank Market for Liquidity as a Rationale for Central Banking (INSEAD Working Paper No. 2011/41/FIN, 2011)；Franklin Allen et al., Transmission of Bank Liquidity Shocks in Loan and Deposit Markets: The Role of Interbank Borrowing and Market Monitoring (Wharton Fin. Insts. Ctr., Working Paper 10-28, 2012)。

[69] 例如，11 U.S.C. § § 362 (b) (17), 362 (b) (27), 第 560 页（2006）（授权衍生品和回购协议对手清算其持有的抵押品）。有关在面临倒闭的金融机构是银行时为交易对手提供保护的更多信息，请参阅 Richard Scott Carnell et al., *The Law of Banking and Financial Institutions*, 第 714—715 页（2009 年第 4 版）。

但是，本文建议的方法也有许多优点。最重要的是，它使我们能够确定有效市场约束的来源，而这是现行范式未能做到的。关注一家银行对另一家银行的总信用风险敞口表明，前者在后者的财务状况中的经济利益规模，要远远大于人们在任何其他单一风险敞口中预期的规模。这一建议的理由是，银行本身越来越多地考虑并寻求控制对其他单个银行的总体信用风险敞口，而这很快就会成为必要之举。[70] 因此，总风险敞口为银行同业经济敞口提供了一个虽不完美但合理的代理指标。此外，由于银行相互关联带来的经营风险和其他风险，除了对其他银行的信用风险敞口，银行还有其他理由对这些银行进行监督。[71] 然而，关注银行而不是关注特定类型的利益相关者的另一个好处是，银行可能有制度上的优势，使它们能比其他市场参与者更有效地施加约束。[72]

最后，与上述内容有关，本文对银行同业约束的关注有助于证明，从社会福利的角度来看，市场约束的影响并不全是积极的。虽然这一点在股东方面已经得到了证实，但在其他利益相关者方面，市场约束可能会产生增加系统性风险的事前激励，这一点却没有受到重视。例如，巴塞尔银行监管委员会提倡市场约束，正是因为它认为"市场约束对银行以安全、稳健和高效的方式开展业务有很强的激励作用"。[73]对银行同业约束的深入研究使人们质疑这一假设是否总能成立。[74] 在确定了银行同业约束可能值得关注的原因后，第2节将考察它在当今金融市场中发挥的作用。

2. 银行同业约束的基础

本节探讨了三个组成部分，它们共同表明银行在约束其他银行方面发挥了重要的作用：（1）这样做的经济激励；（2）风险管理系统，该系统使银行能够监测它对其他银行的风险敞口并有效评估这些银行的信用度，以及（3）当受约束银行的风险状况发生变化时，银行可以通过这些机制改变其行为，从而影响受约束银行。这并不是说银行是完美的约束者，有很多迹象表明，它们不

---

[70] Lending Limits, 77 Fed. Reg. 37, 265, 37, 268（2012年6月21日提议）（编入12 C. F. R. pts. 32, 159, 160）; Enhanced Prudential Standards and Early Remediation Requirements for Covered Companies, 77 Fed. Reg. 594, 600（2012年1月5日提议）。

[71] 见下文第3.2节。

[72] 见下文第3.1节。

[73] Basel Comm. on Banking Supervision, 见脚注57，第1页。

[74] 见下文第3.2节。

是。更确切地说，本节的目的是确定银行同业约束足够重要，在我们试图确定如何最好地配置实质上有限的监管资源时，值得考虑。最后，本节简要讨论了2007—2008 年金融危机的启示。

2.1 激励

随着银行业的发展，一家典型的综合性银行与其他银行的关联网络不断扩大。直到最近，无论是监管还是缺乏监管，都促进了银行同业敞口的增长。虽然监管机构长期限制银行将风险过度集中于某一特定公司，但作为主要银行监管机构的美国货币监理署，从 1963 年开始就将这些限制解释为不适用于银行同业贷款。[75] 其他适用于银行的监管，特别是巴塞尔协议规定的风险加权资本充足率，通过对其他银行的贷款给予特别低的风险加权，使银行变得更加相互关联。[76] 从那时起，限制银行同业借贷的监管就开始实施，但这些标准的限制措施不适用于给资本充足的银行发放的贷款，因此在危机中的作用有限。[77] 此外，在《多德－弗兰克法案》之前，这些限制只适用于贷款和类似的交易，因此未能纳入因回购、逆回购、证券借贷交易和衍生品交易而产生的信用风险。《多德－弗兰克法案》要求修订银行同业风险敞口的限额规则，以包括这些额外的信用风险来源。[78] 它还对银行同业风险敞口设置了新的限制，并授权监管机构实施比该法案要求的更严格的限制。然而，新的监管尚未最终敲定，并且仍然受到主要银行的不断抵制。[79] 因此，银行同业信用风险敞口可能超过它们对其他类型公司的信用风险敞口，而对银行同业风险敞口施加的限制仍不确定。

关于银行同业风险敞口的公开信息反映了银行同业活动的规模。正如美国银行和高盛所言，"虽然我们的活动使我们面临许多不同的行业和对手，但我们经常与从事金融服务活动的对手进行大量的交易……这导致了与（该行业）

---

[75] Carnell et al. ，见脚注 69，第 32 页。

[76] Basel Comm. on Banking Supervision，见脚注 43；Basel Committee on Banking Supervision, International Convergence of Capital Measurement and Capital Standards（1988）.

[77] Federal Deposit Insurance Corporation Improvement Act of 1991 § 308, 12 U. S. C. § 371b－2（2006）; 12 C. F. R. pt. 206（2011）.

[78] 见脚注 70。

[79] Tom Braithwaite, Banks Urge Fed Retreat on Credit Exposure, *Fin. Times*（Apr. 15, 2012），http：//www. ft. com/cms/s/0/6a789456-871d-11e1-865d-00144feab49a. html（描述了行业阻力）。

相关的信用风险高度集中”。(80)

实际数字令人吃惊。例如，花旗集团28%的企业贷款组合，是对银行、投资银行或其他金融机构的贷款或贷款承诺，这超过了其包括住房贷款和信用卡总消费贷款之和。(81) 花旗集团的下一个最重要的风险领域是政府和中央银行（12%），以及石油（5%）。(82) 从2009年到2011年（它们只在这几个年份提供了相关信息），金融公司，包括但不限于银行，每年都占高盛总信用风险敞口的29%～37%。(83)摩根大通在向消费者提供传统服务方面仍然非常活跃，同样在其他银行和金融公司中持有非常大的信用风险敞口。2011年底，摩根大通对银行和其他金融机构的总信用风险敞口超过710亿美元，如果包括其他类型的金融公司，这一数字会超过1 300亿美元。(84) 如此规模的经济风险为这些银行提供了强大的经济激励，以确保这些风险不会导致相应的损失。

重要的是，这里提供的例子代表了大多数主要综合性银行的风险敞口。美国银行、花旗集团、摩根大通、高盛集团和摩根士丹利在前五年提交的10-K表格年度报告显示，在大多数时候，最大的行业风险敞口来自金融公司（包括但不限于银行），即使不是第一位，也一直接近第一位。(85) 其他主要的信用风险来源包括房地产、政府（包括中央银行），以及风险程度较小的医疗保健、消费产品、服务和能源。(86)

---

(80) The Goldman Sachs Grp.，2011 Annual Report（Form 10-K），第27页（Feb. 28，2012）（以下用：Goldman Sachs Annual Report 2011）；Bank of Am. Corp.，2011 Annual Report（Form 10-K），第10—11页（2012）（以下用：Bank of Am. Gorp. Annual Report 2011）。可以肯定的是，直到最近，高盛还是一家投资银行，而不是商业银行。但如今，所有曾经的投资银行都作为银行受到监管，它们属于这里描述的“综合性银行”。见下文第4. 1节。

(81) Citigroup Inc.，2010 Annual Report（Form 10-K），第114页（2011）。

(82) 同上。

(83) 根据高盛集团每年提交的10-K表格年度报告的数据计算得出。支持数据由作者存档，可供查阅。

(84) J. P. Morgan Annual Report 2011，见脚注54，第264页。

(85) 根据美国银行、高盛集团、摩根大通、摩根士丹利和富国银行在2007年至2011年提交的10-K表格年度报告中披露的数据。其他领先的金融机构，如大都会人寿，不披露此类信息，这里提及的银行的信息深度各不相同。不同的银行使用不同的方法和分类方案，所以这里所说的金融公司有时是一个综合体。此外，许多银行出于报告目的将消费部门和企业部门分开。对于独立的银行，此处报告的信息仅基于其业务的企业部分。辅助数据和附加信息由作者存档，可供查阅。

(86) J. P. Morgan Annual Report 2011，见脚注54。

最近公布的关于特定银行之间信用风险敞口的信息进一步证明，银行在其他银行资产中拥有重大的经济利益。虽然没有一家银行披露这些信息，但银行正在抵制美联储的一项提议，即防止最大的综合性银行对任何单一对手方的信用风险敞口超过银行监管资本的10%。[87] 他们认为，美联储提议的规则是不合理的，为了支持这一主张，代表银行业的同业协会（trade association）已经汇编并发布了信息，证明目前的做法与美联储提议的标准有多大偏差。[88] 有一项研究使用了来自13个银行业组织的数据分析银行同业风险敞口，该研究的初步结果显示，"对29个独特交易对手的100笔风险敞口超过了适用的信用限额"。[89] 该研究还发现，"这些超额的平均对手方风险敞口将是适用的信用限额的248%"。[90]这些数字表明，主要的综合性银行在其他单个综合性银行中有巨大的经济风险敞口。为了强调美联储提议的规则将极大地改变银行活动，同业协会声称，"对受规则监管的重要金融机构施加10%的信用限额，甚至对所有受监管的公司施加25%的信用限额（由《多德－弗兰克法案》授权），可能会严重限制合法的、经济上可取的信用相关业务"，"为了遵守美联储提议的要求，一些信用产品和服务的提供可能不得不大幅减少。"[91] 虽然提出这些主张的各方显然不是无私和客观的，但如果综合性银行彼此的信用风险敞口并没有远远超过美联储提议的限额，那么银行及其游说者就没有理由这样做。一家银行对另一家银行即使只有10%的风险敞口，如果后者倒闭，前者也会面临极其重大的困难，这表明这些银行同业风险敞口给了银行一个符合自身利益的强大理由来监督和应对其他银行的风险承担行为。

---

[87] Enhanced Prudential Standards and Early Remediation Requirements for Covered Companies, 77 Fed. Reg. 594, 600（2012年1月5日提议）。10%的限制将适用于资产超过5 000亿美元的银行。有关综合性银行力图抵制美联储所提议限额的更多信息，参见 Akshat Tewary, CEOs' Meeting with Tarullo Is Big Banks' Version of May Day, *Am. Banker*（May 2, 2012），网络版见：http://www.americanbanker.com/bankthink/Tarullo-meeting-Federal-Reserve-counterparty-limit-1048954-1.html。

[88] Clearing House Letter to Fed, 见脚注13, 附录C；也可参见 Braithwaite, 见脚注79（描述了对拟议交易对手风险敞口限额的行业抵制）。所有这些数字似乎都是使用美联储提出的计算风险敞口的方法计算出来的；包括清算所在内的许多银行和其他评论人士声称，这种方法夸大了真实的风险敞口。

[89] Clearing House Letter to Fed, 见脚注13, 第10页。

[90] 同上。

[91] 同上，附录C的C-1。

现有的数据存在局限，主要是由于缺乏直接相关的披露要求[92]，再加上有限的历史数据、银行衡量贷款以外的信用风险来源的多种方法，历史分析和跨银行比较的难度较大。同时，数据的有限性本身支持了本文的主要论断。银行不能披露它们自己不知道的信息。尽管适用的要求没有任何变化，但银行仍倾向于提供与其信用风险有关的全面信息，这可能表明，最近的银行风险管理系统已经相当成熟，足以使它们能够准确地衡量和汇总信用风险敞口。[93]

此外，银行出于自利目的而关注其他银行的财务状况，这种关注超出了上述措施涵盖的信用风险敞口。例如，银行经常充当做市商，并以其他方式交易一系列证券和其他工具。[94] 这会产生结算风险（settlement risk），因为一方通常必须在收到另一方所欠对价之前交付资产或付款（如果另一方在此期间倒闭，则会产生损失风险）。[95] 正如一篇论文解释的那样，结算风险在"银行同业市场"中"尤其"成问题，因为银行同业支付的数额非常大，特别是当考虑到"与每家银行预留的资本有关"时。[96] 回想一下，综合性银行通常还为金融服务公司提供"清算、托管和主要经纪服务"。[97] 这些活动构成的信用风险相对有限，但如果提供服务的金融机构面临财务困境，它们会产生潜在的"运营和诉讼成本"。[98] 因此，今天的综合性银行不仅对其他银行有很大的信用风险敞口，而且还有额外的自利理由来关注其他银行的财务状况。

2.2 风险管理系统

在确定银行具有必要的激励措施之后，下一个问题是银行是否拥有足够的

---

[92] 主要适用的披露要求载于"指南 3"（Guide 3），适用于银行控股公司。U. S. Sec. & Exch. Comm'n, Industry Guides 6 – 13（2012）（1933 年证券法下的相关行业指南）；同前，第 37 页。然而，"指南 3"和证券交易委员会适用于银行的其他披露要求在过去 30 年中的发展远不及银行业的变化，而缺乏有关交易对手和其他银行间风险敞口的更详细信息只是表明当前的披露要求可能无法为投资者评估银行风险提供足够的信息。参见 Henry T. C. Hu, Too Complex to Depict? Innovation, "Pure Information," 以及 The SEC Disclosure Paradigm, 90 *Tex. L. Rev.*, 第 1601 页（2012）（描述适用的披露要求及其限制）。
[93] 见下文第 2.2 节（阐述了这一发展对银行同业约束的重要性）。
[94] 例如 J. P. Morgan Annual Report 2011, 见脚注 54, 第 10 页。
[95] Heffernan, 见脚注 53, 第 106—107 页。
[96] 同上。
[97] J. P. Morgan Annual Report 2011, 见脚注 54, 第 10 页。
[98] 同上。

手段来监控其他银行并对这些银行面临的风险进行有效的评估。现有证据表明它们拥有上述能力,并在未来几年可能会继续提高。[99]

对大多数银行来说,风险管理是一项多层次的工作。仔细看看摩根大通了解和限制其信用风险敞口的系统就知道了。该公司有一位首席风险官负责监督其风险管理计划,该计划包括"与各业务部门合作,识别和汇总所有业务线的风险"。[100] 摩根大通还有广泛的"政策和做法……以确保信用风险敞口得到准确评估、适当批准、定期监测并在交易和组合层面进行积极管理"。[101] 这包括监测公司的"批发信用风险(如上所述),定期在总投资组合、行业和个别对手方的基础上设立集中度限制,并在管理层认为合适时进行审查和修订,通常是每年一次"。[102] 该公司的"行业和对手方限制"是"以风险敞口和经济信用风险资本来衡量的",并且"受到基于压力的损失限制"。[103] 正如这些政策表明的,摩根大通有一套系统来了解它对其他银行的总体经济风险敞口,并在多个层面管理这些风险敞口。

摩根大通还建立了一些治理机制,旨在促进有效的风险管理。在最高层,"首席执行官负责制定公司的整体风险偏好"。该公司还有两个董事会委员会,即风险政策委员会和审计委员会,在监督该行的风险管理政策及其实施方面发挥了积极作用。为了确保高级管理层制定的政策得到执行,并在出现问题时通知高级管理层,该公司建立了一套内部治理制度,涉及多个层次的委员会,这些委员会旨在促进公司的风险工作组和其他部门之间的定期沟通。[104] 在这些具体机制的基础上,摩根大通声称要培育"一种具有风险意识和个人责任的文化……在这种文化中,鼓励合作、讨论、提供并分享更多信息"。[105] 摩根大通拥有复杂的资源密集型风险管理系统并不令人意外,它长期以来一直处于信用风险管理的前沿,所以在实践中可能有一个特别强大的风险管理系统。尽管如

---

[99] 下文第 3.1 节更深入地考察了为什么银行可能在监督和约束其他银行方面特别有效。
[100] J. P. Morgan Annual Report 2011,见脚注 54,第 133 页。
[101] 同上。
[102] 同上,第 134 页。
[103] 同上。
[104] 同上,第 125—126 页(包括组织结构图和附随说明)。
[105] 同上,第 125 页。

此，这里的描述与大多数综合性银行的风险管理制度是一致的。[106]

银行的风险管理系统是否稳健可靠，也会受到外部监督。最值得注意的是，银行审查机构的一个主要目的是确保他们监督的银行有足够好的风险管理系统。例如，关于银行的信用管理程序，美联储（另一个主要的银行审查机构）希望其审查部门确定银行是否定期审查其交易对手的信用度，"管理层是否有能力在信用审查中识别信用度的下降""信用风险管理人员是否有能力与信用质量下降的对手方解除合同……管理层在确定资本风险敞口时是否考虑了所有的风险敞口"，以及"在交易前是否给对手方施加了限制"，如此等等。[107] 为了促进这种详尽的审查，监管计划允许银行审查机构在内部接触银行的文件和人员。[108] 这些审查是为了使审查机构能够对每个银行的风险管理系统得出有意义的结论。美联储希望其审查部门"确定该机构的信用风险衡量系统是否得到正确实施并充分衡量该机构的信用风险"，其中包括"确定该机构是否实施了充分的政策和程序，以充分校准特定类型的交易对手方和工具的风险状况"，以及"确保分析信用风险敞口的管理信息系统是全面、准确和完整的"。[109] 简而言之，银行审查机构应当检查并事后评估银行风险管理系统的每一个方面的效力。虽然这并不能确保万无一失，但要求银行向一个好奇和强大的第三方解释并证明其风险管理系统足够稳健可靠，这一过程本身就是对这些系统稳健可靠与否的另一种重要检查。[110]

可以肯定的是，银行在识别和准确评估其他银行面临的风险大小方面做得

---

[106] 参见 Bank of Am. Corp., Annual Report 2011（Form 10-K），见脚注 80，第 68—71 页；Citigroup Inc., Annual Report 2011（Form 10-K），第 66—67 页（2012 年 2 月 24）（以下用：Citigroup Inc. Annual Report 2011）；Wells Fargo & Co., 2011 Annual Report（Form 10-K），第 46—84 页（2012 年 2 月 18 日）；Goldman Sachs Annual Report 2011（Form 10-K），见脚注 80，第 82—86 页；Morgan Stanley, Annual Report 2011（Form 10-K），第 102—106 页（2012 年 2 月 29 日）；U. S. Bancorp, Annual Report 2011（Form 10-K），第 34—54 页（2012 年 2 月 23 日）；HSBC USA Inc., Annual Report 2011（Form 10-K），第 131—133 页（2012 年 2 月 27 日）；Bank of N. Y. Mellon Corp., Annual Report 2011（Form 10-K），第 57—59 页（2012 年 2 月 28 日）。

[107] Bd. of Governors of The Fed. Reserve, Division of Banking Supervision and Regulation, Trading and Capital-Markets Activities Manual 2020. 3，第 1 页（Supp. 14，2011）（以下用：Fed, Capital-Markets Activities Manual）。

[108] 见下文第 4.2 节及其中引用的资料来源。

[109] Capital-Markets Activities Manual，见脚注 107，§ 2020. 2，第 1 页。

[110] 有关银行对其他银行信用度进行有意义评估能力的进一步讨论，见下文第 3.1 节。

并不完美。银行经常不能准确评估自己的风险敞口,摩根大通的"伦敦鲸"事件就很好地说明了这一点,在该事件中,一系列旨在管理风险的交易导致了近60亿美元的损失,摩根大通不得不承认其内部控制存在"重大缺陷",正是这些缺陷导致交易员虚夸交易估值的行为没有被发现。[111] 市场参与者就像监管者,有时也会犯错。然而,分析表明,银行会将少量资源用于监测和应对其他银行及金融机构的风险行为。这样做,他们可能会了解其他银行的风险敞口,即使这种了解并不完整且有缺陷,但也是有价值的。

2.3 银行同业约束的强制实施

支持银行同业约束力量的第三个也是最后一个组成部分是一种机制,通过该机制,一家银行(施加约束的银行)可以修改它对另一家银行(受约束银行)引发的风险所做的评估,从而影响受约束银行的活动。受约束银行不需要知道它正在受到约束,但它必须感受到这种影响。一般来说,关注银行风险敞口的利益相关者可以通过以下两种方式做出回应。它可以行使其合同、投票或其他权利,以改变银行的活动,或直接减少对银行的风险敞口。银行之间主要通过后一种方式,但这个过程并不简单。本部分重点讨论信用风险,然后考虑银行同业约束的其他原因和机制。

银行应对其他银行的感知风险的主要方式是信用限额。如果施加约束的银行对另一家银行的风险状况的评估发生了变化,前者愿意对后者承担的最大风险也会相应改变。限额通常设置在多个级别,包括公司范围内的限额以及由特定部门或与特定类型交易相关的总信用风险敞口限额。[112] 随着施加约束的银行改变它对受约束银行引发的风险所做的评估,它会相应地修改信用限额,并相应地改变它对受约束银行的实际信用风险敞口。施加约束的银行可以拒绝发放新的贷款,或与受约束银行签订新的贷款协议,终止现有的安排,以及将现有安排转让给第三方来寻求退出,从而减小它对受约束银行的实际信用风险敞口。[113] 在其他条件保持不变的情况下,这样做的效果会减少受约束银行的业务

---

[111] Dan Fitzpatrick & Matthias Rieker, Whale's Tail Hits Buyback, *Wall St. J.*, 2012 年 8 月 10 日, 第 C1 版; Dan Fitzpatrick & Gregory Zuckerman, 'Whale' Tab Hits $5.8 Billion, *Wall St. J.*, 2012 年 7 月 13 日, 第 B1 版。

[112] 也可参见 Capital-Markets Activities Manual, 见脚注 107, §2020.2, 第 9—10 页。

[113] 同上, 第 10 页。

和营业收入。虽然单独来看这种影响可能很小，但众多银行在与受约束银行的交易中做出类似改变的总体影响可能是非常显著的。[114]

然而，分析不能到此为止，因为施加约束的银行通常可以使用其他手段来减少信用敞口。例如，受约束银行往往会寻求以对冲（hedge）的方式间接地进一步减少其风险敞口。信用违约掉期使银行（或任何其他公司）在特定公司倒闭的情况下有效地为自己的损失投保。通过签订涉及受约束银行的信用违约掉期，施加约束的银行可以减小（或消除）它对受约束银行的实际风险敞口。这样做会给施加约束的银行带来成本，因为它必须支付保费，即通常所说的利差，以换取保单。套期保值也会影响受约束银行。市场参与者和监管机构都认为信用违约掉期利差是银行财务状况的指示性指标。[115] 当施加约束的银行对冲其风险敞口时，它对涉及受约束银行的信用违约掉期的需求就会增加，使涉及受约束银行的信用违约掉期利差上升，从而发出一个信号，即施加约束的银行的风险比对冲前看起来要略小一些。[116] 信用违约掉期利差的上升往往也会增加受约束银行必须支付的短期和其他贷款的利息，从而给受约束银行带来直接成本。[117]

然而，银行减少它对其他银行的实际信用风险敞口的另一种方式是抵押品安排。在相关风险敞口有抵押品的情况下，银行可以用抵押品的价值来减少其他银行破产带来的潜在损失。由于美国《破产法》提供的特殊保护，抵押品保护在银行作为衍生品交易的对手方时特别有用。[118]

与对冲一样，使用抵押品来减小实际风险敞口需要交易成本，而且往往会给银行双方带来额外成本。当一家银行被要求提供抵押品时，它就失去了将承

---

[114] 参见 Duffie，见脚注29，第1—3页（这是一家综合性银行倒闭的典型早期阶段，也是导致其倒闭的原因之一，即交易对手越来越不愿意与之签订新的协议，并将未完成的协议转让给第三方）。

[115] Christian Weistroffer, *Deutsche Bank*, *Credit Default Swaps: Heading Towards A More Stable System* 9 (2009), http://www.dbresearch.com/PROD/DBR_INTERNET_EN-PROD/PROD0000000000252032/Credit+default+swaps%3A+Heading+towards+a+more+stable+system.pdf（信用违约掉期利差是私人银行、中央银行、监管机构和国际组织的重要信息来源）。

[116] 参见 Duffie，见脚注29，第1—2页（描述信号如何导致市场流言）。

[117] 参见 Tony Boyd, Rating Agencies at Risk, *Bus. Spectator* (Dec. 9, 2008, 12:29 PM), http://www.businessspectator.com.au/bs.nsf/Article/Rating-agencies-at-risk-$pd20081209-M63NG?OpenDocument（描述了越来越多地使用信用违约掉期利差作为设定贷款利率的参考）。

[118] Roe，见脚注10，第547—548页。

诺资产（committed assest）用于其他生产目的的能力。如果一家银行被要求提供高质量、高流动性的抵押品（通常如此），那么它就会相应地面临更大的流动性限制，并且可用于寻求其他机会的流动性资产也会减少。即使是或有的抵押品承诺，对银行来说也是代价高昂的，因为受约束银行必须改变其经营方式，以确保在意外情况发生时有足够多令人满意的抵押品。[119] 相应地，被要求提供抵押品的受约束银行可能会要求更好的条件来补偿这些不利因素，给施加约束的银行带来潜在成本。施加约束的银行在监督和执行要求抵押品的或有权利方面也面临着挑战。一个决定性的挑战是，抵押品的价值会发生变化。即使看起来高质量和高流动性的抵押品（如危机前大多数 AAA 评级的抵押贷款支持证券），也可能被证明并非如此，而真正的高质量资产可能供不应求。[120]

在实践中，一家银行为了寻求减少对另一家银行的风险敞口，通常会在不同程度上使用所有上述三种机制。有时，银行也会因承担额外的信用风险而寻求其他形式的补偿，例如要求更优惠的条款。施加约束的银行也可能利用其他机制，如担保，以降低与它有业务往来的银行倒闭导致损失的概率。施加约束的银行对这些机制的依赖程度涉及复杂的成本收益权衡。公司内部的动态，例如银行用于设置总风险敞口限额、对特定交易类型和部门施加限制的程序，以及它用于实施此类限制的机制，可以进一步改变这种成本收益权衡。

这里分析的关键是，一家银行减少对另一家银行的信用风险敞口不可能不给双方带来成本。施加约束的银行为减小其信用风险而采取的所有行动都会给受约束银行带来成本，而且许多行动也会给施加约束的银行自身带来成本。由于会产生相关成本，银行一般不会使用抵押品和其他形式的对冲来完全消除对其他银行的信用风险敞口。例如，摩根大通发布的数据显示，在 2007 年至 2011 年，在该公司对所有金融机构的信用风险敞口中，有对冲的占 12% ~ 20%。[121] 同样，在 2011 年底，花旗集团将它对银行和经纪商的信用风险敞口的 10%，以及对保险和特殊目的实体的信用风险敞口的 5% 进行了对冲；一年

---

[119] 例如，Gretchen Morgenson & Louise Story, Testy Conflict With Goldman Helped Push A. I. G. to Precipice, *N. Y. Times*, 2010，年 2 月 7 日，第 A1 版。

[120] 例如，Gary Gorton, Slapped in the Face by the Invisible Hand: Banking and the Panic of 2007，第 5 页（Yale & NBER, Working Paper, 2009）（由作者存档）。

[121] 根据摩根大通相关年份提交的 10-K 表格年度报告数据计算得出。支持数据已由作者存档并可供审查。

前，这些数字分别为7%和4%。[122] 由于施加约束的银行寻求最小化由此产生的成本，这些成本的大部分将落在受约束银行身上。同样，当一家银行改变其活动和风险状况，使得与该银行的合作对其他银行更有吸引力时，后者应该通过增加对前者的信用额度，减少对对冲和抵押品的依赖，以其他更有利的条件与前者进行交易。

除了银行管理信用风险的努力，银行同业约束也可能源于银行管理同业交易可能产生的其他风险。[123] 摩根大通为管理它向银行提供清算服务而产生的运营、诉讼和其他风险所做的努力就是例证。正如《华尔街日报》在其货币与投资栏目的头条报道的，摩根大通审查了它向银行和其他金融机构提供的清算服务，目的是"减少对一些客户的服务，切断与其他客户的联系"。[124] 值得注意的是，它并没有全面减少提供的服务。2012年第二季度，该部门的净收入为4.63亿美元，占该公司当季利润的9%。[125] 相反，摩根大通进行了复杂的成本收益分析，其中考虑了它对所服务公司面临的下行风险的评估，并相应地调整了其服务。[126]《华尔街日报》的这篇文章能够在头条发表，甚至能在摩根大通对这些变化发表公开声明之前就发表，恰恰反映了这种变化对那些受影响机构的经济意义。因此，这也是一个银行同业约束的例子。

前面三小节共同描述了各银行受到其他银行持续监督的机制。许多银行都会定期评估其合作银行的风险状况。在评估过程中，施加约束的银行会调整它们与受约束银行的合作意愿，并相应地改变自身的行为。所有这些过程都是动态的和迭代的，这些评估和反应将越来越多地反映受约束银行随时间推移的实际风险敞口。银行同业约束的参与者数量越多，越能提高整个系统的准确性。银行同业约束不是一家银行评估另一家银行的产物。相反，它的力量在于许多银行不断对彼此做出判断。如果孤立地看，这些决定可能只对受约束银行产生较小的影响，但在总体上却能产生重大的影响。通过奖励那些改变风险状况使自己从信用风险的角度看具有吸引力的银行，同时惩罚那些做相反事情的银

---

[122] Citigroup Inc. Annual Report 2011, 见脚注106, 第93页。

[123] 见脚注94—98以及附文。

[124] Julie Steinberg, Jenny Strasburg & Dan Fitzpatrick, J. P. Morgan Rankled by Risk—Bank Seeks to Dial Back Some Dealings With Brokerages, *Wall St. J.*, 2012年8月31日, 第C1版。

[125] 同上。

[126] 参见上文第2.1节。

行，银行同业约束给风险状况不同的银行带来了直接的实际收益或成本。因此，银行同业约束激励银行以某些重要且有时费力的方式改变其经营方式。

2.4 关于危机的一个注解

许多人认为，2007—2008 年金融危机证明了市场的完败，因此也证明了依赖市场约束是错误的。就连美联储前主席艾伦·格林斯潘也表示"震惊得令人怀疑……贷款机构保护股东权益的自身利益"不足以阻止危机。[127] 本小节解释了为什么危机和其他明显的市场失灵改变了我们理解市场约束的视角，但并没有削弱理解和应对其影响的重要性。

危机没有削弱银行同业约束的重要性，最重要的原因与适当的比较基础有关。如果问题是：银行是否能完美地监控其他银行，答案显然是否定的。银行的不透明性使其他银行无法完全了解一家银行面临的风险。此外，考虑到获取和处理信息的成本，以及代表银行进行风险管理的人的易变性，即使有完美的信息，施加约束的银行几乎肯定也无法完全纳入这些信息。然而，关注银行同业约束，并不要求银行必须完成完美的工作，政策选择必然也是不完美的。所有参与监测和评估银行风险承担的人，包括银行审查机构、信用评级机构和其他市场参与者，经常未能识别濒临破产的银行，并且错误地评估特定机构带来的风险。因此，银行同业约束虽然可能是有缺陷的，但也足够强大，在决定如何最好地配置有限的政府资源时应考虑其影响。此外，承认市场约束的重要性不需要，也不意味着完全放弃监管式监督。只要银行之间相互施加的约束影响了银行的风险承担（目前为止的分析均支持这一结论），它就值得监管部门关注。

另外，2008 年金融危机印证了本文关于银行同业约束的力量和效力的主张。首先，大多数银行当前的风险管理实践比危机前的风险管理实践要稳健得多。总体而言，信用风险管理实践不断改进，危机大大加速了这一进程。危机后通过的监管变革为机构改进风险管理实践提供了进一步的动力。例如，美联储提出了新的规则，旨在确保银行风险管理系统的稳健可靠，并规定大型银行要设立风险管理委员会。金融稳定监督委员会也发布了类似的建议，指示银行高管建立"强有

---

[127] The Financial Crisis and the Role of the Federal Regulators: Hearing Before the H. Comm. on Oversight and Gov't Reform, 110th Cong. 17 (2008)（美联储前主席艾伦·格林斯潘的陈述）。

力的风险管理和报告制度",并"为风险管理的失败建立明确的问责制"。[128] 可以肯定的是,银行对其他银行的监督和约束似乎过于松懈。与银行同业约束的其他方面一样,如果没有监管部门的干预,银行同业约束可能趋于顺周期性,在繁荣时期变得更加宽松,这一风险是确定如何更好地应对银行同业约束的重要因素。但这并不是忽视银行同业约束的理由。而且,在摆脱了因银行倒闭数量少而造成的虚假平静之后,今天的银行对银行同业风险敞口带来的风险比危机前要敏感得多。

我们也有理由相信,许多银行已经有了相当健全的风险管理系统。但银行可能严重高估了房地产市场的实力,同时低估了与之相关的证券化工具带来的风险,但危机本身不能完全归因于银行监控和管理对其他银行的风险敞口的风险管理系统存在缺陷。银行的利益和社会的利益并不完全一致,政府的救助使银行获利,甚至还会付出社会代价。[129] 令许多人惊愕的是,绝大多数综合性银行在危机中幸存下来,其中许多实现了可观的利润,并给高层管理人员支付了相应的巨额奖金,而经济中的其余部分只是从危机带来的无数挑战中缓慢复苏。[130]

此外,危机中一些最重要的事态发展部分是由银行同业约束引起的。例如,贝尔斯登和雷曼兄弟的倒闭很大程度上要归因于其他银行拒绝为陷入困境的银行提供融资或以足够优惠的条件与它们进行其他交易。[131] 同样,高盛对美国国际集

---

[128] FSOC, 2012 Annual Report, 见脚注39, 第15页; 也可参见 Dodd-Frank Wall Street Reform and Consumer Protection Act, *Pub. L.* No. 111-203, § 165 (h), 124 Stat. 1376, 1429–30 (2010); Enhanced Prudential Standards and Early Remediation Requirements for Covered Companies, 77 Fed. Reg. 594, 600 (2012年1月5日提议)。

[129] 见下文第3.2节。

[130] 也可参见 FSOC, 2011 Annual Report, 见脚注49, 第58—59页 (图表5.2.12显示, 截至2011年第一季度, 最大银行的税前净收入仅比2006年下降了12%); Press Release, U. S. Dep't of the Treasury, The Special Master for TARP Executive Compensation Concludes the Review of Prior Payments (July 23, 2010), http://www.treasury.gov/press-center/press-releases/Pages/tg786.aspx (注意到在金融危机达到顶峰后的几年里银行的巨额奖金)。

[131] 参见 Darrell Duffie, The Failure Mechanics of Dealer Banks, 24 *J. Econ. Persp.*, 第51页、第65—66页 (2010) (描述银行迅速退出与贝尔斯登的交易, 例如拒绝贝尔斯登的债务更替请求); Bryan Burroughs, Bringing Down Bear Stearns, *Vanity Fair*, 2008年8月, 第106页、第151页 (高盛和瑞士信贷的高管都告诉他们的交易员, 在信贷部门批准之前, 暂缓执行所有与贝尔斯登有关的债务更替请求); Kate Kelly, The Fall of Bear Stearns: Fear, Rumors Touched Off Fatal Run on Bear Stearns, *Wall St. J.*, 2008年5月28日, 第A1版。

团提出的抵押品要求在导致后者需要政府救助方面发挥了关键作用。[132] 在每种情况下,是市场而非监管机构认定相关公司陷入困境,并采取相应行动对其进行处罚。这些例子再次说明,不受制约的市场约束可能会导致社会次优结果。市场约束的实施可能加剧问题而不是防止问题。然而,在确定对银行同业约束的适当政策反应时,这些挑战也是需要考虑的重要因素,但这并不是忽视市场约束力量的理由。[133]

3. 银行作为约束者

本节着眼于银行在对其他银行施加约束方面的能力和激励措施。因此,它超越了本文的核心目标,即关注银行同业约束的力量,转而关注银行同业约束的效果。本节揭示了银行同业约束的负面效应及其效力(efficacy)的变异,进而说明为什么本文主张在应对银行同业约束时采用互补的方法。

这里倡导的互补方法与市场约束倡导者普遍认可的两种方法有某些共同的假设,即放松监管和双重保险(belt-and-suspenders)。互补方法与放松监管反应中固有的假设相同,即当市场表现良好时,我们应该减少,也许是显著减少用于它的监管资源。它还与"双重保险"方法有同样的务实观点,即监管机构或市场参与者总是不完美的,金融体系的稳定性是一种足够有价值的社会公益,值得肯定。[134] 互补方法与这些既定方法的不同之处在于,在评估银行同业约束对确定监管重点的重要性时,我们还应考虑监管机构和市场参与者的相对优势。有两个维度值得特别关注,即能力和激励。能力很重要,因为了解银行做得好的地方,以及监管者可能做得更好的地方,可以了解如何根据市场施加的约束,最好地配置有限的监管资源。激励机制很重要,如果作为重要的市场参与者的银行与能使社会福利最大化的活动之间存在激励机制方面的差异,就可能需要监管干预,以抵消差异的影响或者消除差异。本节讨论了银行作为约束者的能力和激励机制。下一节则讨论监管机构的能力与激励机制。

---

[132] Morgenson & Story,见脚注119。
[133] 见下文第3.2节。
[134] 也可参见 Bartlett,见脚注63,第316页;Roe,见脚注10,第589页。

3.1 银行作为约束者的能力

银行可能成为有效约束者的主要原因在于经济激励的力量。[135] 如果监管机构失败，它们可能会失去声望，但银行审查人员很少因犯错而被解雇，雇用他们的监管机构不太可能因为他们的错误而倒闭。对银行来说，情况并非如此。银行相互之间的经济风险敞口规模如果很大，了解其他银行面临的风险并酌情保护自己就会产生很大的经济利益。此外，危机后改善风险管理的一种方式是建立新机制，确保银行高管在风险管理中发挥更积极的作用。[136] 因此，银行内部可能破坏风险管理系统效能的代理成本应该比过去受到更严格的限制。

与银行成为有效约束者的经济激励密切相关的是他们雇用最优秀人才的能力。银行在提供薪酬方面不受限制，许多银行典型的高额薪酬有助于它们吸引非常有能力的人才。[137] 此外，一些领先的银行，如高盛，以交易员和风险管理人员相互调岗而闻名。[138] 这种人员流动不仅可以促进风险管理部门和其他部门之间的良好工作关系，而且可以进一步提高银行吸引有能力的人担任风险管理职位的能力。

然而，银行可能成为有效约束者的另一个原因是，它们分析的实体与自己非常相似。例如，各家银行都了解其他银行需要提交的财务报告，因为它们自己也必须遵守同样的规则要求。这使各家银行在分析另一家银行的财务报表时具有优势，能够深入了解哪些数字可能是可靠的，哪些可能涉及更多的判断［并受制于勾兑（gaming）］，一家银行财务状况的哪些微小变化可能预

---

[135] 参见 Macey & Garrett，见脚注 26，第 220 页（监管机构在设计控制银行风险的方法方面，与私人部门一样有效的可能性微乎其微，因为监管机构与私人机构不同，它自身的资金并不处于危险之中）。

[136] Enhanced Prudential Standards and Early Remediation Requirements for Covered Companies, 77 Fed. Reg. 594, 600（2012 年 1 月 5 日提议）（要求大型银行设立风险管理委员会）；FDIC Office of the Inspector Gen., No. Mlr-11-010, Follow-Up Audit of Fdic Supervision Program Enhancements: Material Loss Reviews Report No. Mlr-11-010, 第 14—16 页（2010）（描述联邦存款保险公司的政策和程序变化，这些政策和程序旨在解决银行董事会和管理层在应对已发现的弱点方面的角色问题）。

[137] Margaret M. Blair, Financial Innovation, Leverage, Bubbles and the Distribution of Income, 30 Rev. Banking & Fin. L., 第 225 页、第 284—285 页（2010 - 2011）（描述了许多研究，这些研究论证了银行家通常获得相当可观的薪酬）。

[138] Dominic Elliott, Inside Goldman Sachs Risk Management, Financial News, Apr. 19, 2010, http：//www.efinancialnews.com/story/2010-04-19/inside-goldman-sachs-risk-management（指出高盛有一种"将交易员调整到风险管理岗位的文化"）。

示着未来的问题,以及其他议题。鉴于当今综合性银行的财务报告过程必然涉及众多需要判断力才能做出的决定(judgement call),这些见解可能特别有价值。[139]

与其他市场参与者相比,银行拥有的一个相关优势是,作为相同市场的积极参与者,银行通常掌握有关其他银行活动和风险敞口的内幕信息。例如,在危机前的几年里,承销商和那些参与将抵押贷款打包成抵押贷款支持证券的人可能比大多数人更了解哪些银行的承销政策和做法最松懈。同样,特定领域的交易者通常会知道谁在购买什么以及以什么条件购买。此类信号可能很嘈杂,特别是因为银行可能会参与一些活动以限制第三方推断其交易策略的能力。尽管如此,不完全的信息仍然是信息,并且可能非常有价值,特别是结合对相关市场的深入了解并考虑到银行是出了名的不透明机构这一事实。[140]

然而,银行作为约束者可能特别有效的另一个原因是,评估另一家银行的风险大小所需的判断类型与银行必须就其业务的其他方面做出的判断类型之间存在重叠。例如,如果一家银行拥有大规模的商业房地产投资组合,或者积极押注某一区域的一些国家发行的主权债务,那么评估该银行的风险大小就需要判断商业房地产市场或发债国家的实力。银行一直在做这类判断,并且它们拥有强大的财务激励(即使除了银行同业信用风险敞口)以确保这些判断尽可能准确。这是银行不仅相对于其他市场参与者,而且相对于银行监管机构可能具有的优势之一。

现有证据支持银行可能是有效约束者的观点。例如,在一项关于银行向其他银行收取隔夜贷款利率的研究中,克雷格·福尔金发现"盈利能力较强、

---

[139] 也可参见 Sven Bornemann et al., Are Banks Using Hidden Reserves to Beat Earnings Benchmarks? Evidence From Germany, 36 *J. of Banking & Fin.*, 第 2403 页 (2012)(提供的证据表明,银行建立了用于管理收益的隐性准备金); David Enrich & Max Colchester, EU Banks' Risk in Eyes of Beholder, *Wall St. J.*, 2012 年 6 月 22 日, 第 C1 版(关注了"众多银行……打算提高其资本率——这是衡量其吸收未来损失能力的关键指标——部分是通过调整评估资产风险的方式来实现的"); Floyd Norris, Accountants Misled Us Into Crisis, *N. Y. Times*, 2009 年 9 月 11 日, 第 B1 版(引用时任财务会计准则委员会主席 Robert Herz 的话说,某些会计做法导致了"我们整个金融系统的重要方面……像狂野的西部秀一样运作,导致巨大的不受监管的不透明市场")。

[140] Donald P. Morgan, Rating Banks: Risk and Uncertainty in an Opaque Industry, 92 *Am. Econ. Rev.* 874 (2002).

问题贷款较少且资本率较高的银行支付的利率较低"。[141] 美联储设定了隔夜贷款利率的目标,银行之间相互收取的日平均利率被称为有效联邦基金利率,但任何一家银行向另一家银行收取的利率完全由参与拆借的银行决定。福尔金根据其研究结果得出的结论是:"联邦基金贷款的价格部分反映了借款机构的信用风险……表明银行可以区分同行之间的信用风险,并对贷款合同进行相应的定价。"[142] 同样,加拉·阿方索和她的合著者发现,"不良贷款比例很高的综合性银行在雷曼兄弟破产后的几天里,其每日借款金额大幅减少,从交易对手那里的借款也减少了。"[143] 基于这一发现和其他发现,他们得出的结论是,"他们的结果支持如下解释:高度关注对手方风险降低了流动性,提高了较弱银行的融资成本"。[144]

针对不同银行的信用违约掉期利差进一步证明了银行同业约束。贝尔斯登和雷曼兄弟的信用违约掉期利差在各自倒闭之前显著上升,而在整个危机期间,不同银行的信用违约掉期利差表现出明显的差异。[145] 作为银行用来管理对其他银行的信用风险敞口的主要机制之一,信用违约掉期利差的差异程度可能至少部分表明银行致力于监测和管理对其他银行的信用风险敞口。[146]

---

[141] Craig H. Furgine, Banks as Monitors of Other Banks: Evidence From the Overnight Federal Funds Market, 74 *J. of Bus.* 33, 54 (2001).

[142] 同上。

[143] Gara Afonso, Anna Kovner & Antoinette Schoar, Stressed, Not Frozen: The Federal Funds Market in the Financial Crisis, 66 *J. Fin.*, 1109, 1110 (2011).

[144] 同上,也可参见 Thomas B. King, Discipline and Liquidity in the Interbank Market, 40 *J. Money, Banking and Credit*, 第295页 (2008)(使用20年的面板数据证明高风险银行一直比安全银行支付更多的银行同业贷款,并且不太可能将这些贷款用作流动性来源);Paolo Angelini et al., The Interbank Market After August 2007: What Has Changed and Why? (Bank of Italy, Working Paper No. 731, 2009)(发现2007年8月后借款银行的特征对银行同业拆借利率的重要性有所增加)。但也可参见 Viral Acharya & Ouarda Merrouche, Precautionary Hoarding of Liquidity and Inter-Bank Markets: Evidence From the Sub-Prime Crisis (Sept., 2011)(未发表文稿)(研究发现,在英国前十家最大银行的借款利率并不因银行特征而有显著差异)。

[145] Hart & Zingales,见脚注40,第31页表1(为主要银行提供危机前和危机期间四个关键日期的CDS利差,显示各银行在每个日期的显著差异);参见 Robert J. Grossman & Martin Hansen, *FitchRatings, CDS Spreads as Default Risk Indicators* 12 (2011),可从如下网址获得:http://www.scribd.com/doc/63597725/CDS-Spreads-as-Default-Risk-Indicators-Feb-2011(显示2006年1月至2010年10月,包括雷曼兄弟和贝尔斯登等在内的美国经纪交易商的CDS利差)。

[146] 见上文第2.3节。

同时，银行作为约束者的效力也存在明显的不足。许多不足来自下文所述的激励问题，但另一些不足则来自机构和职位约束。例如，银行永远不会获得监管机构所掌握的内部信息获取权限，也没有监管机构可能采取的广泛的补救措施。[147] 这里的关键是我们有理由期待银行在监测和应对其他银行的风险状况变化方面可能非常有效。

3.2 银行作为约束者的激励

银行相互监督和约束，因为限制其下行风险敞口符合它们的经济利益，而不是为了最大化社会福利。这两个目标经常重叠。如果一家银行承担了过多的风险，其他银行应该相应地对它进行处罚，以阻止这种行为。此时，银行相互施加的约束实现了巴塞尔协议中包含的并得到了许多支持者拥护的市场约束。[148] 一般来说，就"量"的角度讨论银行承担的风险时，银行的利益和社会的利益基本是一致的，换言之，过度承担风险对银行和社会都不利。

不过，抛开银行是否过度承担风险的问题，仅考虑银行承担的风险的性质，就会发现银行的激励措施在许多方面可能是次优的。正如危机表明的，偏离最优激励的一个重要原因与流动性风险有关。银行同业市场发挥着重要作用，有助于在正常时期顺利获得流动性。同时，银行同业市场可能会产生低效率，并可能在出现问题时加剧流动性萎缩。这些动态变化有助于解释中央银行作为最后贷款人的价值。[149] 本文将关注非危机时期，研究在缺乏干预的情况下，银行同业约束可能导致社会次优结果的其他方式。尽管可能存在更多的问题，但有三个问题值得特别关注，它们分别是：系统性风险、尾部风险和关联风险。

---

[147] 见上文第 2.2 节。
[148] Basel Comm. on Banking Supervision，见脚注 57。
[149] 例如，Acharya et al.，见脚注 68（表明银行可能以导致实际流动性短缺的方式利用市场力量，为中央银行充当最后贷款人提供了理由）；Allen et al.，见脚注 68，第 640 页（在某些情况下，引入一家从事公开市场操作的央行来修复……短期利率消除了与缺乏对冲机会相关的低效率）；Xavier Freixas et al.，Bank Liquidity, Interbank Markets, and Monetary Policy, 24 Rev. of Fin. Stud，第 2656 页、第 2658 页（2011）（表明"在金融危机期间，中央银行的利率政策可以直接改善银行间贷款市场的流动性状况"）。关于危机期间银行同业市场如何运作的讨论，参见 Afonso et al.，见脚注 143。

3.2.1 系统性风险

银行的激励机制与社会最优激励机制之间最重要的不同在于它们对系统性风险的关注度不同。由于银行业危机会带来巨大的外部效应,银行及其利益相关者在避免系统性风险方面没有最优激励机制。[150] 政府干预的可能性使得与最优激励的偏离成为道德风险的根源。[151] 这意味着,随着银行倒闭产生系统性影响的可能性增加,银行的激励与使社会福利最大化的激励之间的偏离也会扩大。

政府的救助永远无法保证,但这并不影响可能的救助在其他银行的风险评估中发挥作用。风险管理的一个核心功能是为各种可能的结果分配概率。政府救助具有足够的可预测性,以至于风险管理人员在评估银行的信用度时早已将其考虑在内。例如,当穆迪对一家银行进行信用评级时,它一般分两个步骤。首先,它对银行作为一个独立实体进行透彻的分析,并在此基础上给它一个初始评级。[152] 之后,它才进行单独分析,考虑该银行在面临财务困境时获得外部支持的可能性,包括政府救助。[153] 再之后,穆迪对其评级进行相应的调整。因此,任何银行的最终评级都是该银行的实际信用度和穆迪对其获得救助的可能性进行评估的产物。[154] 一家银行的债权人,包括其他银行,会对它们的分析进行类似的调整。[155] 经验证据还显示,当新的信息出现时,银行能够非常迅速地

---

[150] 同上文第 1.1 节。

[151] 同上文第 1.1 节;参见 Pragyan Deb, Market Frictions, Interbank Linkages and Excessive Interconnections 19(2012 年 7 月)(未发表文稿),可从以下网址获得:http://personal.lse.ac.uk/debp/Papers/Network_Paper.pdf(运用一个模型表明,在政府担保的情况下,包括对救助的隐含预期,"有竞争力的银行发现,即使在传染风险很高的情况下参与银行同业市场也是最优选择,但这样做从社会层面看是次优的")。

[152] Ifigenia Palimeri et al., *Moody's Global Banking*, *No. 114705*, *Special Comment*: Calibrating Bank Ratings in the Context of the Global Financial Crisis 4(2009),available at http://www.iflr.com/pdfs/web-seminars/regulatory-capital/moodys_2-09.pdf.

[153] 同上,第 4—5 页。

[154] 同上。

[155] Duffie,见脚注 29,第 5 页(解释了"系统重要性金融机构的债权人可能会提供反映政府救助可能性的融资条款",从而加剧了道德风险);Reint Gropp et al., Equity and Bond Market Signals as Leading Indicators of Bank Fragility(European Central Bank,Working Paper No.150,2002)(发现次级债收益率反映了银行风险,但仅限于对政府支持没有强烈预期的情况)。

修改它们对救助概率的估计,并且它们会相应地迅速调整与其他银行合作的意愿。[156]

这些动态表现出来的最广为人知的方式,也是最有经验支持的方式,是银行变得大而不能倒的现象。例如,研究新债券发行的经济学家发现,"银行规模越大,其投资组合对解释其债券利差的作用越小"。[157] 对于那些政府之前表示可能大而不能倒的银行来说,这种影响尤其明显。[158] 换句话说,市场认为一些银行可能大而不能倒,而这些银行能够以低于它们原本必须支付的利率借款。最近关于银行规模与针对该银行的信用违约掉期利差之间关系的研究提供了进一步的证据,表明市场认为一些银行大而不能倒,这影响了市场参与者承担与银行相关的信用风险的意愿。[159] 最近的一项研究表明,由于对大而不能倒的救助预期,政府向美国18家最大的银行控股公司提供的隐性补贴额每年超过340亿美元。[160]

毫不奇怪,也有证据表明,银行意识到这些好处后,积极寻求变得大而不能倒,以享受政府对这类机构的补贴。[161] 因此,出现了这样一个反馈循环:如果一家银行知道它可以通过增加其获得救助的可能性而从债权人和其他人那里获得更优惠的条件,它就会改变自己以增加这种可能性,从而能够享受这种可能性变化带来的当前经济优势。银行同业关系提供了一种重要的机制,通过这种机制,银行可以从获得救助的可能性中立即受益。

大而不能倒仍然是一个重大问题,但它不再是唯一的问题。危机清楚地表

---

[156] Afonso et al., 见脚注143,第1111页(发现当"AIG救助计划宣布时,最大银行的银行间贷款利差急剧下降",而"小银行……继续面临更高的利差")。

[157] Donald P. Morgan & Kevin J. Stiroh, Market Discipline of Banks: The Asset Test, 20 *J. Fin. Serv. Res.* 195 (2001).

[158] 同上。

[159] Manja Völz & Michael Wedow, Market Discipline and Too-Big-to-Fail in the CDS Market: Does Banks' Size Reduce Market Discipline?, 18 *J. Empirical Fin.* 195 (2011).

[160] Dean Baker & Travis McArthur, Ctr. for Econ. & Policy Research, The Value of the "Too Big to Fail" Big Bank Subsidy 2 (2009).

[161] 例如,Maria Fabiana Penas & Haluk Unal, Gains in Bank Mergers: Evidence From the Bond Markets, 74 *J. Fin. Econ.* 第149页(2004); Edward J. Kane, Incentives for Banking Megamergers: What Motives Might Regulators Infer From Event-Study Evidence?, 32 *J. Money, Credit, & Banking*, 第671页(2000)。关于综合性银行利弊的文献综述,以及银行增长多大程度上可能归因于努力变成"大而不能倒"的文献,参见Wilmarth, 见脚注45,第302—312页,以及其中引用的资料来源。

明，银行倒闭的系统性影响以及政府救助的可能性不仅仅是银行规模的产物。当银行"关联性太强而不能倒"或者"联系过于紧密而不能倒"时，系统性风险也会增加。[162] 因此，我们可以预期，银行在评估它们与其他银行的关系时，也会考虑上述特征。

当一家银行签订合同或以其他方式与另一家银行合作时，每家银行都会增加与另一家银行的关联。一家银行与其他银行的关联度越高，其倒闭产生系统性后果的可能性就越大，政府进行干预以防止其倒闭的可能性也就越大。因此，当 A 银行评估是否与 B 银行达成协议时，A 银行可以合理地预期，建立这种关系的过程本身会增加政府在 A 银行或 B 银行面临财务困难时进行干预的可能性。最终的结果是，签订协议使 A 银行直接受益，因为这增加了它被救助的可能性，并间接地减少了它在与 B 银行交易时承担的信用风险（因为也增加了 B 银行被救助的可能性）。因此，由此产生的关联本身可能会增加 A 银行与 B 银行建立关系的激励。

类似的动态也出现在关联风险承担方面。如果一家银行因非常特殊的原因倒闭，监管机构几乎没有理由（除了刚刚提到的两个原因）不允许该银行倒闭。监管机构也有工具来限制这种倒闭的系统性影响。[163] 然而，如果众多银行面临相同的风险，情况就会发生巨大变化。如果银行共同的风险敞口存在问题，政府在决定是否干预时，必须考虑有风险的银行倒闭带来的系统性影响。因此，如果 A 银行选择对 B 银行或 C 银行增加经济风险敞口，且这两家银行都面临相同的风险，那么 A 银行应该优先选择与自身风险状况最相似的银行。当然，这样做的结果很可能加剧脆弱性。银行因具有与其他银行相同的风险而获益，但事实上，如果银行承担更多的是非系统性风险，则会使整个金融体系更加稳定。[164]

需要明确的是，当银行倒闭的系统性成本足够高时，政府可能救助银行的预期会引发两个相关的问题。首先，银行本身有激励变得更加相互关联，并持有与其他银行更密切相关的风险敞口，以增加它们获得救助的可能性。其次，

---

[162] Coffee，见脚注 61，第 816 页。

[163] Dodd-Frank Wall Street Reform and Consumer Protection Act, Pub. L. No. 111 – 203, tit. II, 124 Stat. 1376, 1442 – 1520 (2010)（编入 12 U. S. C. § § 5381 – 95）。

[164] 例如，Charles K. Whitehead, Destructive Coordination, 96 *Cornell L. Rev.*，第 323 页 (2011)（描述银行承担类似风险产生的破坏性潜力）。

银行同业约束可能会加剧这些趋势,因为它提供了一种机制,通过这种机制,银行可以基于对被救助的预期来实现直接的经济利益。如果一家银行发展壮大、增加其关联性或改变其风险敞口的性质以增加政府救助的可能性,这些变化会影响其他银行对该银行的评估。因此,当银行以任何这些方式改变其风险状况时,其他银行应该相对更愿意与银行合作。可以肯定的是,这种措施并不限于其他银行。银行的所有债权人都可能会调整他们对银行引发信用风险的预期,以考虑政府救助的可能性。[165] 尽管如此,在银行间互动的背景下,这个问题可能特别严重。正是由于银行之间联系的数量和多样性,当另一家银行通过影响其被救助概率改变其风险状况时,它们可以迅速有效地做出反应。[166] 此外,表明银行可能特别善于约束其他银行的所有因素,也有利于银行发现某家银行的风险状况的变化,而风险状况影响银行获得救助的概率。

还有一些具体的理由使人们认为,与其他形式的市场约束相比,银行同业约束更有可能导致相关的风险承担行为,并增强关联性。要评估两家银行之间风险状况的关联性,不仅需要考虑该银行的风险状况,还需要考虑其他银行的风险状况。由于获取和处理此类信息需要成本,很少有利益相关者有足够的激励参与此类分析。相比之下,一家典型的综合性银行与大多数其他综合性银行有关联,因此它们拥有了做出这种判断所需的信息。与此相关的是,银行同业业务是彼此联通的源泉,银行也恰恰利用了这种关联机制来谋取利润。

银行的激励机制不是社会福利最优的,这并不是一个新的见解。尽管如此,本文的分析为政府救助引起道德风险的相关机制提供了新的思路。虽然今天很少有银行去尝试,但这种情况可能会改变,而且可能会迅速改变。银行间的竞争十分激烈,当一家银行意识到以特定方式改变其业务可以立即获得收益,同时面临有限的相关下行风险时,其他银行可能会效仿。[167] 历史上充斥着

---

[165] 救助预期固有问题的双重性并非银行业所独有。也可参见 Charles W. Calomiris, The IMF's Imprudent Role as Lender of Last Resort, 17 *Cato J.* 第 275 页、第 277 页(1998);Steven L. Schwarcz, Sovereign Debt Restructuring: A Bankruptcy Reorganization Approach, 85 *Cornell L. Rev*, 第 956 页、第 961—962 页(2000)。
[166] Capital-Markets Activities Manual,见脚注 107,§ 2020.1,第 10 页(指出作为活跃交易商的银行"应每天监控交易对手的信用风险敞口")。
[167] Posner,见脚注 1,第 264 页(无论对整个经济的影响如何,"竞争……迫使银行承担风险……只要风险是合法的和利润最大化的")。

银行这样做的例子，即使它们的行为加剧了整个金融体系的脆弱性。[168]

3.2.2 尾部风险

银行改变其风险行为的激励和对其他银行的评估以利用隐性政府补贴，这并不是银行同业约束可能导致社会次优结果的唯一方式。第二种也是有点重叠的方式，就是银行的风险管理系统无法反映和衡量尾部风险。尾部风险是低概率事件，但是一旦发生就会导致重大损失（或收益）。[169] 在许多关于危机的叙述中，一个共同的主题是，银行没有充分寻求理解并限制其面临的尾部风险。[170] 对这种失败的部分解释是，银行用于管理风险敞口的主要机制之一，即风险价值（VaR）模型，具有低估尾部风险的已知缺陷。[171] 与导致系统性风险的那些问题类似的激励问题加剧了挑战。银行可以从过度贴现尾部风险中获得可观的利润，而此类风险通常仅在极端不利的情况下才会显现，即在整个金融体系最有可能面临压力且政府最有可能干预时显现。[172] 假设一家银行用于评估自身风险敞口的工具和指标类似于它在评估其他银行的风险敞口时使用的工具和指标，那么典型银行对其直接面临的尾部风险缺乏关注，预示着因缺乏相应考虑而与其交易的类似银行可能面临同样的尾部风险。这些动态会对激励机制产生不利的影响，因为银行因承担尾部风险而受到的惩罚是不足的。

---

[168] William D. Cohan, *House of Cards: A Tale of Hubris and Wretched Excess on Wall Street* 5 (2009)（解释了"高盛、摩根士丹利、美林、雷曼兄弟和贝尔斯登"长期处于"资金危机"的边缘，因为它们过度依赖短期信贷）；Demirgüç-Kunt & Harry Huizinga, 见脚注 49，第 647 页（显示"更高的手续费收入和非存款融资份额增加了银行风险"）。

[169] Peter Conti-Brown, A Proposed Fat-Tail Risk Metric: Disclosures, Derivatives and the Measurement of Financial Risk, 87 *Wash. U. L. Rev.*, 第 1461 页、第 1462—1463 页（2010）。

[170] Viral V. Acharya et al., Manufacturing Tail Risk: A Perspective on the Financial Crisis of 2007 - 2009, 4 *Foundations & Trends In Fin.*, 第 249 页、第 250—251 页（2010）。

[171] 例如，Conti-Brown, 见脚注 169，第 1465 页（认为 VaR 模型的一个主要缺陷是"在危机时期，它不能提供任何关于长尾风险敞口的明确内容，尤其是当这些尾部很肥时"）；Yasuhiro Yamai & Toshinao Yoshiba, Comparative Analyses of Expected Shortfall and Value-at-Risk (3): Their Validity Under Market Stress, 20 *Monetary and Econ. Stud.*, 第 181—182 页（2002）（解释了 VaR 模型往往"忽略实际收益的肥尾特性，低估了极端价格波动的可能性"）；Joe Nocera, Risk Mismanagement, *N. Y. Times Mag.*, 2009 年 1 月 4 日，第 24 页、第 26—27 页（引用著名对冲基金绿光资本创始人大卫·艾因霍恩的话，他把 VaR 模型比作"一个安全气囊，除了发生车祸，它一直都在工作"，因为它无法反映尾部风险）。

[172] Acharya et al., 见脚注 170，第 291 页（认为"危机的根本原因是高杠杆的综合性银行希望承担更大的风险，创造更高的短期'利润'"，它们通过"制造"尾部风险来实现这一目标）。

监管部门对银行施加了新的压力,要求它们进行压力测试,并以其他方式评估它们在极端不利的情况下会如何运作。[173] 然而,尾部风险难以识别和衡量,银行仍然缺乏足够的激励来识别和应对这些风险。如果银行不会因为承担尾部风险而严惩其他银行,要么是因为它们使用的风险管理工具没有捕捉到这些风险,要么是因为它们有激励去贴现这些风险,这样一来,银行之间相互施加约束可能会加剧它们承担过度尾部风险的倾向。

3.2.3 寻求关联性

在关联风险承担方面,也有类似的问题,除了带来系统性风险,它们还会带来其他挑战。理查德·斯奎尔表明,由于股东只承担有限责任,所以企业会普遍低估或有负债,以至于当或有债务的风险显现时,它就该破产了。[174] 因此,公司会设法承担与它已面临的重大风险正相关的或有负债。斯奎尔将这种行为称为"寻求关联性"(correlation seeking)。[175] 为了寻求关联性,公司必须能够明智地判断其面临的风险、这些风险使公司破产的可能性,以及这些风险与公司可能承担的其他风险之间的关联性。鉴于风险管理对银行业的重要性以及银行在这方面投入的大量资源,银行可能特别善于寻求关联性。银行寻求关联性的行为可能会被抵消,因为银行和其他金融机构能够意识到这种风险,而且可能比大多数交易对手更擅长识别这种行为并做出相应的反应。[176] 此外,改变银行高管的薪酬方案可能不单单会使他们回应股东的需求,还会弱化他们寻求关联性的激励。[177]

如果银行寻求关联性,那么当 A 银行评估是否承担与 B 银行关联的信用风险时,将低估与此相关的成本,以至于 A 银行认为它在 B 银行倒闭的风险显现时才会破产。更具体地说,如果 A 银行因贷款、担保和其他承诺而对商

---

[173] Dodd-Frank Wall Street Reform and Consumer Protection Act, Pub. L. No. 111 - 203, § 165 (i) (2), 124 Stat. 1376, 1430 (2010) (编入 12 U. S. C. § 5365)。

[174] Richard Squire, Shareholder Opportunism in a World of Risky Debt, 123 *Harv. L. Rev.*,第 1151 页、第 1158—1159 页(2010)(详述关联公司的风险给股东带来的好处);Richard Squire, Strategic Liability in the Corporate Group, 78 *U. Chi. L. Rev.*,第 605 页、第 607—608 页(2011)(解释了集团内的信用担保作为一种提高股东价值的手段,符合股东的利益,却牺牲了债权人的利益,因为一旦公司集团整体破产,债权人将无法收回贷款)。

[175] 参见脚注 174 引用的资料。

[176] Interagency Guidance,见脚注 7,第 10 页(警告银行注意此类风险)。

[177] Dodd-Frank Wall Street Reform and Consumer Protection Act, Pub. L. No. 111 - 203, § 956, 124 Stat. 1376, 1905 - 06 (2010) (编入 12 U. S. C. § 5641)。

业地产有重大风险敞口，那么 A 银行相对更愿意保护性地买入与持有类似风险敞口的银行相关的信用违约掉期。这意味着，如果 A 银行正在考虑承担与 B 银行或 C 银行有关的或有负债，并且它们的风险敞口规模相同，A 银行将倾向于有相似风险敞口的银行。虽然这个例子的风险参照系，即施加约束的银行的风险状况，不同于系统性风险问题的参照系，即银行的典型风险状况，但寻求关联性的影响可能会夸大上述倾向。银行能从寻求关联性中获得回报，所以有激励承担系统性风险，而没有激励承担非系统性风险。

对银行激励机制的这些见解，再加上本文前述相关内容，阐明了一套强大但不完善的激励体系，而且从社会福利的角度看，它是有缺陷的。这意味着我们可以通过重新考虑监管优先事项和有限监管资源的分配来解决银行同业约束问题，从而建立一个更稳定的金融体系。下一节提供了最后一个必要的背景资料，以确定最佳的前进方向。

4. 银行监管

本节介绍了美国主要的银行监管机构，通过研究它们的历史，探讨它们的监管目标，为实现这些目标能够使用的监管工具，以及如何使用这些工具。本节的重点是银行审查，因为它是最有可能复制并有可能补充和完善银行同业约束的监管模式。关注银行审查的另一个原因是，银行审查仍然是金融监管的一个重要组成部分，但在金融改革的讨论中很少受到关注。这里给出简短的介绍，这反映了本文的主要目的是引起大家对银行同业约束的关注。不过，即使这份简短的介绍，也为评估银行同业约束的政策含义提供了重要的参考。

4.1 历史和动机

目前，美国的银行监管在联邦层面由美联储、货币监理署和联邦存款保险公司这三个联邦监管机构负责，主要监管职责根据银行的性质进行分配。[178] 由

---

[178] 美联储对作为美联储成员的所有银行控股公司和州立银行负有主要监督责任；货币监理署对所有国民银行和储蓄机构负有主要监督责任；联邦存款保险公司对非美联储成员的州立银行和储蓄机构负有主要监督责任。通常可参见 Mark Jickling & Edward V. Murphy, Cong. Research Serv., R40249, Who Regulates Whom? An Overview of U. S. Financial Supervision (2009)（总结了美国金融监管体系中主要联邦机构和机制）。

于合并、改组和破产,主要的投资银行现在都被作为银行来监管。[179] 此外,美联储的监督权在危机后被扩大,以涵盖大型系统重要性金融机构,即使它们不是正式的银行,因此,本文所说的所有美国综合性银行,都受到这些监管机构中的一个或多个的监督。[180]

赋予银行监管机构监督权以及这种监督的目的,主要源于1933年的《格拉斯-斯蒂格尔法案》。该法案设立了联邦存款保险公司,建立了存款保险,并扩大了美联储和货币监理署的监督权力。[181] 银行审查的做法和程序最初主要是为了保护联邦存款保险公司管理的保险基金,故而往往侧重于维护单个金融机构的安全和健康,因为这些机构的破产可能导致对基金的索赔。维持整个金融体系的稳定也是银行监管的一个明确目标,但在危机爆发之前,人们基本上认为,要维持金融体系的稳定,就必须努力维持构成金融体系的各个机构的安全和健康。[182]

随着时间的推移,确保持有受保存款的单个银行的安全和健康这一监管重点得到了重申和肯定。即使长期以来在宏观经济方面的责任比其他银行监管机构更大的美联储,也将此作为其银行监管活动的首要任务,甚至在监管银行控股公司、本身并非存款机构但控制了银行的机构时,也是如此。[183] 其他制度安排进一步强调了对单个金融机构的安全和健康的关注。例如,每个银行监管机构都有一名独立的总监察长,每当银行倒闭导致联邦存款保险公司的保险基金

---

[179] Sewall Chan, Financial Debate Renews Scrutiny On Size of Banks, *N. Y. Times*, 2010年4月21日, 第A1版(描述了"美国银行吞并美林,摩根大通收购贝尔斯登"以及"高盛和摩根改组为银行控股公司")。

[180] Dodd-Frank Wall Street Reform and Consumer Protection Act, Pub. L. No. 111–203, §113, 124 Stat. 1376, 1398–1402 (2010) (编入12 U. S. C. § 5323)。

[181] Mark B. Greenlee, Historical Review of "Umbrella Supervision" by the Board of Governors of the Federal Reserve System, 27 *Rev. Banking & Fin. L.*, 第407页、第453页 (2008) (描述了从1933年开始,美联储对银行控股公司的监管权力是如何逐步扩大的); Edward L. Symons, Jr., The United States Banking System, 19 *Brook. J. Int'l L.*, 第1页、第11页 (1993)。

[182] Markus Brunnermeier et al., Int'l Ctr. for Monetary & Banking Studies & Ctr. for Econ. Policy Research, Geneva Reports on the World Economy: The Fundamental Principles of Financial Regulation, 第xi页 (2009) (目前的系统性监管方法隐含的假设是,我们只需努力确保单个银行的安全,就能确保整个金融体系的安全)。

[183] Fed. Reserve Bd., Letter from Fed. Reserve Bd. to Fed. Bank Examiners, SR 00–13 (Aug. 15, 2000) (解释说,联合监管的目的是确保银行控股公司"以安全和稳健的方式运营,使其财务状况不会威胁到附属储贷机构的生存能力"),引自Greenlee,见脚注181,第443页。

遭受重大损失，或者出现需要深入审查的异常情况时，监察长都必须进行详细的损失审查。[184] 可以肯定的是，在此期间，银行监管机构促进单个金融机构的安全和健康的方式发生了重大变化，但重点保持相对不变。[185]

另一个保持不变的期望是，银行审查机构可以利用他们的监督权力，对每家银行进行彻底的审查，并在审查的基础上对银行的整体健康状况得出确切的结论，从而更好地促进安全和健康。例如，即使在今天，美联储也希望其审查部门在完成每次审查后，"对银行的现状得出结论，对银行的未来前景得出结论，并确定银行在正常业务过程中或合理的异常情况下满足需求的能力"。[186]这与1933年对审查机构的期望相同，当时在《格拉斯－斯蒂格尔法案》的支持下，使银行业务变得更加简单纯粹，银行审查也容易得多，"允许监管者更有效地引导它们的努力和专业知识"。[187]

这段简短的历史揭示了银行审查机构的激励。虽然人们可能认为监管机构应该以最大化社会福利为目标，但在实践中，激励措施往往是由监管机构得以创建的历史背景及其承担的任务塑造的。[188] 银行监管的历史表明，主要监管机构虽然注重维护整个金融体系的稳定，但更关注金融体系各组成机构的生存。这段历史还表明，为了实现监管目标，银行监管机构内部的制度安排也具有类似的结构。研究赋予银行审查机构的权力以及他们对该权力的使用，可以加深我们的理解。

4.2 监管机构的能力

相比于包括银行在内的市场参与者，银行审查机构享有许多优势。这些优势中的许多与准入有关。为了评估他们所监督的机构的安全和健康，每个监管

---

[184] 12 U.S.C. §1831o (k) (2006)。货币监理署是财政部的一个部门，因此，需要接受总监察长的审查。

[185] Garten，见脚注47，第504—505页（讨论了历史上对狭义银行业的关注，向基于债务人的银行监管方法的转变，以及随后向放松管制、基于股权的银行监管方法的转变）。

[186] Bd. of Governors of the Fed. Reserve Sys., Div. of Banking Supervision And Regulation, Commercial Bank Examination Manual 5020.2 (2010) （以下用：Commercial Bank Manual）。

[187] Garten，见脚注47，第520页（最初设想和实施的《银行法案》设定了一条将商业银行与投资银行分离的刚性界限，从而降低了金融机构的复杂性）。

[188] 对银行审查员面临的激励措施的评估，以及他们如何改进，参见 M. Todd Henderson & Frederick Tung, Pay for Regulator Performance, 85 *S. Cal. L. Rev.*，第1003页（2012）。

机构都被赋予了广泛的监督权。例如，货币监理署的审查部门"有权对任何国民银行的所有事务进行彻底审查"，包括"有权管理誓言（oath），并根据誓言对任何涉嫌官员和代理人进行审查"。[189] 进一步凸显监管机构独特权限的是，他们对最大的综合性银行从定期审查转变为持续监测。[190] 这意味着监管机构针对每个主要的综合性银行，都有全职的审查团队，密切关注它们的运作，并定期与它们的人员互动。

这种类型的接触使监管机构能够见证和分析银行风险状况和行为的各个方面，这些信息对银行这样的市场参与者来说是不透明的，甚至可能是保密的。例如，银行审查机构往往比市场参与者更有能力核实银行披露信息的准确性，包括其政策、程序甚至风险披露的准确性。银行审查机构也可能处于一个相对较好的位置来识别银行可能面临的操作风险，如银行内部控制的薄弱环节带来的风险。经验证据表明，这可能是审查机构增加价值的一种方式，因为研究发现，审查机构可能"施加额外的约束，超出银行私人审计员提供的约束"，至少在某些时候"审查机构拥有比市场更丰富的信息集"[191]，以及"审查机构特别善于发现管理者宁愿隐瞒的信息"。[192]

银行监管机构拥有的另一个优势是它们在发现问题时拥有的应对工具。银行相互之间打交道时做出的决策通常是捆绑式的。例如，一家施加约束的银行可能会进行全面分析，表明另一家银行拥有强大的管理能力、健康的资产负债表，包括高质量的资产和较低的预期融资成本，以及良好的增长前景，但它的分析也许会进一步表明，另一家银行可能面临海外业务下行的重大风险。在根据这样的评估做出如何处理的决策时，施加约束的银行必须找到一种方法，将这种多维分析转化为单维度的指标，如信用风险敞口限额。这种决定具有重要

---

[189] 12 U. S. C. § 481（2006）.

[190] Review of Regulators' Oversight of Risk Management Systems at a Limited Number of Large, Complex Financial Institutions: Hearing Before the S. Subcomm. on Sec., Ins., and Invs., Comm. on Banking, Hous. & Urban Affairs, 111th Cong., at Highlights（2009）（statement of Orice M. Williams, Director of Financial Markets and Community Investment）（以下用：Statement Regarding Oversight of Risk Management Systems）。

[191] 见脚注44。

[192] Mark J. Flannery, Using Market Information in Prudential Bank Supervision: A Review of the U. S. Empirical Evidence, 30 *J. Money, Credit & Banking*, 第273 页、第294—295 页（1998）（对相关文献的综述）。

的经济意义，因此可以产生强大的约束作用，但它们必然是相当粗略的。

相比之下，审查机构则没有这样的限制。审查机构拥有一系列正式和非正式的工具，他们可以利用这些工具使银行的业务发生微小但重要的变化。[193] 银行监管机构有权发布停止令（cease-and-desist order），迫使银行采取特定的行为；对个别官员、董事和其他内部人员发布停止令，以进一步影响银行的运作；实施民事处罚，甚至在某些情况下撤换银行管理层。[194] 监管机构也有一系列不太正式的机制来影响银行行为。例如，从开设分行到收购等许多活动都需要获得监管部门的批准，再加上"虽然很少使用严厉制裁的威胁，但已经使银行管理层更愿意默认监管机构的非正式合规要求"。[195]

尽管银行审查机构有特殊的权限和工具箱，但有限的资源、激励和综合技能的不完善以及其他因素限制了它们的效率。为了更全面地了解银行审查机构的能力，重要的是要超越赋予它们的权力，考虑它们如何行使这一权力。监管机构内部的代理成本使这一分析变得非常复杂，但还是可以得出一些见解。经验表明，尽管银行审查机构拥有庞大的工具箱，但它们经常没有充分利用现有的工具。例如，政府问责办公室最近的一项研究发现，监管机构发现了一系列弱点，包括"高级管理层对机构风险监督不足""用于衡量和管理风险的模型存在弱点"，以及危机爆发前几年，主要综合性银行存在"众多压力测试弱点"，但监管机构往往未能采取与它们发现的弱点相称的约束措施。[196] 另一个挑战是，强制关闭一家银行，这是银行监管机构最极端但也是最重要的工具，可以被视为监管失灵的迹象，并可能导致短期成本。因此，长期以来，银行监管机构未能及时关闭银行也就不足为奇了。[197]

经验也揭示了其他的制度因素，如银行审查程序随着银行业的变化而变化。美联储、货币监理署和联邦存款保险公司都使用相同的基本方法作为其审查程序的起点。最初于1979年采用的统一金融机构评级体系（Uniform Finan-

---

[193] 例如，Garten，见脚注47，第537—538页；Symons, Jr.，见脚注181，第18—19页。

[194] 12 U. S. C. § 1818(b),(b)(1),(e)(1),(j)(2006); Symons，见脚注181，第19—20页（他解释说，为了"从根本上解决问题"，民事处罚最常用于针对个人）。

[195] Garten，见脚注47，第538页。

[196] Statement Regarding Oversight of Risk Management Systems，见脚注190。

[197] Edward J. Kane, *The S & L Insurance Mess: How Did It Happen?* (1989); Catherine England, Lessons From the Savings and Loan Debacle: The Case for Further Financial Deregulation, 15 *Cato Rev. Bus. & Gov't*, 第36页、第40页（1992）。

cial Institutions Rating System），通常称为 CAMELS，它根据银行的资本充足率、资产质量、管理、收益、流动性和对市场风险的敏感性提供一个综合评分。[198] 鉴于银行业不断变化的性质，这三个机构都对其审查程序做了一些重大调整，并针对危机和第三方报告揭示的弱点做了进一步修改。例如，美联储认识到，"不断发展的金融工具和市场使银行组织能够迅速重新定位其投资组合的风险敞口"，并采取"以风险为中心"的方法来应对。[199] 联邦存款保险公司和货币监理署也更新了它们的审查程序，这三个机构都认识到社区银行与综合性银行之间的根本区别。[200] 尽管如此，银行审查程序的许多核心要素并没有改变。银行审查过程仍然主要关注单个银行的安全和健康，CAMELS 仍然是所有三个监管机构审查过程的核心，并且它们的 CAMELS 评级仍然是确定银行必须为其存款保险支付多少保费的核心组成部分。[201] 自 1979 年以来，CAMELS 的组成部分也一直保持明显的一致性，只在 1996 年经历了一次重大修订，增加了一个组成部分并做了其他小的修改。[202] 这种持久性的任何方面都不能归因于成功，因为监管机构经常不能及时发现有问题的银行，而且事实证明，另一些措施是银行将面临财务困境的更好预测指标，而不是银行的 CAMELS 评级。[203] 结合上一部分提供的历史，这表明银行监管机构和银行审查程序倾向于渐进式变化，即使它们所监管的银行正在经历剧烈的转变。

银行监管机构往往不能有效地应对银行和银行业的动态变化，另一个原因是它

---

[198] Commercial Bank Manual 的"前言"，见脚注 186，第 1—2 页。

[199] Commercial Bank Manual，见脚注 186，§1000.1，第 4.1 节。

[200] 例如，Comptroller of the Currency, *Bank Supervision Process: Comptroller's Handbook 11 – 15* (2007)（介绍 CAMEL 监管评级和审查制度）；FDIC Office of the Inspector Gen., 见脚注 136，第 7—9 页（描述了美联储新的"前瞻性监管"方法）；Commercial Bank Manual, 见脚注 186，§1000.1，第 2 页（描述了审查程序）。

[201] Commercial Bank Manual 的"前言"，见脚注 186，第 1—2 页（解释说，"为了评估银行的业绩并总结其整体状况，审查员使用 CAMELS 评级系统"，尽管人们更加重视风险管理，但评估 CAMELS 组成部分的重要性并未减弱）；Risk Categories & Risk-Based Assessment Rates, FDIC, http://www.fdic.gov/deposit/insurance/assessments/risk.html（最后查询时间为 2012 年 11 月 6 日）（提供了计算银行必须向联邦存款保险公司支付多少保费的方法，并揭示了银行 CAMELS 评级在这一决定中的中心地位）。

[202] Federal Deposit Insurance Corporation, Uniform Financial Institutions Rating System, 62 Fed. Reg. 752（Jan. 6, 1997）（描述了所采用的温和修改）。

[203] Assessments, Large Bank Pricing, 76 Fed. Reg. 10, 672, 10, 683 chart 3（Feb. 25, 2011）（研究显示，在预测银行业绩方面，建议的衡量标准比 CAMELS 做得更好）。

们缺乏工具、权力或意愿，这与监管机构的形成、授权和问责过程的政治性质有关。这些过程受到了许多方面的批评，从强烈偏向于低效制度到出现问题时的过度反应。[204] 换句话说，与驱动银行和其他市场参与者的强大经济激励相比，监管机构所嵌入的体系，不仅激励较弱而且可能是朝着不同和相反的方向拉扯。

本文对银行监管机构的概述是有限的，也是粗略的，省略了监管机构内部和监管机构之间存在的多样性，仅粗略地介绍了银行监管机构及其审查部门所特有的一些制度动态。然而，它清楚地表明，银行审查机构拥有与银行不同的技能组合、工具和激励措施。这些差异增加了通过利用银行审查机构的相对优势配置有限资源来创造实际价值的潜力。

5. 启示

本文的主要目的是提请注意银行同业约束的力量并阐明其影响。作为现代银行业的副产品和塑造现代银行活动的力量，我们不能孤立地讨论这一现象的意义。本文的描述促成了一些关于银行和金融监管的持续辩论。例如，对危机的反应导致银行规模更大、相互关联程度更高，尽管许多评论人士认为，银行应该大幅缩小规模、减少关联。这篇文章的见解有助于这场辩论。在展示银行同业约束如何减少过度承担风险的行为方面，它表明，银行关联的好处可能被大多数人低估了。同时，在提请注意银行同业约束作为一种重要机制，银行可以借助它来利用潜在政府补贴的过程中，本文还指出，银行关联也可能带来麻烦，这一点同样在很多解释中被低估了。我们有理由怀疑，当银行有一些使它们有可能成为救助对象的特征时，银行同业约束带来的麻烦超过了其相应的好处。

同时，银行同业约束对这些辩论的影响超出了本文的范围。虽然银行同业约束会产生重大影响，但与银行业发展的其他好处和缺点相比，却相形见绌。试图在银行同业约束的基础上解决这些问题，显得"本末倒置"。因此，本文

---

[204] 例如，Jody Freeman & Jim Rossi, Agency Coordination in Shared Regulatory Space, 125 Harv. L. Rev.，第1131页和第1139页（2012）（指出了国会经常向各委员会派出重叠或冗余的代表团，并建议"最好将这种代表团解释为国会委员会制度的副产品，这种制度鼓励委员会成员扩大监管机构的管辖权，以便让选民直接受益"）；Roberta Romano, The Sarbanes-Oxley Act and the Making of Quack Corporate Governance, 114 Yale L. J.，第1521页和第1543页（2005）（声称尽管"综合平衡相关研究后得出的决定性结论表明，《萨班斯-奥克斯利法案》中包含的这些授权不会使投资者受益"，但该法案仍然通过了）。

并不试图解决所涉及的全部政策问题。相反,它只考虑了政策影响的一个子集,重点是那些在危机后改革中相对较少受到关注的问题。

除了不全面,本文的建议必然是初步的。每项建议是否应该执行以及执行到什么程度,只有通过进一步研究才能确定。这其中有很多原因。首先,银行同业约束的程度是银行间活动的副产品,并不固定。为应对危机而采取的一些政策有减少银行关联的意图或效果。美联储和货币监理署提议的减少银行间风险敞口的监管措施只是正在进行的监管改革努力的一个例子,其意图或效果是降低银行的关联程度。[205] 将大部分衍生品市场推向集中化交易所的努力是另一项改革努力,可能会导致银行间风险敞口的实质性减少。[206] 同样,对危机的其他政策反应,如《巴塞尔协议Ⅲ》中包含的基于银行规模和关联性的资本附加费,是专门用来对冲随着银行发展而增加的被救助风险。[207] 如果这些努力成功地抵消了银行成为潜在救助对象带来的好处,那么银行同业约束作为一种使银行以制造社会问题的方式从改变风险状况中获益的机制,就变得毫无意义。更一般地说,银行业是一个天生动态变化的行业。[208] 银行不仅会因监管改革而改变,而且会根据其他市场力量来调整其约束程度。例如,从银行为了监管和约束其他银行而创建的内部结构看,银行同业约束的程度确实存在周期性,在信贷泡沫期间约束变得不那么强。因此,建立和巩固以现行的银行同业约束为

---

[205] Enhanced Prudential Standards and Early Remediation Requirements for Covered Companies, 77 Fed. Reg. 594, 600 (2012年1月5日提议)。Interagency Guidance,见脚注7,第3—4页。

[206] 《多德-弗兰克法案》第七章为掉期和基于证券的掉期制定了清算和交易所交易要求。参见 Dodd-Frank Wall Street Reform and Consumer Protection Act, Pub. L. No. 111-203, §723, 124 Stat. 1376, 1675-1682 (2010) (编入7 U. S. C. §1b-2 (Supp. V 2011));同上§763 (散编在15 U. S. C. 的相关条款中)。

[207] Enhanced Prudential Standards and Early Remediation Requirements for Covered Companies, 77 Fed. Reg. 594, 600 (2012年1月5日提议)。Basel Ⅲ,见脚注37,第7页;Interagency Guidance,见脚注7,第3—4页。

[208] 这方面的发展包括要求银行通过集中清算方执行某些掉期交易的新规则,参见 Dodd-Frank Wall Street Reform and Consumer Protection Act, Pub. L. No. 111-203, §723, 124 Stat. at 1675-82 (编入7 U. S. C. §1b-2),限制银行同业风险敞口的拟议规则,参见 Lending Limits, 77 Fed. Reg. 37, 265, 37, 268 (2012年6月21日提议),适用于某些大型银行控股公司和非银行金融机构的强化审慎标准,参见§115 (编入12 U. S. C. §5325) 以及建立资本充足率要求的新规则。参见 FSOC, 2012 Annual Report,见脚注39,第100—101页 (描述了《多德-弗兰克法案》和《巴塞尔协议Ⅲ》提出的新资本要求,以及目前的监管机构为调和二者所做的努力)。

前提的监管制度可能与完全忽视这一现象一样成问题。尽管有这些挑战，本文还是提请注意一个影响银行风险行为的现象，这一现象可能持续存在，并且只要它存在，就会产生一系列政策影响。本节的其余部分将讨论其中的一些影响。

本节将分三个小节。第一小节提请注意一个事实，从这里的分析中它可能看起来很清楚，但银行监管机构有时会忽略这一事实。第二小节构建了一个互补性方法的响应框架。它强调银行监管，尤其是审查程序需要改变，以便从银行同业约束的角度更有效地促进金融稳定。第三小节考虑了监管机构可以促进有效的银行同业约束和使用该市场产生的有价值信息的其他方式。接下来的建议是相互依存的，尽管大多数建议可以独立实施。

5.1 风险管理是双刃剑

本文提出的一个政策问题与银行的风险管理系统有关。长期以来，银行监管机构一直鼓励银行采用更健全的风险管理系统，而在危机发生后，这方面的监管工作也大大得到了加强。[209] 这些努力通常基于如下假设：改善风险管理是一件好事。本文揭示了更复杂的画面。银行对其自身的福利负有主要责任，风险管理系统对这一努力至关重要。同时，银行可能会使用风险管理系统来改变其业务活动，以便从中受益，但这可能会加剧整个金融体系的脆弱性。利用被救助的可能性来获得隐性补贴的做法是最突出的例子，但不是唯一的例子。

其中的一个含义是，银行监管机构应密切关注风险管理系统的实际运作情况以及它们在实践中的使用情况，而不是假设它们是完全良性的。第二个含义是，促进对社会有益的银行同业约束的监管行动可能会产生意想不到的不良后果。例如，要求银行披露更多关于其风险敞口的信息，可能会促使银行和其他市场参与者约束银行过度承担风险，但也可能被用来惩罚银行承担非系统性风险，奖励银行承担更多系统性风险。鉴于有限的监管能力和资源，以及银行同业活动的必然性，本文总体上支持促进银行同业约束。但这只是可能导致意外后果的一个例子，因此在提出任何建议之前需要进一步分析。

---

[209] Enhanced Prudential Standards and Early Remediation Requirements for Covered Companies, 77 Fed. Reg. 600.

5.2 优先事项和资源配置

本小节阐述了本文的主要政策主张：我们应该根据银行同业约束重新评估监管的优先事项和政策。它提出了减少重复、填补空白和消除不利影响三类应对措施，它们共同使银行同业约束和银行审查作为对监管的补充，更有效地发挥作用，以促进金融体系的稳定。本文进一步建议，现在应该更根本性地重新评估银行监管的优先事项和程序。

5.2.1 减少重复

银行投入大量资源来监控和约束其他银行的风险行为，这样做的一个重要含义是，监管机构投入与目前一样多的资源来重复这些活动可能没有意义。这并不意味着银行审查机构不必再认真评估被审查银行面临的风险的性质和规模。评估银行的整体安全和健康，可以使审查机构更有效地完成它们有能力承担的那些任务。例如，如果不了解银行面临的风险及其可能的严重性，审查机构就无法有效地探究银行风险管理系统的功效。此外，正如市场约束的双重保险法表明的，确定银行活动有多大风险的重要性以及进行此类评估固有的挑战值得强调。然而，这里的分析表明，审查机构投入更多的资源进行风险分析是不合理的，因为银行在这方面更擅长。

5.2.2 填补空白

在与其他银行的重复工作上，监管机构应该减少资源投入，相应地将更多资源投入银行没有激励或没有能力有效开展的活动上。摩根大通"伦敦鲸"事件暴露的损失和报告错误就说明了这一点。[210] 交易错误（trading mistake）使该银行遭受了近60亿美元的损失，而由于该银行内部人员显然故意"在他们的头寸上设置不准确的价格"，以掩盖损失，使这场灾难更加严重。[211] 验证交易行为是否符合银行自己的资产估值政策和程序，是监管机构比其他银行更适合开展的活动类型。[212] 虽然不能保证这种特殊情况会被提前发现，但也说明为什么将更多监管资源投入这些监管活动可能具有真正的价值。

因此，重新考虑如何配置有限的银行资源，与其说是因为对潜在浪费的担忧，不如说是因为对相对价值创造的关注。虽然一些重复工作可能是必要的，

---

[210] 参见脚注110及其附文。
[211] Dan Fitzpatrick & Gregory Zuckerman，见脚注111。
[212] 上文第4.2节及其引用的资料来源。

但其必要程度将部分取决于这些重复工作的价值,以及将更多监管资源用于其他活动可能创造的潜在价值。监管机构独具优势的监管活动的范围或重要性越大,就越证明重复工作是不必要的。

5.2.3 消除不利影响

然而,银行同业约束力量的另一个含义是,银行监管机构,包括银行审查机构,应设法解决银行同业约束的不利影响。美国金融监管制度的核心要素,如美联储的贴现窗口,部分是为了应对银行同业市场在危机期间收缩过快的趋势。此外,控制政府救助并给最有可能接受救助的银行施加额外负担的其他努力,可能会减少可获得的隐性补贴的规模。但是,鉴于这些反应必定是不完善的,银行审查机构在帮助解决这里揭示的问题方面可能会发挥重要的作用。由于审查机构持续监测被审查银行的活动,并且对这些银行的活动有深入了解,它们也许能够发现这种受补贴银行活动的变化。此外,监管机构有一系列工具来鼓励或迫使银行改变某些方面的业务,可能使它们能够有效地应对此类情况。这表明,虽然银行审查的性质在某种程度上总是微观审慎的(即侧重于单个机构),但银行审查机构也可以在促进整个金融体系稳定的宏观审慎监管中发挥作用。

5.2.4 重新考虑目标

上述三个应对措施中的每一个都表明,现在应该更彻底地评估银行审查的优先事项和程序。鉴于2007—2008年金融危机揭示的传统金融监管方法固有的局限性,包括银行监管需要更加注重宏观审慎,这样的评估可能特别及时。[213] 这是危机的主要教训之一。然而,到目前为止,它还没有引发一场关于银行审查的广泛辩论,能够与它在金融监管的其他方面引发的辩论相媲美。[214] 本文认为,现在是时候开始这种辩论了。

本文阐述的关于银行相对于审查机构的机构能力只是一个起点,但进一步的研究是有必要的。除了更完整地描述银行审查机构的技能、资源、规范和其

---

[213] Brunnermeier et al.,见脚注 182,第 xvi – xvii 页;Beverly Hirtle et al., Fed. Reserve Bank of N. Y. Staff Report No. 409, Macroprudential Supervision of Financial Institutions: Lessons From the SCAP (2009); Jeffrey Gordon & Colin Mayer, The Micro, Macro and International Design of Financial Regulation (Columbia Law & Econ. Working Paper No. 422, 2012),可从如下网址获得:http://ssrn.com/abstract=2047436。

[214] 在 Westlaw 网站上以"自然语言"(natural language)搜索"银行"和"审查",前 30 条结果中,没有一篇文章是 2007—2008 年金融危机后发表的。

他特征以及银行审查过程,还应注意理论方面的考虑。例如,除了消除银行同业约束带来的问题,银行监管很可能应该更多地落在宏观审慎层面。这两方面的问题必然是相关的。给银行审查机构设定理论上理想但实际上不可能的目标,只会导致目标落空。同时,银行审查机构的能力不应该被视为一成不变的。虽然目前的人员、资源限制和其他因素可能会形成制约,但改变是可能的。因此,理论探究的一个目标应该是告知合意的变化类型。

雄心勃勃的第一步也许该重新考虑评估单个机构的安全和健康是否仍然应是银行审查机构的首要任务。此外,还需重新考虑要求审查机构得出的结论的性质。为了判断单个银行的安全和健康,首先必须对特定风险的大小和性质得出结论,然后评估管理这些风险的努力是否充分。2006年美国强劲的房地产市场和2012年欧元的前景,只是对个别银行的安全和健康产生巨大影响的两类问题。我们没有理由认为,监管机构对此类问题的判断可能比其他银行的集体智慧更准确。

与此同时,要求监管机构做出这样的判断(这是现行制度不可避免的要求),会带来一系列潜在的负面后果。首先,鉴于监管资源本身的有限性,它减少了可用于其他方面的监管资源。其次,现行制度可能会阻碍银行同业约束和其他形式的市场约束。尽管银行审查机构的报告和结论没有公开,但众所周知,监管机构应该确保被监管机构的安全和健康。这可能会降低市场参与者尽可能全面评估其他机构的激励。因此,修改要求审查机构得出的结论类型可能是合适的,例如,缩小其范围,或将其重新表述为审查机构没有注意到任何有必要干预的结论。这些改变可能还有另外一个好处,就是保护监管机构的声誉(只要这种保护是有根据的),并阻止以此为前提的宽容态度,从而促进问责制和公信力。[215]

5.3 携手合作

5.3.1 提升效率

鉴于银行在监测和约束其他银行过度承担风险方面可能发挥有益于社会的

---

[215] Alan D. Morrison & Lucy White, Reputational Contagion and Optimal Regulatory Forbearance (ECB Working Paper No.1196, 2010)(文章表明,当一家银行的倒闭破坏了人们对银行监管机构能力的信心时,就会出现一种机制,通过这种机制,银行的倒闭可能会产生不利的系统性后果)。

作用，本文建议，监管机构应提升银行同业约束的有效性。[216] 清楚地表明监管机构并不是要为被审查银行的安全和健康作担保，以及改变银行审查机构得出的结论的性质，可以提升银行同业约束的有效性，但监管机构还可以通过其他方式进一步提高银行同业约束的质量。例如，人们早就认识到，要使市场约束有效，市场参与者必须能够就银行面临的风险做出明智的判断。[217] 因此，监管机构发挥的主要作用是采用并执行强制信息披露制度。与其他利益相关者一样，银行在评估中会使用其他银行公开披露的信息，因此强制信息披露是重要的。然而，这种信息必然是不完全的。银行可以迅速改变其风险状况，正如雷曼著名的"回购105"计划表明的那样，银行往往会巧设名目来掩盖其业务的真实信息。[218] 银行可能特别适合查明此类花招，并以其他方式获取有关另一家银行活动的内幕信息，从而使它们能够做出更明智的决策并实施更高质量的约束。然而，为了做到这一点，在施加约束的银行中，那些掌握了其他银行的风险信息的交易员和其他人员，必须将这些信息传递给信用风险管理部门。这表明，除了信息披露，银行监管机构还可以推动银行建立并使用合法的、适当的内部沟通渠道，以此来改善市场约束。虽然银行有激励实施信息披露制度，但现场监督可能有助于这些制度的建立和使用。

监管机构还可以帮助确保银行在好年景时也能勤勉地监督和约束其他银行。导致系统性危机的因素之一是信贷状况的周期性，这是由市场参与者根据近期状况改变风险评估的倾向推动的。[219] 虽然监管机构可能会像市场参与者一样受到相同倾向的影响，但它们之间的不同激励机制可以用来促进更长期的观点，并找到抵消这种倾向的方法。

5.3.2 使用信息

银行同业约束的最后一个好处是，它可以产生有关不同银行风险的有用信息。当前监管机构利用这些有用信息的一种方法是将它们用作影响联邦存款保险公司对存款保险收取保费的因素之一。例如，联邦存款保险公司在计算综合

---

[216] 参见上文第5.1节。

[217] 参见脚注63及其附文。

[218] David A. Skeel, Jr. & Thomas H. Jackson, Transaction Consistency and the New Finance in Bankruptcy, 112 *Colum. L. Rev.*，第152页、第164页（2012）（描述了"雷曼公司在每个季度末为掩盖其杠杆金额而采用的回购105交易，该交易现已臭名昭著"）。

[219] Hyman P. Minsky, *John Maynard Keynes*，第53—113页（2008年第2版）。

性银行应支付的保费时，可以考虑受银行同业约束影响的信用违约掉期利差。它已经对大型综合性银行使用了与其他银行不同的公式，而且最近，它还将信用评级作为其评估的一个组成部分。[220] 由于信用违约掉期利差因预期银行可能得到救助及其他因素而被扭曲，联邦存款保险公司应谨慎行事并考虑调整。但这并不是它在评估银行风险时不使用这些基于市场的有用信息的理由。[221] 监管机构还可以考虑以其他方式将银行对其他银行的评估或反映这些评估的市场措施，纳入其审查和其他程序。[222]

结论

银行间紧密联系和银行同业约束并不是新现象。然而，过去30年来银行业发生的根本性变化改变了银行之间关系的性质和规模，以及它们彼此之间的信用风险敞口。银行同业约束现在是影响银行风险承担和其他活动的关键市场力量。本文认为，我们需要关注这一现象和随之而来的政策后果，但它仅仅只是持续审视银行同业约束及其影响的第一步。

（中国政法大学破产法与企业重组研究中心　马学荣　译　中国人民银行银川中心支行　冶玉龙　校）

---

[220] Assessments, Large Bank Pricing, 76 Fed. Reg. 10, 672, 10, 688（Feb. 25, 2011）（编入 12 C. F. R. pt. 327）

[221] 同上，10, 699［解释了 FDIC "保留根据记分卡中未包含的重大风险因素，将大型机构和高度复杂机构的总分上调或下调15分（最多如此）的能力"，并承认 FDIC 仍在决定如何使用这一自由裁量权］。

[222] Hart & Zingales，见脚注40，第25—30页（主张发行或有资本，并建议利用信用违约掉期利差作为债转股的触发因素）。

改革论坛

Reform Forum

消费也是另一种投资
兼论消费与投资的相互促进与良性循环

盛松成

1. 消费与投资之间的关系

1.1 单看"三驾马车"容易割裂消费与投资的关系

经济增长在任何时代都至关重要。通常我们采用GDP（国内生产总值）及其增速来衡量经济增长。众所周知，GDP表示一个经济体一段时间内生产增加值的加总，具有供给端的视角。从支出的角度看，"三驾马车"则是基于GDP支出法，将经济中的产出增加值根据其最终去向加总，由最终需求牵引着生产，具有需求端视角。此外还有GDP收入法，即加总经济中所有常住单位获得的初次分配收入，包括劳动者报酬、固定资产折旧、营业盈余、生产税净额等，是从要素报酬视角来统计的。由于支出法只关注最终去向，避开了产业之间的盘根错节，绕开收入分配之间的勾稽关系，易于统计，叠加凯恩斯经济学总需求分析框架盛行，因此将最终需求分解为消费、投资、净出口这"三驾马车"是宏观经济学的常用分析方法。

---

* 作者系中欧国际工商学院经济学与金融学教授，主要研究方向为货币金融理论与政策、宏观经济运行及房地产调控等。

然而，这种"三分法"是一种静态分析方法。根据这种方法争论消费或投资孰重孰轻，往往容易管中窥豹。从"三驾马车"对 GDP 增长贡献率的时间序列图来看（见图 1），消费和投资的贡献率常常此消彼长，因此容易误认为二者之间存在相互排斥的关系。事实上这种分析方法是将每年经济增长总量看作一块蛋糕，来比较"三驾马车"的贡献，但无法据此推断其中消费与投资的相互作用。本节我们试图沿着一条时间轴，去理解消费与投资的关系。

---- GDP增长贡献率：最终消费支出　——GDP增长贡献率：资本形成总额
—·—GDP增长贡献率：货物和服务净出口

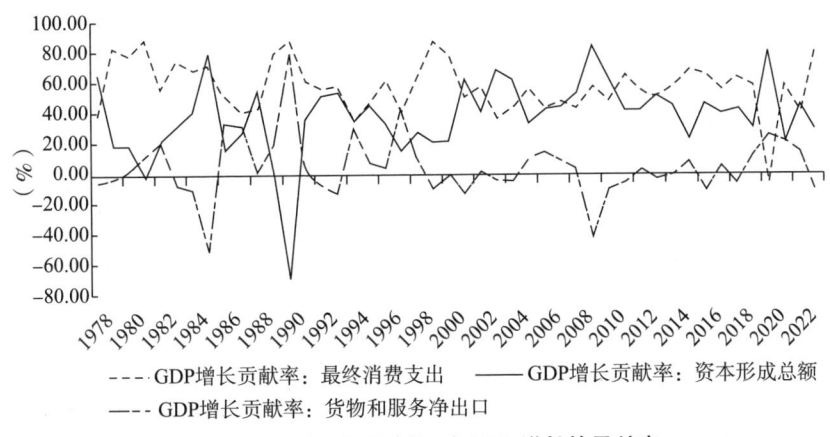

图 1　中国"三驾马车"对 GDP 增长的贡献率

资料来源：国家统计局。

当期。沿着先生产、再分配、后支出的顺序，当劳动、资本、土地等各种生产要素被投入生产后可以得到当期总产出，经由收入分配后会形成购买力，再通过消费、投资和净出口这三大需求将总产出消化掉。在仅关注当期的情况下，容易直观地认为总产出是一块做好的蛋糕，之后被三大需求切分，就会形成消费与投资竞争瓜分蛋糕的看法，从而将消费和投资割裂开来，认为两者是此消彼长的关系。争论应以"消费"还是"投资"来激励经济增长，显然是将目光局限于当期的结果。

下一期。如果进一步考虑多期，那么投资的地位会上升。为维持社会正常运转，维护下一期自己或后代的生存，人们会谋划下一期生产，而不能在当期坐吃山空。由于当期投资能够抵补资本折旧并增加下一期投入生产的资产，有了下一期生产才有下一期收入，进而才有下一期消费，因此当期保持一定规模的投资对于维系下一期生产就显得很重要。也就是说，当突破单一期限，将目光延伸至多期时，投资及其带动的新增资本作为各期生产活动"连接器"的作用将会放大。值得注意的是,经济模型为了便于讨论,只将人均资本作为生产要素,但如果突破思维定式,意识到劳动力也需要进入下一期生产,那么维系劳动力生存并得以进入下一期生产的消费何尝不是一种投资呢?

无限期。如果将目光放得更加长远,考虑无限期的话,那么消费的地位又会上升。首先,人类从事生产劳动是为了生存与繁衍,一切经济活动的最终目的是消费,无论是自身消费还是子孙后代的消费。其次,如前所述,当期投资是维系下一期生产所必需资本的条件,同样,当期消费也是维系劳动力可持续供给并进入下一期生产的条件,也是一种形式的"投资",是用于维系劳动者体能或智力的人力资本投资,而非狭义的资本品投资。再次,未来供给最终依靠消费实现其价值。无论是当期投资所弥补的资本折旧还是带动的新增资本,或是当期消费所维系的劳动力生产,所有投入形成的未来生产在终点时刻(如果有)都依靠消费来实现价值。假想在科幻世界中人类文明的终点,如果徒留一堆辉煌的建筑而空无一人,那么为了人类文明繁荣而积蓄的往期投资就失去了意义。因此,如果将期限绵延至无穷,消费又会成为一切生产活动的终极意义,关系到国民福祉,关系到人们对美好生活的追求。

在统计惯例上,中外都按照季度来统计GDP,以季度为单位统计经济体的消费量、投资量、经济产出量等。现实经济情况是千万个微观主体每时每刻都在进行消费和投资决策,既不是以季度为单位,也不是以年度为终点,因此在无限期内,我们很难争辩消费或投资孰重孰轻,这也是"三分法"的缺陷。毫无疑问,作为生产要素的劳动力和资本进入生产函数,背后是有消费和投资在维系着劳动力和资本要素的存续,而当产出形成后又需要消费和投资来决定产出的出路。上述分析只是说明了消费和投资在连续时间上的相对重要性,两者类似于DNA(脱氧核糖核酸)双螺旋结构交互前进,不应将其割裂看待。

1.2 消费与投资之间存在相互促进关系

从微观层面看,投资和消费在资源分配上可能存在竞争关系。比如在家庭层面,如果居民过多地将收入用于投资或储蓄,就会减少日常消费支出。已有很多文献解释居民消费率或储蓄率的影响因素,包括收入及预期收入增速、医疗养老制度、文化传统、信贷约束等(Modigliani and Cao, 2004; Kujis, 2005)。再比如在政府层面,如果过多地将公共财政支出用于公共投资可能会挤占公共财政中本可用于支持居民消费(如社会福利、消费补贴等)的资金。

从宏观层面看，投资和消费是互相影响的。

投资可以促进消费。当企业增加投资时，一般会创造更多的就业机会，提高劳动者收入，进而增加他们的消费能力。此外，投资常常伴随着技术创新和生产效率提升，扩张的供给可以降低商品价格或增加新型商品供给，刺激居民消费。

消费会作用于投资。当消费者需求增加时，企业为了满足消费需求，往往需要扩大生产规模，比如购买新的机器设备、扩建工厂或者提升技术等。同时，强劲的消费市场通常意味着企业预期会有更高的销售额和利润。这种积极的财务预期会激励企业进行更多的投资活动，因为投资通常是基于对未来资本回报率的预期。随着消费者偏好的变化和需求的升级，企业需要不断投资于研发和技术创新，以生产出更加符合人们需求的新产品和服务。这种创新投资不仅增强企业竞争力，也推动了整个行业的技术进步。因此，以消费需求为基础，在市场经济条件下，更加易于发现有合理回报的投资方向，提升经济运行的效率，并推动实现经济总量的增长。只有无效的投资，没有无效的消费（除了浪费）（盛松成等，2023）。

政府部门支出会影响居民消费。一方面，财政支出的乘数理论认为，政府支出会转化为居民收入，乘以边际消费倾向后又变成居民消费，继而又成为其他居民的收入及消费，从而产生数倍于财政支出的需求拉动效果。另一方面，也有研究认为扩大的财政支出可能会对居民消费产生挤出效应（Blanchard and Perotti，2002；Linnemann and Schabert，2004），因为居民预期财政支出扩大会使税负增加，从而降低居民预期收入，最终挤出家庭部门消费。[1]

虽然"三驾马车"之说来源于凯恩斯的总需求分析框架，但凯恩斯在1936年的《就业、利息和货币通论》中并没有割裂消费与投资的关系。凯恩斯指出，居民收入和边际消费倾向决定了消费需求，而当投资不足以弥补满负荷生产和消费之间的差额时，失业就会出现。企业投资受到预期资本回报率的

---

[1] 事实上，政府支出可以根据去向分成政府投资和消费。不同性质的政府支出对居民消费的影响是不一致的。胡永刚和郭新强（2012）认为生产性建设是我国财政支出的重要去向，而居民消费与政府生产性支出即政府投资之间表现出稳健的正相关关系。蔡晓慧和茹玉骢（2016）通过微观数据证明，长期来看，基础设施资本存量增加会激励企业研发投入。张斌和茅锐（2016）通过两部门世代交叠模型证明，如果政府采取歧视非工业部门发展、刺激工业部门这一政策组合，则当政府增加诸如基础投资建设的需求时，会导致储蓄率上升，资本实际边际回报率下降。

影响。当企业家预期资本回报率低于利率时，投资不足就会发生。然而，消费与投资并不是割裂的，消费需求其实是资本回报率的一个重要影响因素。因此，企业家对消费演变的预期必须是外生的，或者至少不能与有效产出的演变机械地联系在一起，否则就会出现哈罗德动态不稳定性（Dejuán, 2005, 2017）。

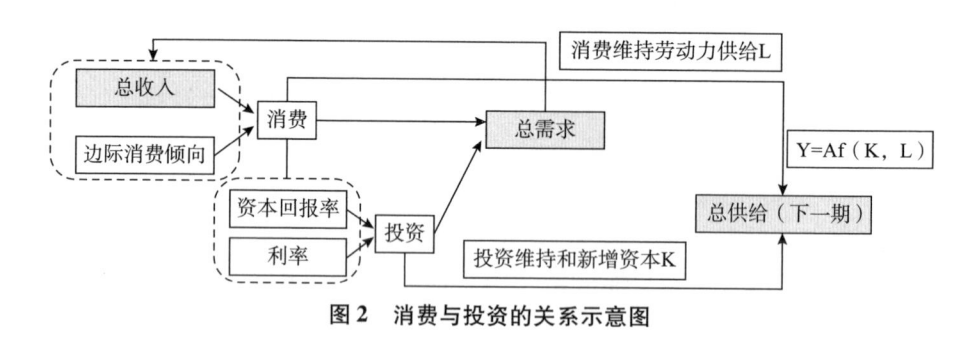

图2　消费与投资的关系示意图

1.3　消费与投资之间的关系在不断变化：一个实证检验

本小节采用中国统计年鉴数据，构造了一个时间跨度为2005年至2022年、截面为中国31个省份的非平衡面板数据，检验消费与投资的动态关系。其中，我们选取居民人均消费支出增速作为消费（consumption）的代理变量，选取固定资产投资总额增速作为投资（investment）的代理变量，根据杜米特雷斯库和赫林（Dumitrescu and Hurlin, 2012）的方法对两变量之间的关系进行面板格兰杰因果检验（见表1）。表1第（1）行的结果表明，在样本区间内，原假设没有被拒绝（P值大于0.1），即消费不是投资的格兰杰原因，总体上消费没有起到促进投资的作用。但相反的是［表1第（2）行］，投资是消费的格兰杰原因，即投资在一定程度上促进了消费。

然而，最近十年消费与投资的经验关系发生了逆转。仅使用2013—2022年的面板数据时，情况则相反。表1第（3）行的结果表明，2013—2022年，消费不是投资的格兰杰原因的原假设被拒绝，即消费促进了投资，但是投资不再促进消费［表1第（4）行］。消费和投资之间的因果关系是可以随时间转换的，这也符合我国国情和发展阶段的特色。改革开放以来，早期我国从计划经济转向市场经济，商品供给短缺，经济增长主要由投资驱动；随着经济快速增长，商品供不应求的局面转变，投资边际回报率下降，消费逐渐决定投资的走向。

表1　面板格兰杰因果检验

	原假设（H_0）	$\overline{W}$	$\overline{Z}$	$\tilde{Z}$	P值
(1)	消费 → 投资 (2005—2022年)	1.402 7	1.585 5	0.637 3	0.112 9
(2)	投资 → 消费 (2005—2022年)	5.373 5	17.218 6	12.093 1	0.000 0
(3)	消费 → 投资 (2013—2022年)	3.645 1	10.413 6	2.336 7	0.000 0
(4)	投资 → 消费 (2013—2022年)	1.382 1	1.504 1	−0.336 2	0.132 5

2. 什么是消费和投资的良性循环

2.1 消费与投资的理论关系：来自经济增长模型的解释

关于消费和投资的关系及其对经济增长贡献的争论沸沸扬扬，前文也论证了两者之间的动态交互关系，实际上经典经济增长理论对此早有论述。

2.1.1 索洛模型

索洛模型是所有现代经济增长模型的基础。索洛模型从生产函数出发，将储蓄率（消费率）视为外生，得出人均产出的增长路径，从而求解出稳态下投资将达到维持投资水平（Break-even Investment）②，同时其余产出用于消费的结论。达到稳态之前，当储蓄率决定的投资水平高于维持投资水平时，多出的新增资本会提高人均资本进而通过生产函数带动人均产出增长。达到稳态时，由于维持投资水平随着资本存量扩张已然很高，投资保持在维持投资水平，新增资本为零，此时人均产出达到最高水平，可以说单从经济规模来看已经达到峰值。

当前有一种观点强调投资拉动经济增长的重要性，认为应该尽可能依靠投资来促进经济增长和技术创新，实际上索洛模型早就揭示了这一点。一国储蓄率对于该国经济能够达到多大规模很重要，换言之，投资对一国经济规模至关

---

② 维持投资水平是指此时投资恰好可以抵消资产折旧、人口增长等的拖累，使资本能够保持在不会引发生产能力萎缩的水平。

重要。对于两个初始状态相同的经济体，外生的储蓄率决定了这两个经济体最终能达到的稳态经济水平，即人均产出水平。如果一国储蓄率高于另一国，那么每期新增资本会高于另一国，并带动产出增长，从而在达到稳态时该国的人均产出就会高于另一国，稳态资本存量也会高于另一国。由此，很自然地得出的一个政策启示是：一国为了提高稳态产出水平，即想要拥有更大的经济规模，跻身世界经济规模前列，就应该提高储蓄率、增加资本积累，并不惜代价抑制消费。一个极端情况是该国人民不吃不喝，储蓄率为100%，那么所有产出都用于资本增长，最终能够达到最高产出规模，但其代价是毫无国民福祉。反之，如果一国特别强调消费以增进国民福祉，那么较低的储蓄率会使得每期新增资本较少，产出增长较少，直至稳态时仍然只能达到一个偏低的产出水平，而且该产出水平也仅能支持消费达到一个不算高的稳态水平。因此，提高储蓄率能够提高稳态产出水平，加大投资能够做大经济规模，这是毫无疑问的，但代价是减少人们的消费及福祉。

一个自然而然的思考是能否存在一个最优储蓄率，使得既不要过于抑制消费也不要罔顾生产，索洛模型同样给出了最优储蓄率的答案。在该储蓄率之下，当经济达到稳态时其资本存量对应的资本边际回报率恰好等于人口增长率、技术进步率及折旧率之和，即满足"黄金规则"。如果储蓄率高于该最优储蓄率，则经济达到稳态时人均资本存量会更高，人均产出会更高，但消费水平已从最高点下降；反之如果储蓄率低于该最优储蓄率，则稳态人均产出会偏低，同时稳态消费也没有达到黄金规则下的稳态消费水平。因此，索洛模型已经从经济演进角度阐述了消费与投资的关系：假设人类世世代代繁衍下去，站在世代消费总和最大化的角度，消费和投资都不是越高越好，而是存在最优储蓄率使之达到最优组合，同时使产出也能够保持在一个较高水平。

2.1.2 拉姆齐–卡斯–库普曼模型

索洛模型简洁、优美地描述了消费与投资的关系，但缺陷在于所描述的经济增长没有微观基础，其假设储蓄率是外生的。实际上储蓄率是一个内生色彩浓厚的变量。之后以拉姆齐–卡斯–库普曼（Ramsey-Cass-Koopman）模型为代表的最优增长模型引入了微观基础，从而阐述了消费和投资的最优组合。该模型通过求解厂商部门利润最大化和家庭部门效用最大化，得出消费和资本的动态方程，分别主导着各期消费和资本的增长路径。当稳态的消费和资本同时达到时，就是消费和资本的最优组合。

只有特定的初始消费和资本组合才能通过一条独特的鞍点路径（Saddle Path）达到稳态。如果初始状态下消费较高，也就是家庭部门更加注重当期消费，那么由于初始状态资本偏低，此时资本边际回报率较高，那么消费增速将大于零，即消费会继续上升并因产出上升而带动资本上升，但该动态路径会因为消费过高使得资本很快到达维持投资水平，继续再增加消费的话，资本会下降并导致产出下降，最终使消费不可持续。这意味着对于初始阶段过度崇尚消费的经济体而言，消费主义会拖累资本积累、侵蚀经济增长，最终走向消费难以为继的道路。反之，如果初始状态下消费较低，也就是家庭部门消费处于受抑制的水平，由于初始阶段资本边际回报率较高，此时消费会小幅上升，同时在资源约束下偏低的消费水平会进一步支持资本扩张，直到资本边际回报率达到临界值，消费增速转负。又因为消费下降将更多资源留给了资本继续扩张，并超过黄金法则确定的稳态资本水平，这意味着对于那些过度抑制消费而强调投资的经济体，最终会走向无效投资而罔顾消费的境地。因此，只有一条独特的鞍点路径能够达到稳态的消费和资本。该模型给出的政策启示是，给定一个经济体的初始资本水平（给定初始消费水平亦然），需要小心翼翼地合理安排消费水平，才能够将经济增长引导到鞍点路径上，从而进入最优经济增长路径，罔顾消费或投资任何一方都难以达到这一路径。

2.1.3　经济增长模型小结

综上所述，索洛模型和拉姆齐－卡斯－库普曼模型分别从储蓄率外生或内生的角度，动态地阐述了经济增长过程中消费和资本的关系，较之于泛泛而谈的消费和投资哪个重要的争论要深刻和立体得多。从经济模型的论述中，有几点启示或共识：首先，投资对经济增长很重要，或者说储蓄率对经济增长很重要。储蓄率的高低决定了经济达到稳态时的产出水平，即决定了经济规模所能达到的高度。其次，储蓄率并不是越高越好，或者说投资不是越多越好。储蓄率过高会忽略消费的意义，而实现无限期内世世代代总消费最大化才是全社会的目标。不仅如此，过高的储蓄率带来资本存量扩张，与之伴随的是维持投资水平上升，即维持规模如此巨大的资本存量使之不萎缩就需要保证每期投资不能停止或减少。再次，消费与投资之间存在最优组合。索洛模型认为存在最优储蓄率使消费最大化，资本达到黄金法则水平。更进一步，拉姆齐－卡斯－库普曼模型认为存在鞍点路径使消费和投资组合能够达到最优增长路径，至于对各个经济体而言何为最优增长路径以及政策如何实现最优增长路径，受到竞争格局、文化习惯、风险偏好等诸多因素影响。

2.2 中美投资与消费比例的对比

很长一段时间以来，中国的经济增长模式是重投资而不重消费。这种模式侧重于增加资本投资和生产能力，即通过大规模的基础设施建设、工业化和城市化来推动经济增长和就业。该模式在推动经济高速增长的同时，也存在明显的弊端。

改革开放初期，我国供给明显短缺，投资带来的收益是巨大的。随着工业化进程加速，投资回报率递减，供不应求的局面已鲜少出现，取而代之的是产能过剩、资源错配、发展不均衡等问题。同时，大规模投资和快速工业化造成了严重的环境问题，包括资源过度消耗和环境污染等。

根据世界银行数据，美国的资本形成总额占GDP的比重相对稳定，在20%~26%之间波动。而中国的比重从20世纪70年代初的31%波动上升至2011年的46.7%，随后微幅下降并稳定在43%左右（见图3）。美国的消费支出占比相对较高，且总体上保持相对稳定，表明美国经济模式更加注重消费。在1972年至2021年，美国最终消费支出占GDP比重的变化范围在75.75%~85.13%。中国消费支出占比在2000年后有所下滑，从63.6%跌至2010年的48.9%，随后微幅上升。

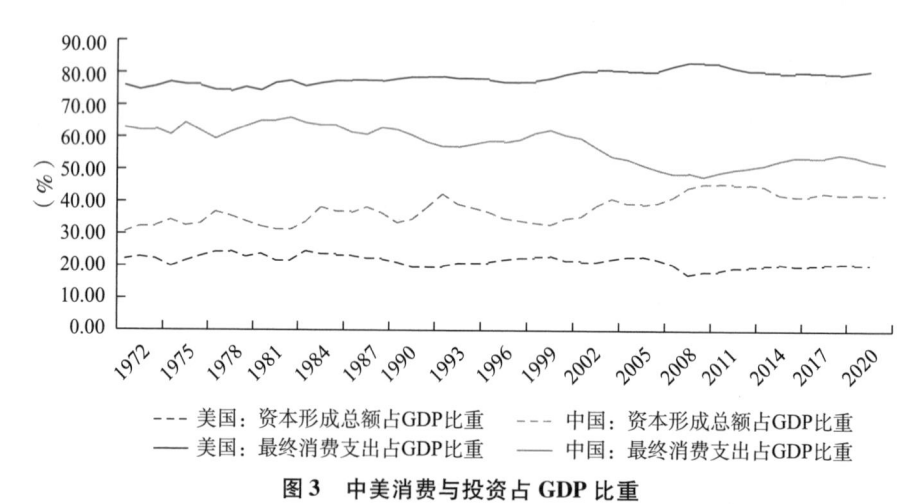

图3 中美消费与投资占GDP比重

资料来源：世界银行。

值得注意的是，在经济衰退期间（如20世纪80年代初期和2008年金融危机），美国最终消费支出占GDP比重有所上升，主要是因为投资和出口减少，消费在经济中的比重相对增加。然而，在此期间，中国的资本形成总额占比则呈现上升趋势，反映了两国政策着力点的差异。

总储蓄占 GDP 的比重与最终消费支出的比重呈相反走势。根据世界银行的数据，2000 年以前，美国和中国的国内总储蓄占 GDP 比重都呈现相对稳定的趋势。2000 年以后，美国的储蓄占比先小幅下降，金融危机之后有所反弹；而中国的储蓄占比则从 36.4% 上升至 2010 年的高点 50.1% 左右，随后逐步下降至 2019 年的 44.0%（见图 4）。

新冠疫情期间，中美的储蓄率均有所上升。美国储蓄率上升主要是因为发放的大量财政补贴增加了居民的可支配收入，而在补贴政策停止后，该部分超额储蓄迅速转化为消费。但中国的情况有所不同，由于经济不确定性较大，大多数居民选择预防性储蓄。

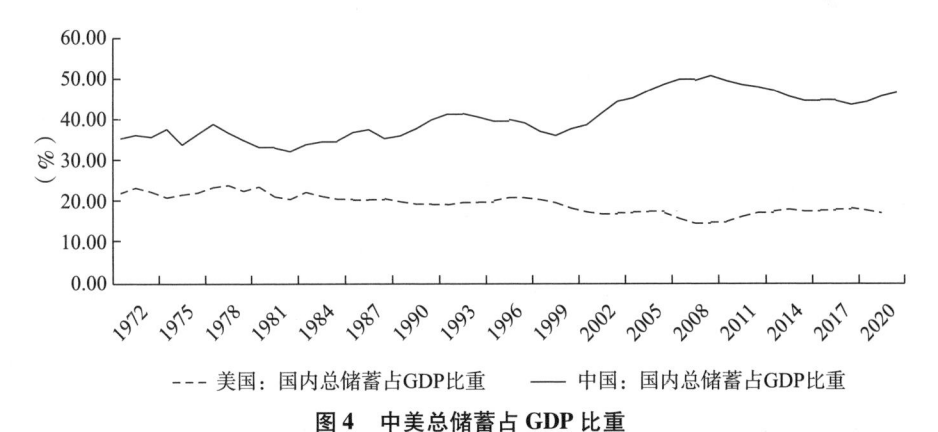

图 4 中美总储蓄占 GDP 比重

资料来源：世界银行。

2.3 消费最优占比：来自国别层面的检验

通过前文分析可知，消费与投资之间存在最优组合。那么，是否存在一个最优的消费比例，从而使相同的消费和投资增速能够最大化促进经济增长？本节采用时间跨度为 2000—2021 年，横截面为 94 个国家的非平衡面板数据，构建面板门槛效应模型（Threshold Regression）来检验这一问题。其中，全要素生产率数据来自佩恩世界表（Penn World Table），由加利福尼亚大学戴维斯分校和格罗宁根大学格罗宁根增长发展中心的学者开发和维护的一组国民经济核算数据，其他数据则来自世界银行。表 2 给出了被解释变量 GDP 实际增速、核心解释变量资本形成增速、门槛变量最终消费占 GDP 比重以及其他控制变量的描述性统计特征。

表 2　描述性统计

变量名称	平均值	标准差	最小值	中位值	最大值
GDP 实际增速（%）	3.585 7	7.200	-86.37	3.65	166.52
资本形成增速（%）	5.336 7	41.205	-41.04	4.26	887.58
最终消费占 GDP 比重（%）	81.006 9	17.113	13.71	79.83	190.10
最终消费增速（%）	3.622 7	8.345	-40.87	3.31	393.57
全要素生产率（TFP）	1.014 0	0.400	0.23	0.98	9.40
劳动力人口增速	0.017 7	0.025	-0.51	0.02	0.31
政府支出增速	0.013 6	0.121	-0.64	0.00	3.37

我们采用资本形成增速（capitalrate）作为核心解释变量，GDP 实际增速作为被解释变量，消费占 GDP 的比重（consumption）作为门槛变量。构建如下门槛效应模型：

$$GDP_{i,t} = \alpha_0 + \alpha_1\, capitalrate_{i,t} \times I(consumption_{i,t} \leq \gamma) + \\ \alpha_2\, capitalrate_{i,t} \times I(consumption_{i,t} > \gamma) + \alpha controls_{i,t} + \varepsilon_{i,t}$$

通过检验发现，消费占比的门槛效应显著，且存在 1 个门槛，即当消费占比高于 78.7% 时，资本形成增速对 GDP 实际增速的促进作用明显提升。由此可见，中国的消费占比还远远没有达到最优水平。

当投资等于维持投资水平时，所有投资将用于维持既有资本使之不会萎缩，而不会再有新增投资，此时投资达到稳态水平。随着资本存量扩大，所需的维持投资水平将同比例上升，意味着每期扣除消费后的部分将有更大的比例用于维系既有资本，更少的比例用于新增投资，直至所有投资全部为维系既有资本。也就是说，每期投资形成的资本存量将会对下一期投资造成负担，表现为债务负担的刚性。厂商部门通过向家庭部门借入资本来进行生产，一部分借入资本用于维系既有资本，也就是设备保养、更新换代等。这部分投资具有刚性，是不得不完成的任务，否则就会面临设备老化问题。随着资本存量扩大，维持既有资本所需的投资也会扩大，于是每期厂商为了维持既有资本都需要借入资本并承担付息成本。现实中，无论是建成后高速公路的养护，还是生产车

表3　门槛效应回归：消费占 GDP 比重

	GDP 实际增速
最终消费增速	0.525 2***
	(27.671 4)
全要素生产率（TFP）	1.555 9*
	(1.958 0)
劳动力人口增速	5.446 2
	(1.382 3)
政府支出增速	−4.639 4***
	(−6.670 9)
资本形成增速（消费占比低于78.7%）	0.029 0***
	(7.417 2)
资本形成增速（消费占比高于78.7%）	0.087 7***
	(13.924 1)
Intercept（截距）	−0.151 3
	(−0.196 0)
N（观察值）	1 869
调整后 R^2	0.455

注：括号中为 t 统计量，* $p<0.1$，** $p<0.05$，*** $p<0.01$。

间设备的保养，都需要持续不断的投资，而这些投资都是不得不进行的，并且不会计入新一期生产中。

3. 如何促进消费和投资的良性循环

2023年中央经济工作会议报告提出了促进消费和投资良性循环的两个办法：一是激发有潜能的消费，二是扩大有效益的投资。那么，何为有潜能的消费和有效益的投资？简单来说，有效益的投资就是产出最终能实现销售并获得利润的投资，这是由需求端和供给端共同决定的；有潜能的消费则是能促进投资不断产出并扩大生产的消费，这主要取决于需求端和供给端的相互影响。具体而言，需要分析消费和投资各自的决定因素。

3.1　理解消费：消费的决定因素

消费在宏观经济理论中一直具有重要地位。古典经济学家认同消费的意义，但整体上更加强调勤俭节约的重要性，赞同储蓄是美德。亚当·斯密早有言在先，"消费是生产的唯一归宿和目的"，但他也明确反对"消费至上"，认为挥霍式、奢靡式消费无助于有价值商品的累积和社会资本的增加。李嘉图强调投资对经济增长的作用，储蓄（投资）相较于消费能促进资本积累、生产扩张和长期生产率提升。马克思将消费和生产看成一个矛盾统一体，消费取决于生产又反作用于生产，消费是社会再生产得以进行的重要条件。古典经济学强调个体应该节制消费，更多储蓄，形成资本，推动经济增长和长期繁荣。这种对消费的看法与所处的经济发展阶段有关。在经济发展的早期，例如马尔萨斯时代，他认为土地是农业社会最重要的生产要素，人口是经济增长的负担，因为过多的人口为追求温饱会消费掉绝大多数农产品，那么就很难提供剩余产品用于投资，形成新的生产力，从而拖累人均产出增长。再后来，凯恩斯将消费和投资并列为总需求的两大构成，但是决定消费需求和投资需求的是两组独立变量。消费需求由收入和边际消费倾向决定，而投资需求由资本回报率和利率决定。短期内，由于人们的边际消费倾向变化缓慢，消费需求上升空间很小，因此如果想要扩大总需求，作为慢变量的消费需求往往无能为力，更需要作为快变量的投资需求。

专门探讨消费的经济理论出现在20世纪50年代。彼时生命周期假说和永久收入假说分别成为消费-储蓄研究的主流理论，两者基本上阐述了同样的道理：理性的个体会根据生命周期效用最大化来决定每一期消费，在此设定下决定当期消费的不是当期收入而是一生的总收入，储蓄则是当期收入与当期消费的差额，用于支持未来或后代的消费。生命周期假说和永久收入假说不谋而合，认为消费不是简单地由当期收入决定，而是由一生拥有的总财富、总资源或持久收入决定。

纵观消费理论，无论是古典经济理论还是凯恩斯经济学，以及后期的永久收入假说等，无一例外都非常强调收入或产出水平对消费的决定性作用。尽管各种消费理论的假设或推演方式有别，但有几点共识：第一，消费受到收入影响，即使是在农业社会，人们消费多少也受到农作物产出的影响。第二，人们具有平滑消费的能力，不局限于当期消费，不愿意饥一顿饱一顿，而是尽可能平滑可预见时间内的消费。第三，消费意愿会因人而异、因时而异，受到主观偏好、借贷约束、延时满足等影响，更重要的是消费意愿会受到收入及预期收入的影响，也是收入的函数。也就是说，收入会通过收入本身及其对消费意愿的影响这两个渠道共同影响消费，从而强化第一点。

3.2 理解投资：投资的决定因素

相较于丰富的消费理论，专门讨论投资的经济理论要少得多。亚当·斯密在《国富论》中曾花大量篇幅讨论了投资，认为扩大投资是经济增长的基础，因为无论是为了扩张市场，还是使技能劳动力能够更大程度上发挥其专业化能力，都需要投资发挥作用。随着资本积累、收入增加以及经济越来越富足，投资回报率会下降，但只要包含风险溢价的资本回报率超过诱使人们进行储蓄所必需的利率，投资就会继续下去。马尔萨斯指出，对生产最有利的三大因素分别是资本积累、土地肥力和劳动节约型的发明创造。总体上，古典经济学认为投资是一种创造性的冒险活动，强调其在推动经济增长中的作用。随着原有固定资产的折旧，如果没有投资，就无法维持再生产所必需的资本存量，经济生产能力就会萎缩。通过投资能够维持资本存量不下降或上升，创造新的就业机会，从而促进消费增加和经济增长。

凯恩斯首次较为系统地论述了投资的决定因素，认为投资由资本回报率和利率共同决定。其中，资本回报率由资本存量和资本预期回报率决定，与资本存量呈反向关系，与资本预期回报率呈正向关系。资本预期回报率由投资者根据未来现金流和资产重置价值计算所得，与大众商业心理的乐观程度或划时代的新发明等有关。总体上，资本回报率越高则投资越高。利率则受到货币供应量和流动性偏好的影响。总体上，利率越低则投资越高。然而，由于流动性偏好的存在，央行调节货币供应量不一定能有效带动利率变化，因此货币政策在调节利率上的失效会使其对投资需求无能为力。尽管如前所述在古典经济学看来储蓄是好事，多储蓄、多投资有利于资本积累和经济增长，但凯恩斯则认为过少的消费、过多的储蓄在没有足够多的投资需求与之匹配时会导致总支出下降，引发大萧条，从而需要政府需求来补位。

后期还有一些零散的投资理论，例如投资 Q 理论。投资 Q 理论描述了资本回报率对企业投资决策的影响，表示新增一单位资本会如何影响利润的现值，如果 Q 值较高则企业希望增加资本存量，如果 Q 值较低则减少资本存量。

纵观有关投资的经济理论，尽管不如消费理论那般丰富，但有几点共识：第一，维持一定水平的投资对经济正常运行是必须的。每期投资的一部分是用于弥补资本折旧，维系存量资本不萎缩，剩余部分才是新增资本。随着资本存量扩张，每期所需的维持资本在增加，也就是说过往投资积累的资本存量都需要当期投资去维护，维护后还有剩余的则是在既有资本存量上再新增资本。第二，资本回报率对投资的牵引作用巨大。关于储蓄是否会百分百地转化为投资，（新）古典主义和（新）凯恩斯主义经济学对此有不同看法，但无异议的是除了受到储蓄这种"量"的影响外，投资还受到另一组力量牵引，那就是以资产回报率为代表的"率"。

3.3 以消费带动投资

投资和消费的决定因素分析表明，消费是经济稳定增长的重要因素。投资往往是波动的，特别是在经济不确定性增加时。然而，消费通常是相对稳定的。通过消费来带动投资，发挥消费对投资和技术进步的引领和促进作用，有助于降低经济波动，保持经济增长的稳定性。

3.3.1 政府支出及投资的作用

中国以投资为主的增长模式主要体现在政府投资上。本小节采用2000—2021年中国统计年鉴数据，构建以303座城市为截面的面板数据，检验消费对投资的影响。在面板回归模型中，采用居民消费作为消费的代理变量，采用固定投资作为投资的代理变量，采用地方政府支出作为财政支出的代理变量。为了部分减轻内生性，我们对消费采取滞后一阶处理。表4第（2）列表明消费和投资之间存在着长期的非线性关系，而政府支出对该影响起到调节作用。

政府支出的增加可能引起投资和消费之间的替代效应。政府投资增加，难免吸引更多的资源和资金用于政府项目，相对减少了用于私人投资和居民消费的资源，可能缩减居民消费对投资的刺激作用。

政府投资在相当程度上可以促进经济增长，但也可能导致资源的不合理配置，进而引发产能过剩。产能过剩是指经济中生产能力超过了实际需求水平。当出现产能过剩时，企业商品和服务的供应超过了居民的需求，这可能导致实际通胀水平下降。此时居民会觉得延迟消费可以获得更低的价格，因此可能选择推迟消费。

企业为了减少库存，也会减少投资。投资下降影响居民的就业和收入，削弱居民的消费能力和消费支出，导致产品需求进一步下降，加剧产能过剩的问题，并压降通胀水平。

表4 政府支出、居民消费与固定投资

	（1）固定投资	（2）固定投资
居民消费	-0.016 4 (-0.868 4)	0.220 6*** (4.325 8)
政府支出	0.122 1*** (10.158 0)	0.371 4*** (7.244 6)
工资	0.075 9*** (3.776 4)	0.074 7*** (3.727 5)
人口	-0.241 7*** (-3.005 6)	-0.209 7*** (-2.609 0)
GDP	0.883 7*** (28.123 1)	0.865 7*** (27.463 0)
居民消费×政府支出		-0.016 7*** (-5.002 3)
Intercept（截距）	8.348 6*** (15.203 6)	4.796 7*** (5.350 6)
N（观察值）	3 857	3 857
调整后 R^2	0.930	0.930

注：括号中为 t 统计量，* $p<0.1$，** $p<0.05$，*** $p<0.01$。

3.3.2 全要素生产率与投资和消费的关系

经济增长模型无一例外地强调全要素生产率或劳动生产率的作用，新古典主义经济学更是如此。从上述索洛模型来看，尽管提高外生的储蓄率能够提高稳态经济规模以及由人均产出衡量的生活水平，但是生活水平根本上取决于技术进步、全要素生产率或劳动生产率，也就是生产函数的变化。只有明确了生产函数中单位要素投入能够有多大产出，才能够讨论储蓄率高低的影响。然而，遗憾的是经济增长模型通常将技术进步视为外生变量，类似于天上掉馅饼式的技术进步会带动生产函数向外扩张，但现实中技术进步不是凭空产生的，而是孕育于投资和消费过程之中。具体说到投资与消费对技术进步的促进作用，又会涉及经济运行的供需结构、行业结构、地区结构等。比如，是厂商自主创新推动技术进步还是消费者需求升级使然。又比如，在服务消费占消费比重提升、无形资产投资占投资比重提升时，消费和投资对技术进步的作用也在发生改变,消费不仅是衣食住行,而且包括教育娱乐医疗居住等,投资可能不再是一台台庞大的机器设备,而是一串串代码。消费与投资对全要素生产率增长都很重要,而现有的经济增长模型未能刻画这种交互影响。

本小节采用时间跨度为2008—2021年,横截面为93个国家的非平衡面板数据,构建固定效应模型来检验这一问题。与前文相同,全要素生产率数据来自佩恩世界表,其他数据则来自世界银行。被解释变量为全要素生产率(TFP),控制变量包括劳动力人口增速等。我们关注最终消费增速与资本形成增速对全要素生产率的作用,以及它们之间的交互作用的影响。

从表5中可以看出,最终消费支出显著提高了全要素生产率。最终消费支出和资本形成增速的交互作用在2008年之后显著为正[见表5第(2)列]。也就是说,消费支出的提升可以促进投资对全要素生产率的正向作用。

表5 全要素生产率(TFP)、消费与投资

	(1) TFP	(2) TFP
最终消费增速	0.002 9*** (6.707 2)	0.003 3*** (7.347 3)
消费×资本增速		0.000 1*** (3.165 2)
政府支出增速	0.014 3 (0.851 7)	0.012 4 (0.745 5)
GDP	0.003 6*** (5.634 8)	0.003 8*** (5.968 3)
劳动力人口增速	−0.017 7 (−0.167 6)	−0.009 1 (−0.086 9)
资本形成增速	−0.000 1 (−1.347 1)	−0.000 4*** (−3.114 9)
Intercept(截距)	0.972 6*** (365.031 1)	0.970 4*** (353.955 4)
N(观察值)	870	870
调整后 R^2	0.005	0.016

注:括号中为 t 统计量,* $p<0.1$,** $p<0.05$,*** $p<0.01$。

3.3.3 资本边际回报率、投资与消费

资本回报率会影响投资已经几无争议，但资本回报率也与消费有关则少有提及。消费增长意味着厂商生产的产品能被消费者认可，没有滞销，实现了从产品形态向厂商营收的转换，因此消费增长带动资本回报率提高则有利于维持厂商部门的生产积极性。当然，作为厂商生产产品的另一条出路，投资也能够吸收当期产出并用于下一期生产，但如果这样，厂商部门就需要不断向家庭部门借贷并造成债务累积，以及最终仍需要通过消费来吸收剩余产品。投资最大的风险是产品卖不出去，也就是马克思说的"惊险的跳跃"。因此，决定投资的主要因素是消费，只有下一期消费扩大，才能增加当期投资。投资对于维系下一期生产固然很重要，但消费对下一期生产也有直接或间接影响：一方面消费用于维系劳动力生存进入下一期生产，另一方面消费增长有利于提高资本回报率，激发当期投资与下一期生产积极性。即使撇开消费维系劳动力生存的作用不谈，狭义而言，只有投资才能提供资本积累、进入生产函数、提供经济增长动能，消费影响资本回报率、激发投资的作用也不容忽视。

我们采用 2000—2020 年中国统计年鉴数据测算出资本产出弹性，即当资本投入增加 1 个百分点时带来的产出变化的百分比，并以此作为资本回报率的代理变量，构建 31 个省份的截面数据，检验消费对资本产出弹性的影响（见表 6）。

检验结果显示，在样本期内，固定资产投资增速对于资本产出弹性的作用并不显著，但是居民消费支出显著促进了资本产出弹性。这证明了投资、消费有效循环的重要性，也说明了投资只有在实现消费的基础上，才能促进经济增长。资本回报率以及消费对资本回报率的影响，在企业全生命周期内至关重要。只有以需求为牵引，特别是通过消费实现产品的销售，才会有资本回报率并引至投资需求。

4. 结论

本文回顾了经济学理论模型中投资与消费之间的关系，并通过中国统计年鉴数据以及世界银行的国别数据，在不同视角下检验了消费和投资之间的实证关系。结果发现，消费和投资的关系随着时间发生变化，消费与投资之间存在正均衡关系，这是传统经济学文献所忽视的。我国消费占比仍远低于最优水平，经济增长模式应由政府引导投资逐渐转变为以消费促进投资的模式。

表6 资本产出弹性、消费与投资

	资本产出弹性
固定资产形成增速	0.000 0
	(0.795 9)
居民消费增速	0.065 4*
	(1.722 4)
政府支出增速	0.014 7
	(0.716 5)
控制变量	√
Intercept（截距）	0.586 5***
	(94.357 0)
N（观察值）	558
调整后 R^2	0.003

注：括号中为 t 统计量，$^*p<0.1$，$^{**}p<0.05$，$^{***}p<0.01$。

投资是延迟的消费，消费则是另一种投资。当个人或企业进行投资时，是将当前的资源用于生产或发展，而不是立即消费，这意味着他们将享受回报和利润的时间推迟到未来。因此，投资可以看作是将当前的消费延迟到未来。消费则不仅仅是满足当前的需求，也可以被看作是一种对未来的投资。通过消费，个人或家庭可以提高自身的生活质量、满足需求，并为未来的经济增长提供基础。同时，消费对投资和技术进步有引领和促进作用，成为一种潜在的投资力量。消费与投资的良性互动，是短期促进经济增长的良药，更是长期持续发展的密钥。

参考文献

Blanchard O, Perotti R. An empirical characterization of the dynamic effects of changes in government spending and taxes on output [J]. The Quarterly Journal of Economics, 2002, 117 (4): 1329–1368.

Dumitrescu E I, Hurlin C. Testing for Granger non-causality in heterogeneous panels [J]. Economic Modelling, 2012, 29 (4): 1450–1460.

Kuijs L. Investment and saving in China [J]. World Bank Policy Research Paper Series, 2005 (3633).

Linnemann L, Schabert A. Can fiscal spending stimulate private consumption? [J]. Economics Letters, 2004, 82 (2): 173–179.

Modigliani F, Cao S L. The Chinese saving puzzle and the life-cycle hypothesis [J]. Journal of Economic Literature, 2004, 42 (1): 145–170.

蔡晓慧，茹玉骢. 地方政府基础设施投资会抑制企业技术创新吗？——基于中国制造业企业数据的经验研究［J］.管理世界，2016，（11）：32－52.

胡永刚，郭新强.内生增长、政府生产性支出与中国居民消费［J］.经济研究，2012，47（09）：57－71.

廖茂林，许召元，胡翠，等.基础设施投资是否还能促进经济增长？——基于1994—2016年省际面板数据的实证检验［J］.管理世界，2018，34（05）：63－73.

盛松成，龙玉，金辉.消费与投资并不是相互排斥的关系［N］.上海证券报，2023－2－19.

张斌，茅锐.工业赶超与经济结构失衡［J］.中国社会科学，2016（03）：80－98＋206.

乡村治理中的集体土地发展权

两级产权差的分析框架

田莉 严雅琦

长期以来高居不下的城乡居民收入差距是我国经济高质量发展中面临的一大挑战。即使与印度等欠发达国家相比，我国的城乡居民收入差距也居于高位①，这还不包括城乡居民的财产性收入差距。城镇化的快速进程本应带来乡村居民收入差距的减小，但根据黄贤金等人的统计，我国大陆地区城镇化率每提升1%，城乡居民收入比扩大0.034②；与之相比，台湾地区城镇化率每提升1%，城乡居民收入比缩小0.474。而韩国城镇化率每提升1%，城乡居民收入比缩小0.134。收入差距的扩大，根本原因是以城市为中心的城市偏向策略。资金、土地、人才三大要素是乡村治理与发展的基础，长期以来，"人、地、钱"单向由农村流入城市，造成农村"失血""贫血"。2020年4月，中国人民银行调查统计司公布了《中国城镇居民家庭资产负债情况调查》，全国城镇

---

* 田莉，清华大学建筑学院；严雅琦，深圳大学建筑与城市规划学院。本项研究得到国家社科基金重大项目"面向乡村产业振兴的土地利用转型研究"（23&ZD114）、广东省哲学社会科学规划项目"珠三角集体产业用地转型机制与对策研究：基于乡村经济治理结构的视角"（GD24YGL24）的资助。

① 根据世界银行的统计，2014年，印度的城乡居民收入比为1.91，我国为2.75。
② 资料来源：南京大学地理与海洋科学学院黄贤金教授在城市百人论坛的演讲"农民流动、权益保护与农地改革"，2020年8月。

居民家庭的平均净资产是289万元，其中住宅占比59%。与之相比，农民的宅基地无法流转，难以确定其市场价值。2017年全国农村人口5.76亿，共有集体土地11.37亿亩，人均约1.99亩，农村账面资产人均约1.13万元，与城市居民的家庭资产相比，可谓微不足道。城乡二元土地制度抑制了农村土地与住房价值的资产化，是构成城乡居民收入差距的主要原因。

纵观中外历史，土地发展权益与农民的生存状态息息相关。在漫长的农业社会，农民的土地权益主要受土地制度、土地税赋等的影响。在传统中国"皇室＋权贵＋农民"构成的金字塔结构下（许倬云，1998），资源层层向下汲取，下层不堪重负时导致王朝倾覆，由此产生"治乱循环"。迈向近现代，20世纪初现代城市规划的诞生成为引导土地利用与土地发展权管控的重要手段，对农民的土地权益产生了深远影响。从国家治理的视角看，土地制度与土地税赋属于中央层面，乡村规划与开发建设管控则属于地方事务，两者共同构成对集体土地发展权的制约框架。

近年来，为赋予农民更多财产性权利，国家尝试不断向集体土地赋权。2006年，全面取消农业税。2015年，农村"三块地"改革在全国33个试点地区推行。③ 近年来，"三块地"试点地区并未进一步扩大，集体土地权益的实现反而由于对农村地区违章建设的日益严厉查处而受到很大程度的抑制。由于现行制度下集体土地价值难以在正规渠道彰显并实现，非正规开发成为集体与农民行使土地发展权的重要手段。改革开放初期，珠三角、长三角等地农村在工业化的驱动下，"村村点火、家家冒烟"，实现了集体土地的资本化。同时也带来一系列问题，如土地利用破碎化、耕地流失、生态环境恶化等。近年来，随着对违章的治理力度加大，对集体土地建设、经营与开发的管控层层强化，集体土地发展权在非正规领域受到日益强烈的冲击，管理内容涵盖从集体建设用地到农用地用途管制的方方面面，"城管""农管"的身影频频出现在乡村。这一方面固然对集体土地利用的规范化发挥了重要作用，但也给乡村发展和治理带来了难以预料的影响。这种土地发展权"名"与"实"之间的差距，对于乡村发展和治理而言，究竟意味着什么，值得深入探究。

本文将从乡村土地产权差（property rights gap）的概念入手，分析集体土地发展权对乡村发展和治理的影响。我们首先介绍产权差的概念，并以我国台

---

③ 三块地改革，即农村土地征收、集体经营性建设用地入市、宅基地管理制度改革。

湾地区和日本为例，阐述它们在工业化与城镇化不同阶段土地"再分配－产权差弱化"的特点。基于此，提出了"两场域（体制与社会场域）－两类型（农地与建设用地）"的集体土地发展权框架。之后分析改革开放以来我国乡村土地发展权管控的演进与工具，并以 G 市为例，探讨其一级与二级产权差对乡村发展和治理的重大影响。文章的最后，提出了通过弱化乃至弥合集体土地发展权产权差来促进乡村发展和治理的建议。

1. 乡村土地产权差演进的阶段特征：基于国际国内的经验

产权差是芝加哥大学政治学教授迈克尔·阿尔伯图斯（Michael Albertus，2021）提出的概念，他将产权差定义为政府对土地的再分配，但并未赋予土地受让人实质产权的过程。产权差的产生包括以下几种情景：分配土地但不进行确权登记；强制农民加入集体和合作社；禁止转让土地等。从政治学视角看，不完整产权的出现多是政府特定时期多目标权衡的结果。例如，在拉丁美洲的城市化快速推进时，一些政府通过建立土地合作社或土地国有化来产生产权差，以攫取农村经济剩余，用于管理不断增长的城市人口。在维系产权差的同时，政府可以针对不完整的产权采取一系列措施，比如国家低成本垄断农村信贷、协调土地转让、驱逐擅自占地者、解决地方纠纷等保持农村对国家的依附关系。但是，长期维持产权差的结果，会使农业生产力低下、农民难以真正城镇化、经济发展停滞等。从发达国家/地区的经验看，只有不断弱化乃至弥合产权差，才能实现城乡协调的高质量发展。

1.1 工业化初期的土地再分配：打破土地垄断，获取政治支持并促进工业化

国内外经验表明，土地改革对工业化与经济起飞至关重要。以东亚为例，我国大陆及台湾地区、日本、韩国等都是在工业化起飞阶段先进行土地确权，即"耕者有其田"的农地改革，为工业化奠定基础，实现了经济起飞。而菲律宾等未实现成功土地改革的国家，工业化进程一直未能顺利完成。工业化初期农村土地大部分垄断在地主手里，农业平均产出很低，整个经济体就没有足够的盈余投资于工业发展。在传统农业社会，少数地主阶级控制着大部分土地，而大量农民沦为没有土地的佃农。比如，在旧中国，10% 的人口占有 70%~80% 的土地；在朝鲜半岛，不到 4% 的家庭控制着 55% 的农业用地；明

治维新之前的日本,封建领主(大名)控制着日本的大部分土地和整个粮食交易体系。④ 新中国进行了三次土地改革:第一次是新中国成立初期,实行分田到户;第二次是改革开放初期,实行家庭联产承包责任制;第三次则是土地有偿使用制度的建立,确立了城市与农村土地的双轨制。前两次土地改革,通过给农民分配土地,极大地释放了农村生产力,农业产出在短时间内实现了大幅增长。第三次则为中国之后快速的工业化与城镇化进程铺平了道路。

在国际社会中,通过土地改革为工业化进程铺路,并非中国的独特经验。日本在近现代也经历了两次土地改革。第一次是明治维新时期,明治天皇收缴大名控制的土地并分给农民,给农民总共发放了 1.09 亿张地券,承认农民对土地的私有产权。二战后,战败的日本政府在驻日盟军总司令麦克阿瑟的支持下颁布《农地改革法》,规定地主拥有的土地不得超过 3 公顷,超过部分一律强行征收。在这次改革中,近 200 万地主被强征了土地,而 400 万贫农得到了土地。这一系列措施极大地提高了日本农业的生产力,获得了农民的政治支持。我国台湾地区在 20 世纪 50 年代初期推行了大规模的土地改革,大量土地被从地主手中收回并分配给农民。据统计,从 1950 年到 1960 年,台湾当局共收回了 1 800 万亩土地,其中 1 100 万亩分配给了约 70 万户农民,占当时农户总数的三分之一,农民的生产积极性提高,农业生产率显著提升。据统计,20 世纪五六十年代台湾地区的农业总产值和农民平均年收入增加一倍以上,农民收入增长速度快于城市居民。土地改革后,台湾地区的工业产值和出口额都呈现快速增长的趋势,为其经济起飞奠定了坚实基础。

1.2 工业化中期的土地产权差弱化:促进农地流转与管制放松

随着工业化进入中期阶段,技术进步使农业生产已经不需要大量的人口。于是,农村富余的劳动力向城市非农产业部门转移,零星的小农经济反倒对农业生产力的提高造成阻碍,这时就需要促进农地的流转及规模经营。同时,随着城市的快速扩张,建设用地需求高涨,很多农地转化为建设用地,城市化进程显著加快。20 世纪六七十年代,台湾地区的农村经历了工业化与城市化下的衰败凋敝、建设滞后以及生态环境恶化等问题(魏登峰,2018)。为了应对

---

④ 资料来源:《东南亚工业化失败的经验教训:没有实现耕者有其田》,http://www.360doc.com/content/12/0121/07/38464728_972022665.shtml。

这些问题，1969年台湾地区提出把经济发展政策方针从"以农业培育工业"调整为"以工业促进农业"，力促农村复兴。随着20世纪80年代农产品短缺问题得到解决，台湾当局开始推行第二次农村土地改革。为提高农民收入，台湾当局鼓励土地转换和买卖，促进土地流转，集中土地发展专业化、企业化和机械化农业。同时，对农地转换为工业用地的规制放松，促进乡村非农产业发展。台湾地区农地违章工厂1960年即已出现，由于土地便宜，环保、安卫各项管制全免，违法规模愈发扩大（施昱年和廖彬超，2016），加剧了农村土地的碎片化和环境污染。

日本同样经历了工业化中期的乡村人口外流及土地政策调整过程。20世纪60年代，针对乡村土地零碎的现象，日本颁布《农业基本法》，要求发展2公顷以上的自立农户，截至2020年日本户均农地面积达到1.26公顷，较1960年增加了48.2%（曹斌等人，2022）。进入70年代后，日本通过修改《农地法》等，放开土地流转管制，取消对农户拥有农地面积的限制，并取消农地租金最高额限制等，农地流转率和规模化经营水平稳步提高。

1.3 工业化后期的土地产权差进一步弱化：土地权利与农民主体性强化

工业化后期，乡村人口流动的速度放缓，产业结构升级转换，制造业不再是主导产业，城市就业岗位数量减少，城市化进程对建设用地的需求下降。伴随着居民生活品质的提升，对乡村旅游休闲娱乐用地的需求增加，乡村建设管理也趋于规范。农民在农村事务中的自主性显著增加。台湾当局从"社区营造"到"地方创生"政策调整的渐进过程，体现在从最开始的"大包大揽"到"辅助推动"的定位改变。台湾地区第三阶段的土地改革主要是放松农地管制政策，鼓励企业家到乡村投资，并引进资金和技术带动农业升级。但由于农舍建设的管制不够严格，也导致违章建设规模扩大。2019年，约有13万处农地违建，其中违章工厂3.8万处，占地约1.4万公顷（李奕均，2019）。违章建筑的治理成为台湾当局面临的极大挑战。法律界的讨论集中在是否可以根据惯法创设物权，即考虑事实上的惯性及法的确信，后者原则上是一个共同体本身的确信，简单说就是大家都认为是法（吴从周，2018）。有条件赋权成为台湾当局处理农地违建的主要策略。

纵观工业化与城镇化进程中的农村土地政策，可以发现，乡村土地发展权的界定，需要随着工业化与城镇化历程的演进、经济进步和人民生活水平提高而不断调整（见图1）。初期农户的确权为打破土地垄断和工业化铺平了道路，而进入中后期，农地与建设用地产权日益完整、农民主体性的彰显和规划管理的规范化，体现了产权差逐步弱化乃至弥合的过程。

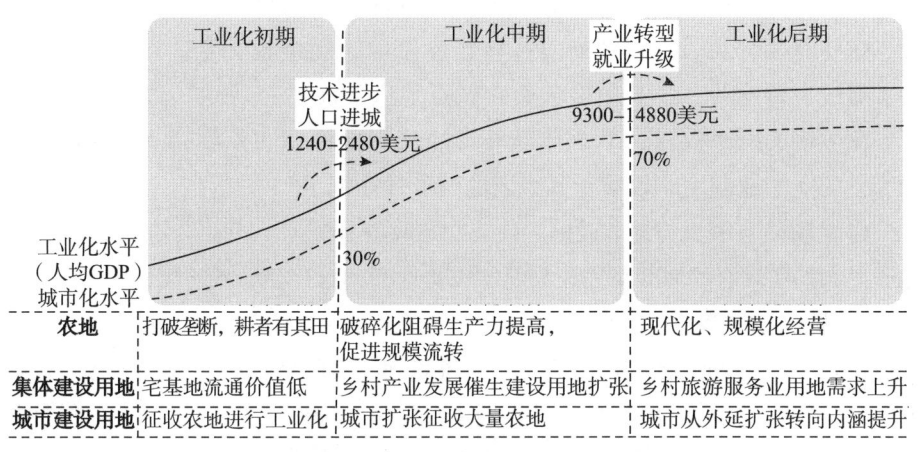

图1 三阶段的"工业化–城市化–产权差弱化"的曲线

注：工业化水平与人均GDP的数据来自钱纳里，城市化阶段数据划分来自诺斯曲线。
资料来源：作者自绘。

2. "两场域–两类型"的集体土地发展权

农村集体土地作为乡村社会最重要的生产要素，其产权界定是乡村发展和治理的关键抓手。其中，集体土地发展权是由行使集体土地开发行为和由此带来的社会经济发展增值收益构成的一项重要权利，对乡村地区的空间转型变化与经济社会发展有深远影响。集体土地发展权实际上是国家治理体系和地方治理体系共同作用的产物，经由法律赋权、政府管理、社会建构层层机制塑造而成。本文将从两大体系分别对应的体制场域（中央–地方纵向传导）与社会场域（地方政府–市场–集体/村民横向博弈）出发，来梳理集体土地发展权，并识别其中的产权差。

2.1 体制场域–社会场域中的两类集体土地发展权

在体制场域，我国通过一系列的法律、制度与政策，界定了乡村的土地发展权。具体而言，法律对集体土地的限权实现了国家对土地发展权的控制，中

197

央政府进而通过行政分权决定地方政府的农地开发规模，完成地权的一次界定；地方政府则经由土地规划、土地收储和"增减挂钩"等隐性嵌入产权的方式完成地权的二次界定（陈颀，2021）。其中最根本的，当数1982年《中华人民共和国宪法》与1986年《中华人民共和国土地管理法》确定的城乡二元土地制度，以及2003年确立的严格的"农转非"建设用地指标层层分解制度，这些制度引发了地方政府对乡村建设用地的剩余权剥夺。直至2015年，为了促进乡村发展，中央政府开始在试点地区开展"三块地"改革，希望赋予农民更多的财产权利。2019年新修订的《土地管理法》维持了以保障性功能为主的宅基地制度，仅赋予其微弱的财产性功能。

体制场域的中央与地方政府在完成初始收益分配后，由社会场域的农民/集体通过与基层政府的博弈来完成最终的收益分配，而社会场域的权利界定仅存在于体制场域中的央地政府通过行政权力实践之后的留白空间（陈颀，2021）。在社会场域中，地方政府主要通过制定乡村规划与乡村建设行为管控来控制集体土地的发展权。集体/农民在乡村规划中处于不知情不参与的状态，乡村规划主要由市县级城市规划主管部门主导编制，更多考虑上级规划要求的层层传导，如耕地保护与生态安全要求等，而较少考虑集体/农民发展的需求。

为了实现自己的土地权利，20世纪八九十年代乃至21世纪初期，集体/村民多通过非正规开发的路径建设小产权房或建设厂房租给外来企业赚取租金，"瓦片经济"现象引发了乡村建设用地的快速蔓延，给耕地保护、生态安全带来冲击，于是，中央与地方政府对乡村建设行为开展了大刀阔斧的治理，

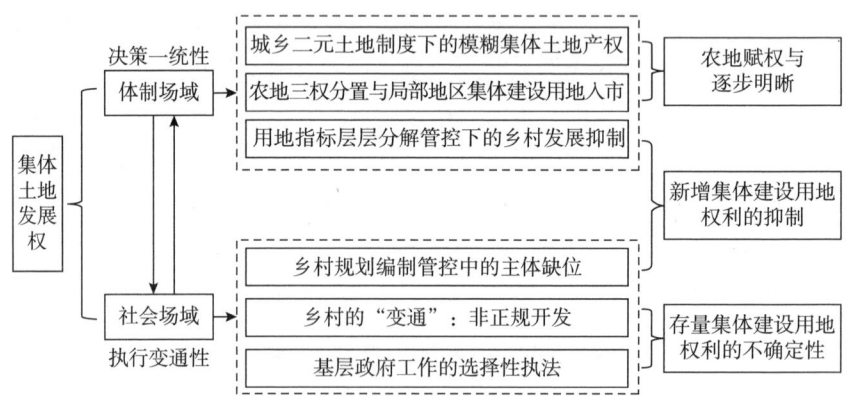

图 2 体制场域与社会场域集体土地发展权的界定

资料来源：作者自制。

但这种治理带有明显的"运动式"治理特征。戴治勇和杨晓维（2006）把国家或政府根据不同情势强化或弱化执行既定法律的权力称作"剩余执法权"，或称作"选择性执法"。权力运作的随意性与短期性，对集体土地发展权的冲击巨大。

既有的大部分研究把集体土地当成整体进行考察，并没有详细区分集体建设用地（主要包括宅基地与集体公益性、经营性建设用地）与农地，这就导致对乡村不同类型的土地发展权缺乏精细化的剖析。快速的工业化与城镇化进程使很多原来位于郊区的乡村被城市包围，原来价值不高的建设用地价值得以大幅度提升，在这种情况下，集体建设用地就不再是生活生产资料，而成为有价值的资产。这些资产的价值取决于用途管制等规划管控手段，规划成为集体土地价值的决定性要素之一。乡村建设用地"法律权利"与"经济权利"之间的偏差，催生了城中村这种非正规住房市场与乡村地区工商业用地市场（Tian，2008）。

总结起来，在我国独特的城乡二元土地制度安排下，乡村土地发展权的权能充满不确定性。在经济增长目标占主导地位的时期，地方政府对乡村的"非正规开发"往往采取"默许"乃至"纵容""鼓励"的态度，以快速发展乡村经济。但随着国家土地管理与生态文明战略的变化，又对乡村建设采取"治违"的强力手段，这样的选择性执法加剧了乡村发展的不确定性。

2.2 集体土地发展权的产权差

结合我国特有的城乡二元体制与国家治理特征，可以将我国集体土地的产权差分为两级：一级产权差指体制场域中的产权差，主要由城乡二元土地体制引发，这一级的产权差主要体现在国有土地与集体土地的制度差距上；二级产权差则在社会场域中产生，主要通过地方政府与集体/农民的关系形塑，体现为地方政府对集体土地开发利用的规划与管控。一方面，政府可以通过自上而下的乡村规划与土地用途管控，限制集体/农民新增建设用地的权利；另一方面，政府通过对乡村存量土地发展权的认可或否定，很大程度上影响农民在集体土地开发中的收益。由于地方政府在集体土地规划管理中享有广泛的自由裁量权，其治理产权差的行为会对乡村社会经济的发展产生深远影响。

表 1　集体土地发展权的两级产权差

	特征	场域与实施路径	社会经济影响
一级产权差	国有与集体土地的制度差距	体制场域：由国家法律与制度规定	不能进行土地融资；不能正式出售、租赁、分割或抵押土地
二级产权差	集体土地开发利用中的名义与实际权利之差	社会场域：地方政府与集体/农民的互动	活跃的非正规经济；自下而上的空间失序；正式管控对乡村活力的抑制

资料来源：作者自制。

3. 改革开放以来我国集体土地产权差的演进与管控工具

改革开放以来，随着农村家庭联产承包责任制的确立，我国在集体土地改革上进行了诸多尝试。从土地发展权的产权差来看，可以将相关工具分为两类：一是一级产权差领域中的中央通过法律法规赋予农村土地的权利；二是二级产权差领域中的各类空间规划编制与审批对乡村土地权利的界定及地方政府对乡村建设行为的治理管控。图3和图4从这两个层面回顾了改革开放以来我国乡村土地发展权的演进历程，可以发现，在一级产权差领域，集体土地发展权确实体现了逐步还权赋能的过程，但在二级产权差领域，集体建设用地规划管理呈现日益收紧的态势。名义上的"放"与实际中的"收"形成了乡村发展的张力。

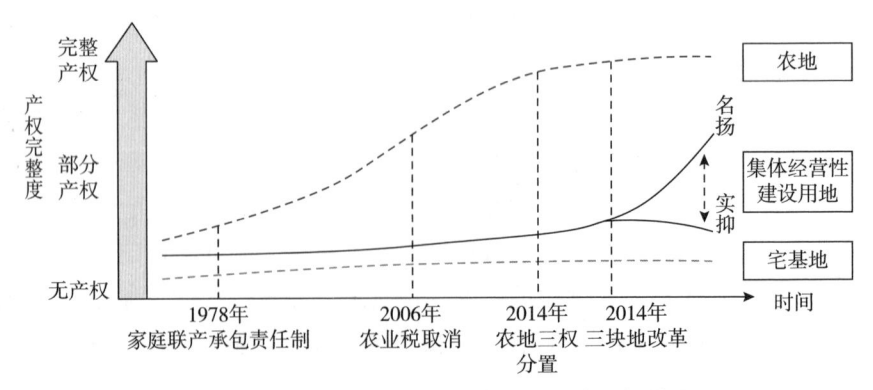

图 3　二级产权差下的不同类型集体土地发展权的演进

资料来源：作者自制。

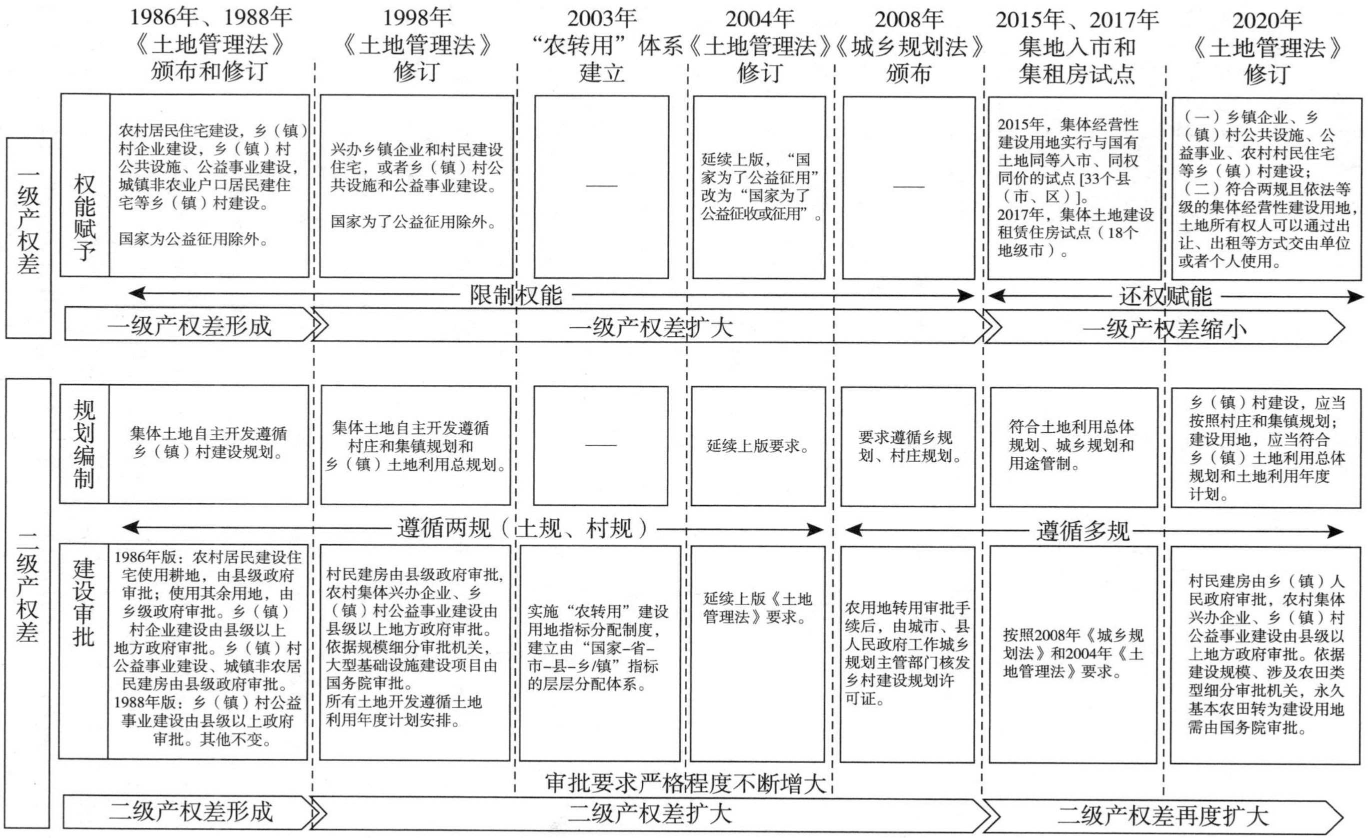

图 4 改革开放以来集体土地发展权配置变迁

资料来源：作者自制。

3.1 一级产权差：正式法律制度范畴内的集体土地发展权变迁

根据1982年《宪法》与之后的《土地管理法》，集体土地与国有土地产权权能存在显著差异，集体土地发展权的不完整性体现在以下方面：集体土地所有权人对集体土地没有处分权，不能在集体土地上设立建设用地使用权、抵押物权，农户对集体所有的宅基地没有完整的用益物权（郑振源和蔡继明，2019）。这抑制了乡村发展潜能。

2003年，我国开始实施严格的"农转用"建设用地指标分配制度，建立由"国家－省－市－县－乡/镇"指标的层层分配体系。在乡村层面，获得新增建设用地指标的可能性微乎其微。同时，为了增加建设用地供应指标开展的"增减挂钩"主要通过集体建设用地的减量获得。根据2004年版《土地管理法》，任何单位和个人进行建设，需要使用土地的，必须依法申请使用国有土地，而集体土地自主开发仅限于兴办乡镇企业、村民住宅建设、乡（镇）村公共设施和公益事业建设等用途，且须在申请并获批的前提下方能建设。

作为对乡村土地发展权过度抑制的纠正，2015年，中央印发了《关于农村土地征收、集体经营性建设用地入市、宅基地制度改革试点工作的意见》，并开始在全国33个地区进行试点。2019年修正的《土地管理法》吸收了部分"三块地"改革的成果，但之后集体建设用地入市并未在全国大规模推开。蔡继明指出，我国农村现有集体建设用地约19万平方公里，相当于城镇建设用地的两倍以上，其中70%以上为宅基地，而农村目前常住人口不足40%，数千万亩宅基地长期处于闲置或低效利用状态（王峰，2023）。存量集体经营性建设用地只占集体建设用地的14%，仅靠如此少量的农村集体土地入市，难以搭建起城乡统一、竞争有序的建设用地市场。

3.2 二级产权差：地方政府对乡村的规划与管控变化

3.2.1 乡村地区规划编制与审批对集体土地发展权的影响

在乡村地区规划编制的过程中，集体/农民的"存量土地发展权"与"潜在土地发展权"构成了集体土地开发的双重权益，其中乡村地区已建及已批待建的用地实际具有"存量土地发展权"，未批未建的土地具有"潜在土地发展权"。当乡村被划进城市禁限建区，集体存量建设用地或被要求复垦，同时乡村申请新增非农用地的权利受阻，则"存量土地发展权"和"潜在土地发展权"均受损（王国恩和伦锦发，2015）。

2003年以来，政府开始对集体土地实施严格的用途管制，其实质是与村集体争夺土地资源，具体表现为争夺建设用地指标（刘宪法，2010）。一方面，通过征收农地剥夺了集体土地的潜在发展权；另一方面，通过迁村并点、城乡建设用地"增减挂钩"等方式，导致集体土地的存量发展权和潜在发展权被剥夺。黄祖辉和汪晖（2002）指出，非公共利益性质的征地活动使集体土地所有者遭受土地权益的双重损失，一是地方政府实施"警察权"时对农村集体土地发展权的压抑，二是非公益性征地的土地增值收益分配不公导致的农村集体利益受损。不少学者指出，禁限建区的划定和绿地规划的本质是限制规划区域的土地发展权而为整个城市提供粮食安全保障和生态环境保护的公共服务，这些农村地区牺牲了自身的发展机会，却未能获取应有的补偿，客观上压抑了区内乡村正当的发展诉求（王国恩和伦锦发，2015；张磊，2018）。此外，在"统筹城乡"背景下实施的农民集中居住政策（即"农民上楼"），本质上是政府主导、资本介入下的宅基地低价退出与城市建设用地扩张挂钩的过程，商业资本与地方政府一起成为级差地租的剩余索取者（周飞舟和王绍琛，2015）。

在乡村地区规划编制的末端，即乡村规划的编制上，法律与实践层面的双重忽视进一步弱化了集体土地发展权。在2008年《中华人民共和国城乡规划法》（以下简称《城乡规划法》）出台之前，乡村规划并非法定层次的规划。《城乡规划法》出台之后，开始全面编制乡村规划，乡村建设行为必须符合规划且申请"乡村建设许可证"。然而，在我国目前的乡村规划编制模式中，多采用"精英式"的规划编制模式，即规划师贯彻上级政府的指令对乡村地区的宅基地、产业用地等进行布局，集体/村民很少能参与乡村规划的编制过程。在追求"整洁有序"的乡村土地利用布局中，零散的产业用地不见了，代之以"美好蓝图"的愿景，而集体/农民对这些规划设想茫然不知。

3.2.2 乡村建设行为的治理管控对集体土地发展权的影响

城乡二元土地体制造成的二元管理体制下，乡村建设很大程度上处于规划管理的"法外之地"。虽然国家层面也曾颁布过一些条例，如1990年的《村镇建设管理暂行规定》，规定农村宅基地建房一般不能超过三层，但在珠三角的一些城市如广州、深圳，"城中村"住宅六七层甚至十几层的现象屡见不鲜，而地方政府对这些往往采取"睁一只眼闭一只眼"的态度，在一些地方甚至出现默许乃至鼓励乡村工业园区建设的现象。在北京，世纪之交也出现过乡村"工业大院"建设热潮，以促进乡村工业化进程，导致乡村建设用地大幅蔓延。然而，非正式开发背后的制度环境不确定性使得集体和村民对长期投资产生顾虑，往往选择短期快速的开发建设，导致乡村土地开发普遍品质较低、环境较差（Zhu，2012）。

上述集体土地发展权的非正规实践反映了国家与集体对农村土地发展权的认知偏差，并出现在国家、集体、市场三者互动和博弈下的实际产权运作之中。学者指出，集体土地产权实践是社会建构的产物（曹正汉，2008）。尤其在国家及其代理人对乡村社会渗透较弱的情景下，集体土地发展权实践深受村庄治理结构（曹正汉和郑琰，2022）、乡村宗族组织（仇童伟和罗必良，2021）、村民认知（冷方兴和孙施文，2017）、集体意愿及村干部决策等因素的影响（张静，2003）。尽管集体土地的模糊、残缺产权使之不具有对国家或国家代理人（政府）的排他性特点，但是这并不意味着集体成员在面对国家时放弃自己权利的实现（申静和王汉生，2005）。面对集体土地发展权受到的压抑，农民和农村集体会采取不同的抗争方式。刘永湘和杨明洪（2003）将主要方式归纳为三种：一是通过转让、出租、联营、入股、置换等自发的集体建设用地流转，二是千方百计提高征地补偿标准，三是农民个别或集体上访。这些农民和农村集体的抗争最终可能导致有关政策的让步与改良，迫使政府向农村集体让渡更多的集体土地发展权或相应的经济补偿。

然而，蓬勃的乡村工业化给耕地与环境保护带来严峻挑战，于是在全国层面，开展了各种各样的"运动式"治理，以遏制乡村建设用地的无序蔓延。尤其是2003年实施号称最严格的土地管理制度，即"农转用"建设指标分配管控以来，先后开展了数次大规模的乡村土地整治运动。先是2004年深入开展土地市场治理整顿，针对占用农田的建设行为进行治理。2012年生态文明战略实施以来，对乡村的建设管控明显强化。2019年则开展了轰轰烈烈的全国清理整治运动，拓展到较早在20世纪90年代与21世纪初期形成的集体建设用地，扩大化的一刀切"拆违"给乡村社会经济带来巨大冲击。经济学家周天勇估计，因拆除违建而关停的中小微企业，保守估计在480万个左右，总共可能损失了1 160万~2 000万个就业机会，初步估计使GDP下降0.6~1个百分点（周天勇，2019），造成了巨大浪费，严重冲击了中央提出的"稳就业、稳收入、稳消费和稳经济"（田莉和徐勤政，2021）。

4. 集体土地产权差捕获对乡村发展的影响：以 G 市为例

在20世纪90年代与21世纪之初，市场经济体系建成初期的行政权力收缩阶段，G市政府大力鼓励乡村发展经济并在乡村治理上采取行政弱干预策略，集体土地二级产权差相对较小。然而，随着中央层面对耕地保护要求的收紧和生态文明战略的实施，地方政府在多目标权衡下不断加深行政权力对乡村社会的渗透，增大集体土地二级产权差的捕获，带来了乡村发展的经济社会效益受损、乡村自主发展活力下降等一系列挑战。

4.1 G市集体土地产权差的阶段性演进特征

20世纪90年代以来，G市经历了乡村工业化"初期－中期－后期"的进程，本文根据乡村工业发展的阶段特征，将其划分为20世纪90年代初期至20世纪末的乡村工业化初期阶段、21世纪初期至21世纪第二个十年的乡村工业化中期阶段、21世纪第二个十年中期至今的乡村后工业化阶段。伴随着工业化进程的加深，G市的集体土地二级产权差不断扩大，具体体现在两大层面，一是乡村"潜在土地发展权"受抑制程度不断加深，二是"存量土地发展权"不断弱化。投射在土地利用上，则表征为新增集体建设用地规模不断缩小，而存量集体建设用地减量规模逐步增大。

在乡村工业化初期阶段，尽管集体土地一级产权差较大，但是在市场经济体系初步建立、城市土地资源充足与大力推动农村工业化的背景下，地方政府采取了对乡村规划编制和乡村建设审批的宽松管理模式。加上"地方法团主义"的政府谋利动机，G市集体/农民的非正规土地开发行为得到地方政府默许乃至支持鼓励，由此实际捕获了集体土地的"潜在发展权"，新增集体建设用地规模达到478平方公里，其中约90%为承载工业厂房、批发市场为主的集体产业用地，且绝大部分开发并未经规划部门审批。这些非正规建设为G市的发展做出了重要贡献，1992年乡镇企业税收约占该市区县财政收入的60%。与此同时，以低价征地为特征的土地城镇化起步，存量集体建设用地减少约34平方公里。

进入乡村工业化中期阶段，严格的"农转用"建设用地指标分配制度和城乡建设用地"增减挂钩"制度等促使集体土地一级产权差进一步扩大，然而中国加入WTO和G市举办重要文体活动的大事件驱动，使该市非正规集体土地市场蓬勃发展，新增集体建设用地规模达到175平方公里，同时据统计，2014年该市集体建设用地非正规出租乃至买卖的规模超出总面积的60%。集体土地非正规开发带来的企业税收贡献、就业机会供给以及由城中村、小产权房带来的近80万人的住房问题缓解等，使地方政府对乡村开发置若罔闻，农村集体/村民实现了非正规的"潜在土地发展权"。

2015年以来,尽管国家层面推动的多项集体土地制度改革推动了集体土地的还权赋能,弥合了集体土地一级产权差,但是随着生态文明战略上升为国家战略,中央政府通过各种约束激励机制,如国家土地督察制度、耕地保护省长负责制、行政问责机制以及自上而下的频繁检查活动,抑制地方政府在土地执法上的偏离。与此同时,和谐社会、民生、环境等非经济指标成为政府绩效考核标准,过去"地方法团主义"的政府谋利动机已发生改变,其行为越来越具有"风险规避"的性质(何艳玲,2013)。在此背景下,G市显著收紧对集体土地的开发管控,同时全面增强拆违力度。在集体土地还权赋能试点上,强化自上而下的行政干预,这一方面减少赋能试点对土地一级市场的冲击,另一方面规避集体土地权利释放带来的投机风险。地方政府的一系列行为最终导致集体土地二级产权差的扩大。21世纪第二个十年中期以来,集体土地的"潜在发展权"基本被抑制,新增集体建设用地规模微乎其微,同时"存量土地发展权"被严重剥夺。尤其是2017年以来,开始对乡村地区的无证建设用地进行拆违腾退,之后更是明确所有无证用地都需要拆迁腾退,仅1990年前的一些特殊用地和农林用房用地除外。在此过程中,地方政府忽视不同部门(如规划和自然资源部门、农业农村部门、文化和旅游部门等)、不同发展阶段对集体土地利用和管理采取的阶段性和地方性政策,以"一刀切"的方式推进拆违,被拆的建设用地面积超出230平方公里,拆违建筑面积达到数亿平方米。拆违腾退用地中集体用地约占总规模的88%,其中根据台账信息分析集体产业用地约占总规模的60%。

表2 改革开放以来G市乡村工业化各阶段的集体建设用地规模变化

阶段划分	乡村工业化初期 20世纪90年代初至20世纪末	乡村工业化中期 21世纪初至第二个十年初	乡村工业化后期 21世纪第二个十年中期至今
新增集体建设用地规模(平方公里)	478	175	0
存量集体建设用地减少规模(平方公里)	34	153	186

资料来源:作者统计所得。

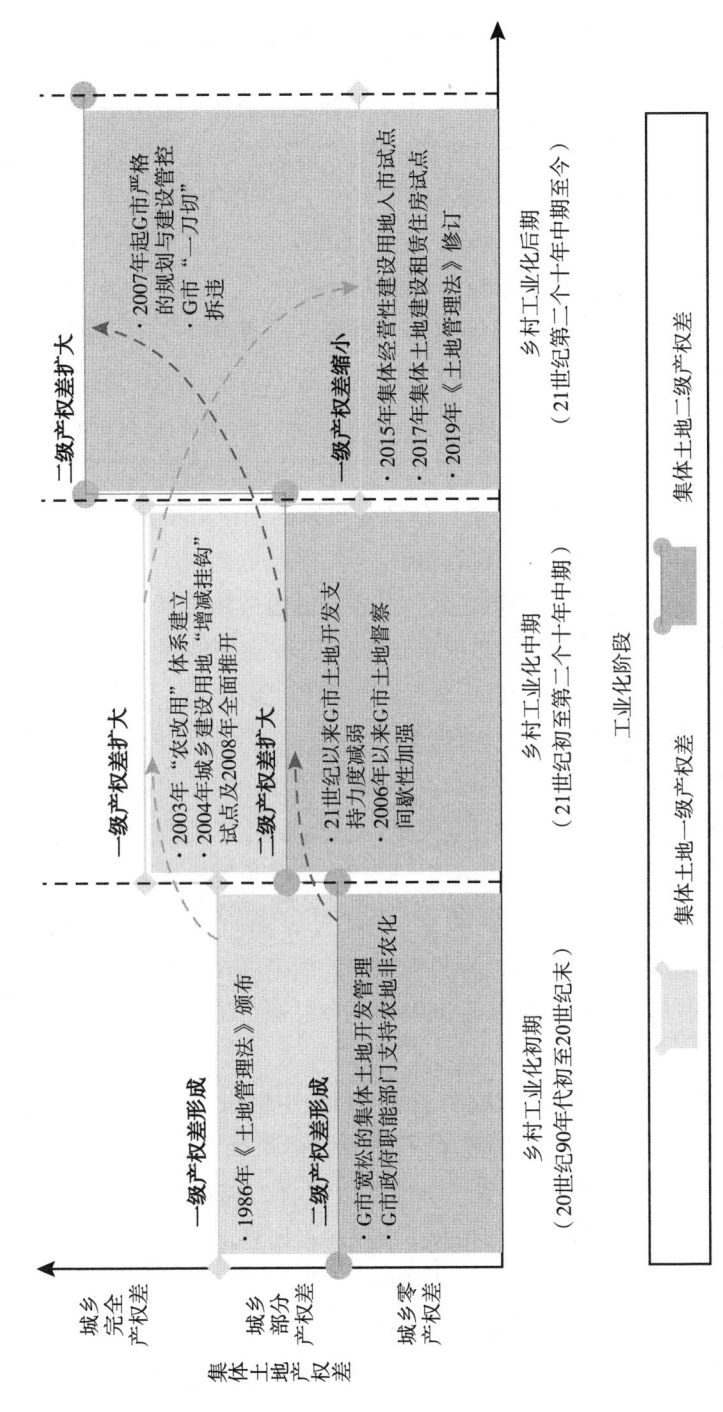

图 5　G 市乡村工业化各发展阶段的集体土地产权差变化

资料来源：作者自制。

207

4.2 二级产权差扩大对G市乡村发展和治理的影响

乡村工业化进入后期阶段以来，G市在集体土地管理上采用的"否定存量土地发展权"和"严控潜在土地发展权"模式导致集体土地二级产权差显著扩大，导致2021年G市城乡居民收入的绝对差距达到2015年的1.5倍，同时削弱了自下而上的乡村活力与自主性，对乡村治理与乡村发展构成严峻挑战。

4.2.1 "否定存量土地发展权"制约乡村发展

调研发现，"风险规避"与显绩驱动下的拆违行动忽视了历史遗留建设项目在促进乡村经济兴旺、环境改善与文化繁荣上的作用，运动式的"一刀切"拆违导致部分乡村经济凋敝、服务倒退、文化丧失，影响了原有的产业结构、发展路径和村容村貌（见图6）。例如，某乡村休闲项目虽未获得集体土地开发建设许可证，但是其在2007年左右分别获得原区国土资源局、区农村工作委员会等政府部门的相关批文。在拆除前，年游客量达到165万人次，拆除后下降至1万人次，经济损失高达数亿元。某农产品冷链物流基地则在两次获得区司法部门行政复议认可合同合法的前提下，仍被规划建设部门以"无证"为由强行拆除，直接经济损失8 000余万元。在文化影响上，某村有艺术家投资数百万元改造租用的村集体厂房打造艺术园区，成为网红打卡地，为乡村文化产业的发展注入活力，但在拆违运动中不幸成为整治对象被拆除，导致乡村文化振兴成果毁于一旦。某村将村民随意堆放垃圾的废弃地改造成村民共享的休闲公园，但被认定为违建，建筑小品拆除后的公园重返废弃地的旧貌。诸如此类，不胜枚举。这种基于遥感影像与建设规划/工程许可证来决定是否违章的行为，并未考虑历史遗留项目给乡村带来的长期经济社会效益，所以拆违后不但未带来整洁有序的乡村风貌，反倒引发了乡村经济凋敝、人口流失、文化特色的丧失。

4.2.2 "严控潜在土地发展权"削弱乡村自主性和市场信心

地方政府对集体土地潜在发展权的严格管控渗透到G市乡村地区规划管控和建设运营的方方面面，包括乡村土地区级代管、村级产业用地镇级统筹等。这种行政权力在乡村社会的扩张和下沉挤压村民自治空间已成不争的事实（景跃进，2018），严重削弱了乡村治理的自主性，动摇了社会资本下乡的信心。在规划管控层面，区级政府全面加强对集体土地开发利用用地选址、功能安排以及开发审批等各个环节的把控。此举虽然增强了规范性，但存在路径单

图6 产业空间、文化空间、公服空间拆违前后的情景对比

资料来源：A村拆前的图片来自：https：//you.ctrip.com/sight/shunyi120473/111533-dianping118230413.html。B村拆前的图片来自：https：//s.visitbeijing.com.cn/index.php/gallery/2935。C村拆前的图片：由C村冷链物流公司提供。D村拆前和拆后的图片来自：谷歌卫星历史影像。E村拆前的左图来自：https：//www.sohu.com/a/260403396_784391；右图来自：https：//www.sohu.com/a/428420388_99956773。E村拆后的图片来自：https：//news.sohu.com/a/651903000_121123746。A、B、C村拆后的图片由作者拍摄。

一导致的手续烦琐、周期过长等问题，特别是在严格管控增量的背景下，部分项目耗费了较长时间用于前期调研、融资准备与项目申请，却难以通过立项要求。例如，某村某产业用地项目花了7~8年未获得审批，错失了发展机会；某镇2010年开始筹划利用其集体建设用地建设科技园，但即使采用自征自用模式，也用了三年才获批开工建设。

在建设运营层面，区、镇两级政府的过度干预严重压缩了农村集体的自主空间。首先，由镇统筹的集体土地开发利用模式由点至面逐步推开。虽然该模式具有用地集约、镇级统筹调度能力强的优势，但存在市场灵敏度不足的弊病。各村委纷纷"躺平"，坐等上级拨款与统筹管理。其次，区级层面对集体土地经营项目提出严格要求，例如某区规定集体经营性建设用地以及房屋资产续租期限在三年以上和新租的，均在乡镇（街道）审核后，一律报区农业农村局，提请区政府专题会议审议。然而，漫长迂回的报审路径与稍纵即逝的市场商机之间存在明显的矛盾，乡村社会面对强势的行政权力束手无策，社会资本更是对投资乡村望而却步。总体而言，行政权力下沉带来的用地成本高、审批周期长、项目落地难、发展前景不确定等挑战，已成为长期制约乡村产业发展的瓶颈、困扰乡村振兴的"痛点"。

5. 乡村治理中的集体土地发展权产权差弱化与弥合

我国已进入后工业化阶段，未来能否真正走向共同富裕与乡村治理现代化的城乡高质量发展之路，关键在于如何扩大农民的土地发展权，这就必然涉及政府、集体与农民之间利益划分及乡村土地治理等关键问题。总体而言，农村集体土地发展权益的实现，一方面在于土地制度改革下的集体土地一级产权差弱化，赋予土地更多的权能，为技术、资金、人力资本等要素自由平等流动奠定基础；另一方面在于乡村规划治理过程中的集体土地二级产权差弥合，推动农业用地的规模流转、乡村建设用地赋能与规划治理的逐步规范化。

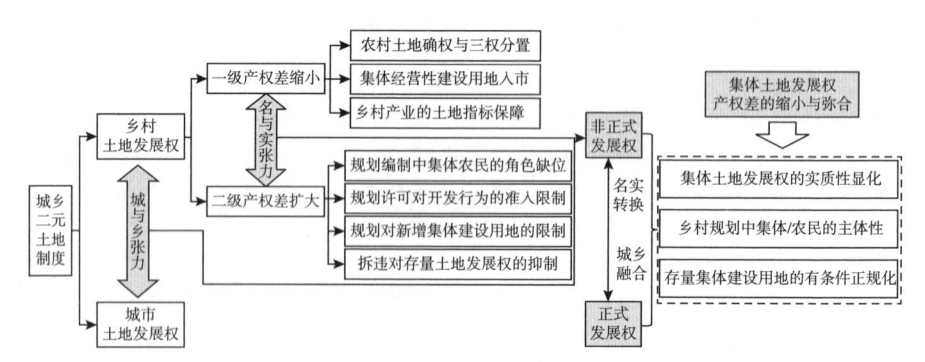

图7　集体土地发展权赋能的路径与制度设计

资料来源：作者自制。

5.1　集体土地一级产权差的弱化

关于我国集体土地制度改革的争论从来就没有停止过，其核心是农民的土地发展权和农民在土地增值收益分配中的份额，而前者是后者的基础。目前，有关集体土地制度改革的代表性论点主要有三种：一是"集体所有论"，认为盲目推进私有化会导致土地兼并，农民流离失所，进而在城市产生贫民窟（温铁军，2008），因此，应在现有的农村土地集体所有制下完善土地承包权与经营权流转，强化土地的福利与保障功能（贺雪峰，2016）。二是"农地私有论"，主张推行土地私有化改革，赋予农民完整的土地所有权能，增加农民收入，从约束权力的角度防范国家与集体对产权的侵犯（杨小凯，2001；文贯中，2006）；三是"国有永佃论"，主张在推进农村土地国有化的基础上保留农民的永久使用权并征收地税，逐步推动使用权的全面市场化交易（安希伋，1988；陶然，2022）。基于我国公有制的主导地位，"农地私有论"并不适应现有国情，"国有永佃论"短时间内实施面临的挑战也较大。但是陶然（2022，第163页）提出，可从试点开始审慎推动渐进式农村土地国有化改革，认为农村土地的渐进式国有化更有利于提升地方政府在农村土地规划、用途管制、农业和农村基础设施投资、纠纷仲裁、基本公共服务和社会保障等基层治理方面的角色。农村土地渐进国有化后的永久使用权市场化将助力"农民进城"，同时促进"资本和人才下乡"。城乡劳动、资本要素双向流动将大幅促进农村土地资源的高效利用。在渐进推动农村土地国有化的过程中，一方面会出现政府的行政和社会管理职能"下沉"，另一方面农民会得到更充分的土地赋权。

即使现阶段集体土地国有化面临实操上的困难，通过对农民存量和增量建设用地发展权的确权，也可显著缩小集体土地的产权差，这不仅包括农地的确权，还包括集体存量建设用地的确权。通过确权，才能真正保护农民与集体的合法权益。在确权完成后，应扩大土地的流转权范围。除了农地和集体经营性建设用地入市，也可考虑宅基地的试点流转，为农民提供土地资产化的渠道。

5.2 集体土地二级产权差的弱化与弥合

5.2.1 彰显乡村规划治理中集体与农民的主体性

乡村发展问题长期以来一直是中央政府关注的焦点。意识到建设用地指标管控对乡村发展的不利影响，2020年中央一号文件提出：①新编县乡级国土空间规划应安排不少于10%的建设用地指标，重点保障乡村产业发展用地；②省级制订土地利用年度计划时，应安排至少5%的新增建设用地指标保障乡村重点产业和项目用地。然而，仅仅有指标保障还远远不够。在乡村规划的空间布局中，"替农民做主，代农民决策"的现象非常普遍，集体/农民在涉及自身的发展领域其实并无话语权。

费孝通在《基层行政的僵化》中提出了"双轨政治"："政治绝不能只在自上而下的单轨上运行……一个健全的、能持久的政治必须是上通下达、来往自如的双轨形式。"目前，乡村的高度行政化越来越趋近于单轨制，削弱并压低农民的自主性，也使地方自治越来越模糊。王春光认为，现代化与传统对接的思路是还权赋能于农民，减轻农民进入现代化时的阵痛，而不是以一种高姿态去"改造"他们（周怀宗，2022）。从改革开放初期的乡镇企业腾飞可以看出，农民中有不少敢为人先、富有魄力的企业家。乡镇企业在发展的高光时刻，曾经占据国民经济的半壁江山，1994年全国乡镇企业从业人员达1.2亿人，比同期国有经济单位从业人员多80.4万人，乡镇企业总产值4.3万亿元，其中工业总产值占全国工业总产值的40%之多，个别省份甚至高达75%左右。[5]

生态文明战略实施以来，随着土地管控政策日益收紧，乡村自下而上的产业发展面临瓶颈，如何充分尊重并发挥乡村能人的能动性，在建设用地指标供应与空间布局上真正保障农民/集体的利益，是乡村发展和振兴的重要支撑。

5.2.2 集体存量土地发展权的有条件正规化

德·索托（2001）指出，产权的逐步正规化不仅可以产生新的资本，也有利于经济社会的可持续发展。同时，向合法产权转变的关键在于制定相关法律，使之适用于大多数人的社会经济需求，而合法性的来源就是有条件地承认原官方法律制度之外广泛存在的社会契约。"非正规性"是国际上发达国家和欠发达国家曾经或正在面临的长期问题，而有条件地赋权和正规化是必然趋势。当然，对非正规土地的赋权，并非纵容违章建设，而应充分考虑历史背景与规划需求，将被更新地段的"土地贡献"和正规化结合起来，通过贡献部分土地、补缴罚款或以征收房地产税等不同方式，达到个体与公共利益的平衡。田莉和徐勤政（2021）提出根据建成时间、办证状态、合规合证情况、建筑质量与价值、消防安全隐患、建筑现状产出效益高低等要素作为标准，建立完善的集体土地使用登记制度。根据评估现状与规划用途，制定"拆、改、

---

[5] 资料来源：https://baijiahao.baidu.com/s?id=17167658592894669 22&wfr=spider&for=pc。

留"的分类治理政策，使乡村地区的发展既能保持活力，也能逐步规范化。

6. 结语

改革开放以来我国高速的工业化与城镇化进程是建立在大量要素从乡村汲取到城市的基础之上的。随着我国进入后工业化与高质量发展阶段，现行集体土地发展权的制度安排对实现农业农村现代化及乡村振兴已经形成了阻碍。城乡二元土地制度是城市与乡村土地发展权张力的根本原因，而中央政府"赋权"与地方政府"限权"之间的张力，形成了集体土地发展权一级产权差缩小、二级产权差扩大的特征。在这种张力的作用下，集体土地发展权普遍呈现"角色缺位、权利残缺、行为约束、权益受损"的特点，阻碍了乡村发展和振兴的进程。在集体所有制短期内难以改变的前提下，通过对集体土地发展权的实质性显化，强调以确权来保护农民利益，扩大集体土地流转交易的空间范围，通过地权交易机制对地方权力的滥用建立制约机制（周其仁，2004，第73页），同时，通过"城乡融合、名实转换"的系统性制度设计，助力集体土地发展权的实现，是实现乡村发展和振兴的关键，也是我国高质量发展的必经之路。

本文构建的"两场域－两类型"集体土地发展权产权差分别关注了体制场域与社会场域中集体土地发展权产权差的形成机制。实际上，体制场域与社会场域之间也存在相互作用关系。一方面，社会场域中的地方政府行为会受到体制场域中其他考核制度的影响，包括经济、社会、生态等土地管理以外的政绩考核制度，同时通过"行政吸纳"的方式搭建了社会场域相关主体进入体制场域的渠道；另一方面，社会场域中的行事风格、社会习俗等非正式制度会渗透至体制场域，甚至引发体制场域中正式制度的诱致性变迁。体制场域与社会场域相互耦合下的集体土地发展权产权差模型将是未来进一步探究的方向。

参考文献

Albertus M. Property without Rights: Origins and Consequences of the Property Rights Gap [M]. Cambridge: Cambridge University Press, 2021.

Tian L. The Chengzhongcun Land Market in China: Boon or Bane? —A Perspective on Property Rights [J]. International Journal of Urban and Regional Research, 2008 (2): 282 – 304.

Zhu J. From Land Use Rights to Land Development Rights: Institutional Change in China's Urban Development [M] // Lu D. The Great Urbanization of China [M]. Singapore: World Scientific, 2011: 191 – 220.

安希伋. 论土地国有永佃制 [J]. 中国农村经济, 1988 (11): 22 – 25.

蔡继明，刘梦醒，熊柴．加快建设全国统一土地大市场的制度安排［J］．上海大学学报（社会科学版），2022，39（04）：1－16．

曹斌，LI Xiaoxue．日本农协应对农业经营结构变化的措施和启示［J］．中国农民合作社，2022（08）：16－19．

曹正汉，郑琰．村庄的治理结构与地权界定［J］．农业经济问题，2022，（10）：19－31．

曹正汉．产权的社会建构逻辑——从博弈论的观点评中国社会学家的产权研究［J］．社会学研究，2008，（01）：200－216＋246．

陈颀．产权实践的场域分化——土地发展权研究的社会学视角拓展与启示［J］．社会学研究，2021，36（01）：203－225＋230．

仇童伟，罗必良．乡村治理现代化过程中宗族与地权稳定性［J］．经济学动态，2021，（09）：77－92．

戴治勇，杨晓维．间接执法成本、间接损害与选择性执法［J］．经济研究，2006，（09）：94－102．

何艳玲．中国土地执法摇摆现象及其解释［J］．法学研究，2013，35（06）：61－72．

贺雪峰．农村土地制度进一步改革应坚持的原则［J］．云南行政学院学报，2016，18（05）：4．

赫尔南多·德·索托．资本的秘密［M］．王晓东译．南京：江苏人民出版社，2001：170－171．

黄祖辉，汪晖．非公共利益性质的征地行为与土地发展权补偿［J］．经济研究，2002（05）：66－71＋95．

景跃进．中国农村基层治理的逻辑转换——国家与乡村社会关系的再思考［J］．治理研究，2018，34（01）：48－57．

冷方兴，孙施文．争地与空间权威运作——一个土地政策视角大城市边缘区空间形态演变机制的解释框架［J］．城市规划，2017，41（03）：67－76．

李奕均．农地违建到底谁来管？台"经济部""农委会"互踢皮球［EB/OL］．http：//www.taiwan.cn/taiwan/jsxw/201910/t20191008_12207287.htm，2019年10月8日/2023年7月13日．

刘守英．土地制度与中国发展［M］．北京：中国人民出版社，2018．

刘守英．中国乡村振兴之路——理论、制度与政策［M］．北京：科学出版社，2021．

刘宪法．"南海模式"的形成、演变与结局［J］．中国制度变迁的案例研究，2010（00）：68－132．

刘永湘，杨明洪．中国农民集体所有土地发展权的压抑与抗争［J］．中国农村经济，2003（06）：16－24．

申静，王汉生．集体产权在中国乡村生活中的实践逻辑——社会学视角下的产权建构过程［J］．社会学研究，2005，（01）：113－148＋247．

施昱年，廖彬超．台湾地区农地政策的演进及其借鉴意义［J］．国际城市规划，2016，31（06）：35－39．

陶然．人地之间［M］．沈阳：辽宁人民出版社，2022：163．

田莉，徐勤政．大都市区集体土地非正规空间治理的思考［J/OL］．比较，2021（2）．https：//bijiao.caixin.com/2021－05－10/101708763.html．

王国恩，伦锦发．土地开发权转移制度在禁限建区管控中的应用研究［J］．现代城市研究，2015（10）：89－93．

王琢．中国农村土地产权制度论［M］．北京：经济管理出版社，1996：1．

魏登峰．关键是激发乡村发展的内生动力——我国台湾地区乡村建设的探索、困境与启示［J］．农村工作通讯，2018（22）：31－34＋2．

温铁军．对改革开放30年来农村改革的三个思考［J］．税务研究，2008，283（12）：3－6．

文贯中．全球化视野下的中国农业与城市化［J］．农村．农业．农民，2006（08）：38－39．

闻竞．10至18世纪朝鲜半岛农村土地制度的历史变迁及其启示［J］．农业考古，2018（04）：233－236．

吴从周．严格对待违章建筑——特别思考将违章建筑视为习惯法物权之可行性［EB/OL］．https：//www.sohu.com/a/259745999_169411，2018年10月16日/2023年7月13日．

许倬云．历史分光镜［M］．上海文艺出版社，1998．

杨小凯．城乡土地制度应尽早并轨［J］．中外房地产导报，2001（15）：9-10．

姚树荣，赵茜宇，曹文强．乡村振兴绩效的地权解释——基于土地发展权配置视角［J］．中国农村经济，2022，(06)：23-44．

张静．土地使用规则的不确定：一个解释框架［J］．中国社会科学，2003，(01)：113-124+207．

张磊．规划之外的规则——城乡结合部非正规开发权形成与转移机制案例分析［J］．城市规划，2018，42（01）：107-111．

郑振源，蔡继明．城乡融合发展的制度保障：集体土地与国有土地同权［J］．中国农村经济，2019，(11)：2-15．

周飞舟，王绍琛．农民上楼与资本下乡：城镇化的社会学研究［J］．中国社会科学，2015，(01)：66-83+203．

周怀宗．如何让农民真正参与进乡村振兴？多位专家共论农民参与性［EB/OL］．https：//baijiahao.baidu.com/s?id=1751017044098885629&wfr=spider&for=pc，2022年12月1日/2023年7月13日．

周其仁．收入是一连串事件［M］．北京：中国发展出版社，2004：73．

周天勇．"一刀切"拆违造成了多大的经济社会损失？［EB/OL］．http://finance.sina.com.cn/zl/china/2019-05-15/zl-ihvhiqax8813055.shtml，2019年5月15日/2023年7月13日．

新书架

New Books

敏思、深思、睿思
《陈清泰文集》评述

王忠明

读《陈清泰文集》（下称《文集》），一位思想者的鲜明形象跃然纸上，令人钦慕。

陈清泰是1992年7月从湖北二汽调任北京工作的。当时正组建国务院经贸办，时任国务院副总理朱镕基到二汽视察后提议由陈清泰出任经贸办副主任，此后他又担任国家经贸委副主任，直至1998年10月调任国务院发展研究中心党组书记、副主任。其间，同事们（无论职位高低）大多习惯称呼他为"清泰主任"或"陈主任"，至今如此。

厚厚四卷，清泰主任所涉甚广，有回忆清华校园生活的，有记载大型企业领导经历的，有部署国企改革的，有为国家经济社会发展建言献策的，有讨论传统制造业尤其是汽车业的，也有探讨新兴的产业互联网和平台经济的，以及接受媒体访谈或应邀演讲的……长短不一，体裁不一，史料性很强，思想性更强，几乎篇篇文稿，一个"思"字贯始终，无不透着研究气息和思想张力，且尤以如下特质见功底。

一是敏思。遇事敏于思考，"敏于思而慎于行"。早在1982年二汽总工程师任上，他就敏锐地认识到"生产第一"是偏离社会主义生产目的的，唯有"质量第一、用户第一、服务第一"方为正道。他回顾说，"外部环境在快速变化，市场竞争的格局逐渐形成，企业的体制、机制、战略和管理下一步朝哪个方向发展,实际在做总工的时候,我就已经在思考企业下一步发展的问题了"。其间,他有感而发,写过两篇文章:一是《结束汽车产品的几十年一贯制》,二是《把二汽建设成经营开发型企业》。前者是对整个汽车行业改变现状、锐意进取的总体思考,后者则是前者的具体化、案例化,侧重对二汽改革发展提出措施建议。在体现思想能力、促进思想解放方面,皆斐然可读。

他不赞成二汽"总把自己当作完成国家计划的生产工厂,维持简单再生产"。他认为,在僵化体制束缚下,包括二汽在内的许多企业都是单一"生产型"或"维持型"的,只知"维持已有的生产条件,制造已有的产品","视现状为必然",缺乏开拓新局面的能力和动力。而正在华夏大地迅猛发展的市场经济,急需的则是经营开发型企业,其"基本宗旨是面向市场、满足用户","它追求的是企业的经济活力、技术实力、应变能力和企业与社会的效益","特点之一就是要巩固今天、准备明天、安排后天"。他在全国企业界最早提出"企业哲学"概念,批评"视现状为必然"是一种无所作为的消极态度,必须转变为"视现状为落后"。这些表述显然为"敏于思"所及!

四十多年过去了,当今中国的汽车业突飞猛进,已连续15年保持全球第一大汽车产销国的地位,2023年一跃成为全球汽车出口冠军,其中位于"出口新三样"之首的新能源汽车表现尤为亮眼,也已连续9年位居全球产销第一。殊不知,这样的气势和光景,早在上述两篇文章中就有展望和萌动。《把二汽建成经营开发型企业》中第2节的标题就是"加速思想转轨,确立走向世界的目标",中肯地提出"要抓住国际产业转型的时机,增强国际意识,并把自己看成世界经济舞台上的一员,确立走向世界的目标,由国内经营开发型转变为国际经营开发型"。这体现了清泰主任的远见和前瞻性!

难能可贵的是,在全书四卷中,许多文稿都有这样的"辨识度"和"能见度"。例如,促进企业自主创新,直接关系创新型国家的建设。对此,清泰主任在担任全国政协经济委员会副主任期间,率队赴多地进行专题调研,于2007年2月10日形成《促进企业自主创新的政策思路》一文并上报中央,作为决策参考。该文抓住"技术能力与经济发展水平不相适应"这一现象,层层递进,厘清问题的严重性以及原因,指出"没有自己技术、专利、品牌、标准支持的'世界工厂',不仅不能更多分享高附加值的利益,而且很难立足世界强国之林,甚至国家经济安全都难以保障"。调研报告还发现影响企业自主创新的最大障碍是动力不足,因此,"要下决心解决制约民营企业发展和创新的重大问题，如'原罪'、私有财产保护等，消除民营企业投身创新的后顾之忧"。立足于对基本国情的清晰把握，清泰主任认为，"中国拥有全世界独一无二的巨大市场，其中高技术含量的部分是建设创新型国家最重要的资源"。为此，要"统筹经济发展战略与自主创新战略"，从宏观视角来界定促进企业自主创新的战略意义。这样的敏思，本质上是一种发现——发现问题，发现意义，发现具体事物与国家发展大局的内在关联，因此，其思想质量不可能不高。

不仅如此，真正的敏思，还必须自有其缜密与周正，不失于挂漏。这意味着，"敏于思"原本就应该内含"慎于行"。例如，为建设经营开发型企业，一方面大声疾呼要"集中一笔资金，搞好技术引进""力争迅速地掌握一批先进技术，以求迎头赶上"，认为"合理地开展技术引进，是经济落后的国家追赶先进国家的捷径"；另一方面，又专门强调"技术引进绝不是坐等国外新技术或买一个现代化"，而必须坚持"技术引进与自己研究开发相结合"的方针。这种敏于发现问题又敏于防止偏颇的严谨思维方式，在此后的许多文稿中都一以贯之，成为一种风范。

例如，在第四卷《企业改革和发展的几个政策性问题》一文中，他洞悉"经济全球化并不必然能增强本国产业和企业的竞争力"，因为一些企业有了"引进技术"这样一个便捷来源，反而深陷"技术依赖"的泥潭；一些地方尝到"引进外资"迅速创造地区繁荣的甜头，便产生长期依赖外资支撑区域经济发展的幻想而忽视本地企业成长的极端重要性。文章警戒国人，"作为一个大国，我们不能长期依赖跨国公司作为技术来源；不能期望主要依赖外资实现工业化"。又如，在《〈人民日报〉专访》一文中就培育战略性新兴产业的谋篇布局答记者问，在主张"技术突破后还需打破市场瓶颈，政府应多举措解决市场失灵问题"的同时，又指出"政府不能去直接帮企业开拓市场"，应防止新兴产业中的企业重蹈"婆婆太多"之覆辙……

《文集》第四卷的另一篇文稿《平台经济是一场商业模式革命》，也有此特点。一方面，对我国平台经济的创新发展给予很高的评价，欣喜地认为"平台经济有很强的正外部性，其中之一就是降低了营商创业门槛、创新门槛，促进了就业、服务业的发展。平台经济是共享经济的主要商业模式，成为拉动消费增长的一个重要因素。平台经济的颠覆性不仅冲击了传统商业模式，促进了供给侧结构性改革，而且迅速地改变了广大居民获取信息的方式、交易模式、购物模式、出行模式、支付模式,深刻地改变了居民的社会生活习惯";另一方面,又明确指出"平台公司是企业,但它本身又像'市场',具有相互矛盾的二重性,这就给传统市场监管体系提出了严峻的挑战""作为交易市场平台,就要保障竞争的公平性;作为企业平台,追求自身的利益又无可厚非。但是,以怎样的内部治理和外部治理才能防止其为了私利而滥用支配权扭曲市场呢?"其发问,至为敏思,对苗头性、萌芽性的矛盾交织较早察觉,能避免一个倾向掩盖另一个倾向,避免顾此失彼,故发人深省。

二是深思。清泰主任到任经贸办、经贸委,主要分管国企改革事务。那几年,正是全国范围的国企改革处于最吃紧的攻坚阶段。正如第四卷《读王忠禹同志〈国企改革攻坚纪实〉有感》一文所言,"国有企业改革可以粗略地划分为三个阶段:20世纪80年代的'预改革阶段'、90年代的'攻坚阶段'、进入新世纪后的'深化和完善阶段'。攻坚阶段是承前启后的最重要阶段,着重解决的是结构调整和制度创新问题"。其艰巨性、挑战性以及关键性,不难想象。而从全书看,思考国企改革主题最集中、最专业、最出彩的文稿也大多出自这个"最重要阶段",或与此有关。

从微观主体的企业实践一线,到宏观层面的主导国企改革整体推进一线,这个角色转换的幅度是很大的。按清泰主任在《亲历国有企业改革的实践与决策过程》一文所言,"我的职业生涯大体可以分为两个阶段,一段在国企,一段在政府。无论在哪个阶段,主要工作都是围绕企业与企业改革来进行的。可以说,国企改革之路也是我大部分的人生之路"。延展开去,也正是错综复杂的国企改革,成了他施展擅长沉思、深思之才华的一方沃土。无论是相继部署"转机建制万千百十""抓大放小""优化资本结构城市试点",还是研究、建立旨深意远的现代企业制度等,大到全局框架构想,小至具体举措实施,清泰主任都贡献了许多有深远影响的深思熟虑。

例如,1997年,党中央提出要用三年左右的时间,通过改革、改组、改造和加强管理,使大多数国有大中型亏损企业摆脱困境,力争到20世纪末大多数国有大中型骨干企业建立起现代企业制度(即后来业内人士简称的"三年两大目标")。为了实现前一个目标,就必须推动兼并破产、减人增效。而当时全国范围内属于挽救无望的企业约有15 000家,如果加上其他企业的下岗人员,共涉及1 200万人左右。"这么多人员,如何实施下岗分流、减人增效,推进再就业?这个'马蜂窝'怎么捅,捅出了问题可怎么办?"思忖间,清泰主任"深感国企改革、结构调整真是一场波澜壮阔的革命,国有企业职工付出了巨大的代价。但不改革没有出路,必当迎难而上"。其对策之一就是"无情调整,有情操作",指导、帮助企业建立再就业服务中心。他认为,"一方面,再就业服务中心既是在社会保障体制还不健全的情况下,创造出来的一种现实可行的保障方式和与未来社会保障方式相衔接的桥梁;另一方面,也是企业与职工建立新型劳动关系,通过市场配置劳动力的一种过渡形式,是减轻国有企业的负担,建立规范的用工制度,引导下岗职工适应市场就业机制的重要措施"。因其本质上完好兼顾了改革、稳定与发展三者的关系,故十分有效。

在《文集》中,有二十多篇文稿是专论或论及现代企业制度的,而尤以第二卷最为集中。众所周知,当党的十四大确立社会主义市场经济体制改革目标后,据此方向,十四届三中全会做出了《关于建立社会主义市场经济体制若干问题的决定》。清泰主任奉命参与了这个重要决定的起草,并负责牵头完成"建立现代企业制度"的课题调研。应当说,这在当时中财办部署开展的16个调研课题中是"最难攻克、费力最大"的一个课题,因为它要直接回答中央领导尤为关切、多次提出的"公有制、国有经济与市场经济能不能结合,怎样结合"的重大问题。可想而知,在"没有人能解释它的内涵"的背景下,要承担起这一任务该有多艰巨!其"高难度"在于,不仅要有丰厚的"思想库存",更要求思想形式和表达方式的出新,具有逻辑和语义上的清晰性。

在长达数月的紧张调研过程中,清泰主任注重集思广益,多方征询意见,同时更做到带头开动脑筋,从多个角度、多个侧面加强思考,务求尽快破题。他认为,"要破解这一历史性难题,用传统的政策性调整是做不到的,必须通过制度创新""我的理解是,'使拥有国家投资的企业与其他所有制企业一样,成为平等、独立市场竞争主体'的那种企业制度,就是我们追求的企业制度"。他带领调研组先后八易其稿,其中第五稿由他代表调研组当面向中央政治局常委们做专题汇报。同样可想而知的是,当看到《关于建立社会主义市场经济体制若干问题的决定》"吸收了调研组最后一稿的基本观点",他该有多欣慰!《文集》中收录了 2018 年 12 月 17 日《解放日报》首席记者对清泰主任的专访,标题即为《看了十四届三中全会公报,我长舒一口气》。

的确,以 16 个字(产权清晰,权责明确,政企分开,管理科学)作为高度概括的现代企业制度,极富思想含量,无不凝结着清泰主任和整个调研组的心血。在反复研讨、不断提炼的整个过程中,构想趋于深化,理论之花绽放。

尤其是在面对分歧或争议的时候，他更展现出了高风亮节。最典型的便是中央领导们讨论他汇报的第五稿后，他明显感到"并没达成一致，从会场出来，觉得压力很大"，但他仍对也在现场参会的国家经贸委王忠禹主任主动表示，"坦率地讲，这里讲的所有东西，都是我的观点，如果出了什么问题由我负责"。

也许，正是这种敢于担当的责任勇气，支撑和保障了清泰主任能够知难而进，并且心无旁骛地把功夫都用在不懈努力、不断完善上，以致最终达到应有的理论高度和思想深度，圆满完成中央嘱办的光荣任务而"长舒一口气"。可见，所谓深思，有时也反映着一种格局。不然，或退却，或搁浅，或敷衍……岂有"深思"之"深"可言？

此外，凡深思，亦不无连续性特征。全书以关涉国企改革和国有资产管理体制改革的内容为主，但若做简要划分，第一、二卷是以"走向市场"为关键词，分别冠以"企业探路"和"攻坚克难"，重在探讨国有企业改革；第三、四卷则以"管资本"为关键词，先后标明"上下求索"和"建言献策"，思考重点转向国有资产管理体制改革，不少文稿的标题中都赫然出现"进一步"、"深化"或"进一步深化"等字样。按《文集》"序言"所说，前者是"处于改革的第一线"，为冲锋陷阵之作，后者是"关注着改革的第一线"，转任国务院发展研究中心领导职务后略显超脱，但两者之间具有很强的连续性、连贯性，因为正如清泰主任自述的那样"有幸以大型国有企业管理者、政府部门主管企业改革的一员和政策咨询机构研究员及组织者的不同身份和角色，目睹并参与了改革的全过程，始终没有中断"，可谓"连"中见"深"、"深"中见"连"。

前者代表作，如《做好转变企业经营机制这篇大文章》《国有企业普遍面临走向市场的严峻考验》等，其所思所想，均为推动国企到市场经济建设中去"勇立潮头唤东风"。其他一些文稿，即使是专讲"优化资本结构""建立破产机制""企业集团试点""完善社保体系"等诸个方面的，实质上也都紧紧围绕"走向市场"这一根本意涵，都是为了促进国有企业加快"走向市场"，通过转机建制、脱胎换骨，成为名副其实的市场主体，致力创造"来自竞争的繁荣"，而不是游离于外。后者代表作，如《建立国有资产管理、监督和运营体制》《关于建立符合市场经济要求的国有资产管理体制问题》等，从回答建立现代企业制度百家试点企业中浮现的弄不清"谁是自己的老板"这

223

一棘手问题入手，对如何解决国有资产管理体制的滞后缺陷进行了前沿性的"一线思考"。而随后的《国企改革：从管企业到管资本》《以"管资本为主"：国企改革新突破》等文，更是直截了当地亮出了"管资本"的理念，断言"国有资产资本化，是深化改革的突破口""由'管企业'转变为'管资本'，对国有企业是又一次解放，对政府也是一次解放"，等等。

他的用语极其简切，称国资委"这个机构明确无误的定位是'履行出资人职责'，绝不是'管理国有企业'的职责，就是说管理的对象是'资本'，不是'企业'，实现所有权与经营权分离"，"目前，缺乏懂得和熟悉资本运营和监管的人才是国有资产管理碰到的突出难题"。他还深刻地认识到，管资本的本质是"要使国有资本具有流动性""资本化的国有资产的预期效能，主要通过市场运作而不是靠行政力量来实现。这就使国有资本具有'亲市场性'，从而可以保障我国在保持较大份额国有经济的情况下，建立起良好的市场经济体制""能否建立符合市场经济要求的企业国有资产管理、监督和运行体制，既保证企业资本最终国家所有，又构造千万个独立的产权主体、利益主体，就成了国有经济与市场体制能否相容的关键，也是既坚持公有制、国有经济，又发挥市场体制作用的目标能否实现的一个关键"。

他对"管资本"的深思，直接触及操作层面。他曾周密地开出过四方"药方"，其中之一便是成立国有资本投资运营公司。这是一个"极为重要的体制设计，是建立新体制的纽带和核心"，堪称关键中的关键。他认为，"对国家投资和拥有股权的企业，通过国有资本投资运营公司，而不是政府自身行使所有者职能，这就从产权关系上隔断了政府与一般企业的联系。政府行使社会管理职能，通过一套制度安排对国有资本投资运营公司进行监督，不干涉具体事务"。遗憾的是，十多年前就已提出来的正确设想，以及"改革国资监管体制，从'管企业'向'管资本'转型，实现政资分开、政企分开"的目标追求，迟迟未见有关方面"撸起袖子加油干"、未见"砥砺前行"的劲头与热忱，表明实践已明显落后于理论。

作为一位智者、思想者，清泰主任十分清楚人们认识事物的过程往往不是一帆风顺的，而是存在一定的曲折和反复。管资本，是政府与企业关系的深层次调整，是要让政府从习惯性的直接管企业中走出来，这触及既有利益格局，因此必然遭遇种种阻力，很难一蹴而就。但是，如果不能及时转向"管资本"，就会错过加入WTO后开放倒逼改革包括深化国有资产管理体制改革的窗口期。对此，从《国资委出资人职能归位应该提上日程》《进一步改革国有资产管理体制》等文稿中，我们能"读"出其深有忧切。而我理解，这种忧切，或许与深思有互动性；深思，有时恰是以忧切作为"刻度"的。正如2011年有位知名学者评述的那样，"作为一位曾经的国企改革的直接参与者和推动者，清泰同志对国有企业改革与发展过程的曲折和甘苦有深切的体会。他对近年来国有经济改革在认识上出现的反复和改革整体形势的起伏感到担心。他担心改革的停滞和反复，最终会影响我国发展方式转变的进展，影响我国的持续经济增长和现代化进程"。

三是睿思。所谓睿思，就是智思，就是精妙之思。相对于那些只在"知识存量"范围内充当"搬运工"的出版物而言，能够供给"知识增量"的书籍文章自然很是弥足珍贵。而这部《文集》，之所以启人心智，除了现代意识强烈、改革精神充沛之外，正在于多有"知识增量"。由于含"思"量、含"智"量充足，许多文稿不仅立意新颖、主题高致，而且常以格言般的语句为载体，读着读着，就得停下来，注目凝神，咀嚼再三。思想，可以点燃思想、激荡思想，这就是睿思的魅力！

例如，"竞争的机制就是催生催死的竞争""公平竞争是企业的活化剂""哪种资本进入市场并不是问题，问题在于它的进入能不能保持竞争公平性。政企不分的国企在竞争性领域确实容易产生不平等竞争""主导产品是核心竞争力的精髓；创新是核心竞争力的灵魂""质量对用户来说，就是需求的满足；质量对企业来说，就是市场竞争力，就是效益""企业的活力在于技术进步"，等等。

据我所知，这部《文集》并非清泰主任全部著述的汇集。例如，2018年1月出版的专著《迎接汽车革命》（20多万字）、同年5月出版的专著《创新与产业升级》（近26万字）等，均未列其中。这就是说，清泰主任的思维能力有过人的覆盖面，付诸笔端，成果累累，其敏思、深思、睿思是一贯的、饱满的、源源不绝的，大于或超出《文集》之载荷。著名经济学家吴敬琏教授曾欣然为《创新与产业升级》一书作序，其中说道，"清泰同志从企业、产业和政府多个维度出发分析影响我国现阶段创新和增长方式转变的因素，提出了许多很有现实针对性的政策思路""阅读此书，让我重温我和清泰同志这些年来到各地调研了解到许多前沿性创新时的激动之情，以及对许多创新受到压抑的遗憾。我相信读者必定也能从本书的字里行间读出作者呼吁构建一个激励创新和创业的制度环境的急迫之意"。毫无疑问，清泰主任不仅著述甚丰，而且从未停止为国家经济社会健康发展着想，所以，总有敏思、深思、睿思涌动而出，让我们在得以分享的同时依旧满怀期待！

本文按"敏思、深思、睿思"来分述，主要是想多角度展开对这部《文集》的梳理，其实，这三者之间在内涵上是相互重合、相互映照而不是截然分割的，比如睿思有时即深思、敏思也多睿思意味等。而就我来说，对清泰主任的"敏思、深思、睿思"特质尤有感触，还源自全书中有关开展企业培训和发展民营经济这两方面的精湛论述。

关于开展企业培训方面。细心的读者也许会注意到《文集》的每一卷都有多处论及企业培训，论及经营管理者或企业家素质问题，颇有点"规模效应"。在国家经贸委，清泰主任主要分管国企改革，也包括企业培训。而在他离任前的近两年时间里，我有幸得到他和忠禹主任的支持，从办公厅调任培训司司长，故能近距离感受这位智者领导的思想风范，且受益良多。

尽管国企改革头绪纷繁，是块"硬骨头"，需花费清泰主任很大一部分精力，但他对培训工作始终萦怀在心，并经常鼓励我们放手去干。每次培训司组织全国性的工作会议，他都亲自到场讲话。有一次召开各地经贸委培训处长和培训中心主任座谈会，他在讲话中提到武汉柴油机厂曾请来一位德国专家，叫威尔纳·格里希，是中国启动改革后国企聘请的第一位"洋厂长"。他说，这是开放之举，"但这毕竟是短期的和少数的"，中国还是要下决心培养自己的"格里西（希）、格里东"。他还指出，加入 WTO，对于那些准备不足的企业经营者来说，将无异于收到一张"病危通知单"甚至是"死亡通知书"。他的生动表达，给全体与会者留下了深刻印象。

他从自己的切身经历中认识到，企业用人"往往千军易得，一将难求"，而"形成中国企业家队伍，即职业的经营管理者阶层，是一个十分严肃的历史性任务"。他反复强调，"在转向买方市场后，懂得市场经济、能驾驭企业走向市场并在竞争中取胜的经营管理者是最稀缺的资源，他们是全社会的财富""中国要立足于世界经济强国之林，培育有国际水平的企业，最重要的资源是要有一批达到国际先进水平的企业经营者"。所以，"必须抓紧培训，包括现职经营者和后备经营者"。

清泰主任对于培训以及企业经营者或企业家素质问题异常关切，可回溯到他在二汽工作期间。1982 年，他和厂里的几位领导，不惧资金压力之大，毅然决定建立教育培训中心。他的观点掷地有声,认为"人才的开发需要时间,必须及早采取措施积极发掘和培养人才"。他先后在《结束汽车产品的几十年一贯制》《企业领导者既要调动物质力量也要调动精神力量》等文稿中,就注重培训、注重人才开发、加强技术队伍和企业经营者(领导者)队伍建设的重要意义和紧迫性,做过淋漓尽致的阐述。

从历史角度看,它实际上已沉淀为一种"基因"作用,影响着此后的思维取向并形成惯性,以至于清泰主任即使在离开国企改革第一线而到国务院发展研究中心履新后,也完全一如既往地重视企业培训和人才培养。例如,他支持中心下设的企业研究所与美国斯坦福大学科学与工程系联合举办"中国企业新领袖培养计划",并在启动仪式上发表讲话。他说,"几乎在各个国家,人们都以崇敬的眼光看待企业家。因为企业家的水平决定企业的水平,企业的总体水平决定国家的竞争力。我们高兴地看到,中国企业家在市场竞争的大潮中迅速成长,这是国家的希望"。他指出,"在国家实施人才强国战略中,培养一批高水平的有战略思维能力、有世界眼光和决策驾驭能力的企业领军人物,是中国培育具有国际竞争力企业的一个关键,对提高国家竞争力具有基础性作用"。

2006年1月9日,他还亲自为之授课。从《走向成熟的企业经营者》这一讲稿主题中,我们能够体会到加入WTO后,激变、骤变中的内外部环境正在迫使中国的企业家或企业经营者队伍快速成长,因此,对他们如何"走向成熟"提出更高的新要求,当是顺理成章。这种开放意识和鼎新致用精神,是否也应看作是敏思、深思、睿思之要义的"内在属性"呢?我认为,但凡能把人的问题、人的素质问题坚定地放在核心位置上来关注和考量,这样的思想者内心一定深蕴着最温暖、最彻底的人文关怀。

关于发展民营经济方面,清泰主任以心量辽阔、毫不狭仄而获得人们的普遍敬重。以往,他在推进国企改革方面的卓越领导力及其突出贡献,美誉度很高,普遍公认是"有发言权的人",但对他在发展民营经济方面也有许多独到见解与思考,或许知之者不多。其实,从《文集》中可见,他大刀阔斧地推进国企改革,绝不是以冷落民营企业、民营经济为前提的,恰恰相反,很大程度上正是由国有企业与生机蓬勃的民营经济的强烈对比所致。例如,《在中国发展研究基金会2000年企业工作会议上的讲话》一文提到,国内外形势的历史性变化,构成对国企改革的严峻挑战,国企固有的矛盾和问题充分暴露,其中之一便是"经营机制不适合市场经济"。他说,"国有企业没有独立做出决策的权利,遇事要等'红头文件',等政府审批。这套机制怎么能在市场上独立运转呢?所以无论和外资、乡镇企业还是与民营企业相比,都处在被动状态"。他在《建立公平竞争的市场机制》中也毫不掩饰地称"民营企业的决策机制、管理体系更加灵活,更加适应市场竞争"。他还认为,"与国有企业相比,民营企业很少获得政府的'偏饭',也较少政府的直接干预,大多与市场经济有着天然的联系"。

清泰主任对民营企业的关注,首先是与早期推动国有小企业放开搞活联系在一起的。他在1994年11月的一份讲话稿《企业改革进入了转换机制、制度创新和配套改革的新阶段》中,充分肯定了小企业的竞争优势,强调"对小企业,政府不要干预,要按国家政策,采取灵活的形式放开搞活,让它们进入市场,在竞争中找准自己的位置,在自主经营、自负盈亏中形成约束"。在《中国国有经济在加入WTO背景下的战略性调整》一文中,更是对民营经济赞扬有加:"中小企业天然就是民营经济的天堂。如果说国有经济有进有退,从企业规模和所在行业而言,中小企业正是国有经济首先应退出的部分","放手发展中小企业是中国民营企业成长的起点,是国民经济的增长点,是改善中国经济所有制结构、增强经济活力的必由之路"。他还认为,"如果国有经济在一般竞争性领域无限扩张,作用再大不外乎是挤出了民间投资,对整个社会经济并无益处"。

在《积极促进民营经济健康发展》一文中,清泰主任较为系统地阐明了他对民营企业的价值判断以及发展环境等总体看法,体现了他积淀深厚的独立思考。全文共三大部分,第一部分题为"民营企业是拉动中国经济增长的重要力量",主要肯定了五条,即"民营经济是中国经济的重要组成部分,是国民经济发展的一支生力军""民营企业是增加就业岗位的主要渠道""民营经济是推动市场化进程的重要力量""民营企业是国有大企业改革和发展的重要依托""民营企业是技术创新的生力军",其中第四条出自他这样一位常年从事国企改革工作的思想者之口,尤为中肯,令人信服。

第二部分题为"民营企业要努力提高自身素质",先是指出"在中国,民营企业还是企业中的弱势群体,处于成长期",所处环境还不尽如人意,主要是"法治环境缺乏保障,社会歧视普遍存在,政策环境还不平等,融资渠道不畅通,市场秩序不规范,配套服务体系欠发达"。这六点不可谓不精准,因对照当下，仍大体照旧。然后，篇幅均衡地提出"坚持创新，保持创新的锐气""突出主业，培育核心竞争力"等六条，期冀"民营企业要不断走向成熟"。

第三部分题为"为民营企业的发展营造环境"。他曾经说过，"技术创新存在很大的不确定性。有效的创新机制往往需要强烈的产权激励，敏锐的价值发现能力，灵活的决策机制，尊重个人的制度安排和既鼓励冒险又有利于分散冒险的组织和机制。民营科技型中小企业由于更加符合这些特质，它们在国家创新体系中成为对新兴市场最为敏感、创新活动最为活跃、最敢于冒风险的一支力量"。这里，他又再次指出"民营企业的主体是中小企业，它们势单力薄，处于弱者地位。政府的重要责任就是组织社会力量，为它们创造专业化的服务体系"，应着重研究解决"完善产权保护制度""排除市场准入歧视""发展社会服务体系"等五个问题。

他说，"发展民营企业、鼓励民间投资绝不是权宜之计。从各个地方发展的差异中，人们清楚地看到改革开放之后并不像人们过去想象的那样，哪里原有经济基础好、国有经济规模大，哪里必然就发展得快。事实恰恰相反，民营经济活跃的地方，市场就活跃，就业状况就好，居民生活改善的速度就快，经济发展的波动较小，经济增长的速度较快"。这种规律性的认识，是穿越时空局限而"又上层楼"的，只有敏思、深思、睿思，才能抵及。

收录于第四卷的《在全国工商联十届三次常委会议上的专题报告》，也是一篇不可忽略的警醒之文。它原题为《全球金融危机面前企业该怎么办》，先是引用翔实的资讯、数据等，为与会者特别是企业家阐明了"一个特别值得注意的趋势"，即"从历史上看，无论是早期的美国、70年代的日本，还是亚洲金融危机后的韩国，摆脱危机并为后续发展奠定基础的都是科技创新"。然后，要言不烦地提示中国民营企业在全球新一轮产业竞争硝烟已起的关口，"要丢掉一切不切实际的幻想，以最大的决心持之以恒地培育自己的技术能力"，尤其要突破"软实力"瓶颈。他一针见血地指出，"关键技术的自给率低，是中国企业的一个致命弱点。实际上，缺乏技术和品牌支撑的'规模'是泡沫化的规模，是建立在沙滩上的'华丽宫殿'，规模越大，风险越大"。我到全国工商联工作后，听到议论或争论较多的话题之一是"国退民进"还是"国进民退"，甚至有的经济学家也偏执一端、身陷其中。而清泰主任以历史为证，说"较长时间以来，随着民营经济的发展，国进民退还是民进国退的争论时隐时现，每一次争论都是对经济的一次伤害"。随即，便直言不讳："国进民退还是民进国退是个伪命题，但它反映的是市场的割裂。党和国家所追求的绝不是谁进谁退，而是鼓励所有企业公平竞争、都努力做强做大，所有资本都能最大限度地发挥潜能。"接着，一针见血地指出："争论的实质不是这个问题本身，而是各类市场主体是不是具有平等竞争的地位、能不能公开地开展竞争？各类所有制在经济总量中所占的比重，和哪种所有制在哪个产业处于控制地位，是市场竞争的结果，还是政府政策必须保障实现的政策目标呢？我们应该给出理性的回答。"最后，鲜明地表达了市场经济改革的立场："竞争是效率的源泉，人为地认定各种所有制成分在经济总量中所占的比重和哪种所有制成分保持绝对控制，是与发挥市场配置资源的公平与效率原则相冲突的。"这样的认知，非敏思、深思、睿思者所能有！

有人说，"最难得的勇气，是思想的勇气"。确实，"消除所有制鸿沟"，是清泰主任将思考的边界扩展到民营企业、民营经济发展领域而抓得最"稳准狠"、最根本性的一个节点。从《文集》看，其基本观察是：20世纪90年代中央提出"国有经济控制国民经济命脉"，当时向社会传达的政策意图是国有经济不能全覆盖，要有进有退、有所为有所不为，要给民营经济让出发展空间。而进入21世纪强调国有经济控制国民经济命脉，却发出了强化国有垄断、限制民营经济进入的政策信号。由此，他在《深化企业改革的几个问题》《中小型科技企业创新效率高、试错成本低》等文稿中频频发问，思想清晰明澈，公允中见锋芒。

总之，作为1982年之后所有"工作文稿、调研报告、讲话稿，还有公开发表的文章"的总汇，这部洋洋洒洒、长达200多万字的《文集》"原汁原味"地烙下了整个国有企业改革历程的一个侧面，承载了一位"改革大潮参与者"从扑朔迷离的时代变迁中潜心观察、剖析后的诸多精到思想所得。清泰主任谦称《文集》中的"这些报告、文稿不是学术论文"，结集出版是"为研究这段历史提供一点史料"。可是，四十多年来，他不仅早在1988年就荣获首届全国优秀企业家称号和全国首届经济改革人才奖，尤其是还摘得第九届孙冶方经济科学奖，并先后被清华大学、南开大学、国家行政学院等聘为兼职教授，而且在整个职业生涯中，始终贯彻一种筚路蓝缕的先锋精神，笔耕不辍，在《文集》四卷的280多篇文稿中镌印下一串串改革创新的思想印记。

图书在版编目（CIP）数据

比较.第 131 辑 / 吴敬琏主编 . -- 北京：中信出版社，2024.4
ISBN 978-7-5217-6521-2

I.①比… II.①吴… III.①比较经济学 IV.
①F064.2

中国国家版本馆 CIP 数据核字（2024）第 080863 号

比较·第 131 辑

主　　编：吴敬琏
策 划 者：《比较》编辑室
出 版 者：中信出版集团股份有限公司
经 销 者：中信出版集团股份有限公司 + 财新传媒有限公司
承 印 者：北京华联印刷有限公司
开　　本：787mm×1092mm 1/16　　印　张：14.75　　字　数：220 千字
版　　次：2024 年 4 月第 1 版　　印　次：2024 年 4 月第 1 次印刷
书　　号：ISBN 978-7-5217-6521-2
定　　价：58.00 元

版权所有·侵权必究

凡购买本社图书，如有缺页、倒页、脱页，由发行公司负责退换。　服务热线：400-696-0110
http://www.caixin.com
E-mail: service@caixin.com